女たちの満洲

多民族空間を生きて

生田美智子 編

HANDAI Livre 050

大阪大学出版会

目次

第二部　メディアを通して

第三部　記憶を通して

「満洲国」全図（1945 年 8 月）

満鉄会編『満鉄四十年史』（2007）を参考に作成

序論　多民族空間を生きた女たち

生田美智子

はじめに

「満洲」（現在の中国東北部のこと。かつて満洲と呼ばれた多元的社会空間における女性をみるにはこの用語が有効なので使用する。煩雑さを避けるため以下括弧を省く）をタイトルに冠した本は枚挙にいとまがない。アジア太平洋戦争終結により、満洲という地名や満洲国という国名が地図上から姿を消してから七〇年が経過した。にもかかわらず、満洲は人々のノスタルジアや研究者の多様な関心をひきつけてやまない。

この現象は日本だけでなく、ロシア、南北アメリカ、オーストラリア、ポーランド、イスラエルなどでも観察できる。満洲から撤退したいまひとつの帝国である旧ロシア帝国の臣民たちがソ連、南北アメリカ、オーストラリア、ポーランド、イスラエルなどに離散したからである。彼らは白系ロシア人と言われるが、民族的にはロシア人だけでなく、ユダヤ人やポーランド人など多彩である。一九六〇年代の中ソ対立で撤退するまで大きなロシア人コロニーが満洲に存在していた。彼らも日本人と同様に、同窓会や同郷会のような満洲ネットワークをたちあげ、会誌を発行したり、会合を行ったりしている。一方、中国では、満洲はノスタルジアの対象ではなく、今なおホットな論争の対象である。彼らは満洲国を正当な独立国家とは認めず、「偽満洲国」と名づけ、抗日戦争を中華人民共和国の建国史の不可欠なファクターとして教科書や博物館で取り上げている。二〇一四年一月、安倍政権の歴史認識に異議をとなえる点で連携する韓国からの申し出を受けて、ハルビン駅に安重根（伊藤博文の暗殺者）記念館が開館したことは記憶に新しい。ベクトルは異なるが、多くの民族は今なお満洲に濃密な思いを抱いている。

多様な関心をひきつける満洲にはどのような特徴があるのであろうか。本書との関連で重要な特徴は以下の三点である。

満洲を特徴づける第一のポイントは辺境性や越境性である。満洲は中国の中心からみて東北部に位置する辺境であり、ロシアにとっても極東に位置し、一九世紀末には「黄ロシア」（白ロシア、小ロシアのようなロシア中心の概念のひとつで、黄色人種のアジアにあるロシア）といわれた。日本にとってもいわゆる「外地」であった。朝鮮人には国境を越えた朝鮮半島に同族が存在し、モンゴル人にも国境を越えて同族がすむモンゴル人民共和国の影響が影をおとしていた。

第二は、満洲が理想を追求する空間であったことである。満洲の地に理想郷を築こうとした民族には、満洲国以前に、中東鉄道（日本語では東清鉄道、東支鉄道、北満鉄道などと時代により呼び名が変わるが、本書では引用箇所以外すべて中東鉄道と表記する）を建設したロシア人がいる。国家の影響が及びにくい地理的客観的条件（辺境性）が理想を追求する空間を提供し、中東鉄道城下町（鉄道長官の名前をとって「幸福なホルワット王国」と言われた）や満洲国の建設につながった。実質的植民地と理想の地という相矛盾する二つの特徴を兼ね備えているのが、満洲の独特のハイブリッド（異種混交）性と言える。

第三は、満洲が階層構造をもつ多民族空間であったということだ。民族という概念がなかった時代にも清朝が多民族で構成されているという認識はあった。さらに満洲国の建国宣言で「五族協和」がうたわれたことから分かるように、満洲が多民族空間であるとの認識は日本にもあった。しかし、日本は満洲国民を作りだすことができず、満人（当時の日本人は満洲人と漢人を差異化できずに満人と呼んだ）という奇妙なカテゴリーを持ちこんだだけでなく（中見、二〇〇二）、外来民族である日本内地人を頂点とする階層性を民族関係に持ち込んだのである。

一　満洲の三国志（中国、ロシア、日本）

筆者（生田）は満洲にかかわりのある女性たちのオーラルヒストリーを集めはじめて一五年以上になる。日本女性をインタビューすると、かならず登場するのが「ソ連人」である。特に終戦やそれに続く引揚げの話では、中国人よりもソ連人のほうが話題になることが多い。それは戦時という非日常の世界だけのことではない。たとえば、満洲事変以前の一九二九年から三〇年に満洲を訪れたアメリカ人ジャーナリストも、満洲は中国、ロシア、日本が覇権を競う場になっていると言っている（ラティモア、一九三五）。これらの認識は、満洲が中国、日本、ロシアが主導権争いを繰り広げる地であったことを示唆している。

そこで、本書の前提として、日本、ロシア、中国を視野に収めて満洲の歴史を概観しておきたい。その際、時間的スパンを、ロシア人や日本人が満洲へ移住しはじめる一九世紀末から、満洲国時代、日本社会とロシア社会が引揚げる時期までに設定する。

（一）満洲国成立以前

満洲は現在中華人民共和国の領土の一部であり、そこを旅行すると、中国語（漢語）がきこえるので、漢人が原住民であるかのような印象を受ける。しかし、もともとは地域により異なる多様な言語がきこえる多言語使用の土地で、地元住民の「満洲族」（一六三六年に「女真族」から改称）などの諸民族は狩猟中心の生活を営んでいた。そこは、満洲民族だけでなく、モンゴル人、ダフール人、エヴェンキ人、オロチョン人などの多民族が住む地方だった。一六四四年、明朝を滅ぼした清朝が首都を盛京（満洲国時代の奉天、現瀋陽）から北京に移すと、満洲人の多くは故郷を離れて北京に民族大移動を行った。彼らは北京で清朝の基礎をにない、満洲語を第一の公用語とし、漢人に辮髪《べんぱつ》を強いた。しかし北京生活が長くなるにつれて、満洲人自身が漢語を日常語に用いるなどして漢化していった。さらに、清朝発祥の地である満洲へは、一七四〇年に本格化した封禁政策により漢人の流入が制限されていたが、一九世紀前半には形骸化し、同世紀後半には漢人が激増していた。満洲人は元来、狩猟を生業としていたが、移民してきた漢人は農業や商業活動を活発化させ、満洲経済の中心を担うようになっていった（上田、二〇〇八）。

ロシアによる中東鉄道建設（中国国内を貫通し最短距離でシベリア鉄道に接続する鉄道）がこの人口流入の流れを加速した。鉄道は人、モノ、情報の移動を促し、満洲を世界経済に接続した。満洲に入植したのは漢人だけではなかった。ロシアは優秀な労働力を辺境の満洲へ引き寄せるために、本国で実施していた居住制限や教育制限などの差別のない寛容な政策を採ったので、ユダヤ人をはじめとするロシア帝国臣民が移住し、満洲は自由な多民族空間として急速に発展した（ウルフ、二〇一四）。日本人女性がはじめて満洲にやって来たのは中東鉄道建設開始の頃で、最初は売春婦、その後はこれらの女性に日用品を売る雑貨商がやって来た。たとえば、旅順の日本人女性は一九〇三年にはすでに三一九名に達していたが、その内、売春婦が三五％を占めていた（塚瀬、二〇〇四）。

ロシア帝国が清朝領内に中東鉄道を敷設できたのは、日清戦争（一八九四〜九五）の戦勝国日本による遼東半島領有を阻止した功労による。ロシアは鉄道沿線に路線の敷設・運営・防衛に必要な土地（「鉄道附属地」）を所有することが認められた。しかしロシアは、契約を無視して鉄道から遠く離れた土地までも鉄道附属地とし、そこに治外法権、警察権、司法権、教育権などを行使、ロシアの通貨を流通させ、ロシア語を話すことで事実上の植民地にしてしまった。

一方、日本は「臥薪嘗胆《がしんしょうたん》」をスローガンに対露戦争準備を整えた。日露戦争（一九〇四〜〇五）で敗北したロシアは遼東半島、ならびに長春・旅順間の中東鉄道南部支線（のちの満鉄）を日本に譲渡した。三国干渉で失った遼東半島を奪回した日本人は満洲に対し、「一〇万の生霊、二〇億の国帑《こくど》」によって贖われた聖地という表現を用いるようになり、満洲に関する日本の利害関係を「特殊権益」と認識するようになった。一九〇六年、南満洲鉄道株式会社（満鉄）が創設され、かつてロシアの租借地だった遼東半島の都市、ダーリニー（大連）に本社が置かれた。こうして満洲の南半分は南満洲鉄道（満鉄）を支配下におく日本、北半分は中東鉄道を支配下におくロシアの勢力圏となる。満鉄附属地には日本人街ができ、一〇年後には南北鉄道を通じて日本人の「特殊女性」（風俗女性）がいない所はないと言われるほど風俗女性が増えた。その一方で満鉄婦人職員が活躍するようになり、満鉄婦人協会ができたことで、渡満日本女性に職業婦人のイメージが加わることになった。

中国では一九一一年に辛亥革命が起り、清朝が崩壊し、一二年には中華民国が建国された。一九一五年、第一次世界大戦のさなか、日本は中国に二一ヵ条に及ぶ要求をつきつけ、これを承諾させた。その中には「満蒙特殊権益」の強化もあった。これにより、日本人は従来、関東州（遼東半島最南端の租借地）と鉄道附属地にしか住めなかったのが、南満洲域内で自由に居住できるようになった（上田、二〇〇八）。

一九一七年、ロシア革命により帝政が崩壊すると亡命ロシア人が中東鉄道沿線に大量に流入し、北満の中心地ハルビンは亡命ロシア人の拠点となった。亡命ロシア女性の中には風俗営業に従事する者が多かった。中国の安い労働力と競合することなく職を得るためにはキャバレーやダンスホールで働くほかなかったのである。しかし、亡命ロシア人女性の職業は風俗業に限られていたわけではない。ハルビンでは法科大学や工業大学、教育大学、東洋学・商学大学が設立され（中嶋、二〇〇四）、高等教育機関に進学するロシア人女性も多く、彼女たちは職業婦人として活躍していった。ロシア語の出版活動も盛んで、女流作家や詩人も活躍し、バレエ、オペラ、演劇など芸術部門でのロシア女性の活躍もめだった。女子修道院でも宗教活動を厳しく制限するソ連と違って活発な活動が行われた。その一方で、本国から切り離されたロシアの政治的影響力は低下し、中国当局はロシアの混乱に乗じて、中東鉄道沿線の軍事・警察権や幣制など、さまざまな利権を回収していった。ロシア色一掃のために通りの名も中国名に変えられた。

一九二四年に中国がソ連を承認したことで、中東鉄道は中ソ合弁企業になった。鉄道では中国国籍者かソ連国籍者しか勤務できなくなり、多くの無国籍ロシア人（帝政ロシア崩壊後、ソ連国籍取得を拒否した旧ロシア帝国臣民は無国籍となっていた）がソ連国籍を取得した。裕福なロシア人は上海やアメリカに第二次亡命していった。

一九二八年、関東軍による張作霖《ちょうさくりん》（満洲地域を支配していた軍閥）爆殺事件が起こる。日本の支持で勢力をのばした張作霖だが、北京政府の大元帥に承認されたこの時期には対日依存から自主独立への転換をはかっていたからである。これを機に日本の軍部主導の中国侵略体制が強化されることになる。

(二) 満洲国期

一九三一年九月、満洲事変（九・一八事変）が発生した。早くも一一月には、在満日本人女性の国策団体「全満婦人団体連合会」が結成される。設立趣意は「婦人として平和と正義の理想郷を建設する大運動に参加」するためとされた。本部は大連に置かれ、会員のほとんどは日本人女性であった（沈潔、一九九六）。

一九三二年三月には、満洲国の建国が宣言された。日本は満洲を中国本土と切り離し、傀儡《かいらい》国家を建設したことを正当化するために、清朝最後の皇帝溥儀《ふぎ》を満洲国の元首（満洲国執政、その後満洲国皇帝）にかつぎだし、建国目的に「五族協和」や「王道楽土」のスローガンを謳いあげた。建国宣言に明記されている主要五族とは、漢人、満洲人、モンゴル人、日本人、朝鮮人である。

満洲国建国後はこの地に日本人が大量流入するようになった。建国前の日本人は関東州と満鉄沿線に固まって住んでおり、職業的にも関東庁や満鉄の役人、商工業者が多数を占め、農民はほとんどいなかった。建国後は居住地を満洲全域に拡散し、日本人農民も開拓民として入植するようになる。建国宣言では民族平等が謳われていたが、時代が進むにつれ、日本人があからさまに階層構造のトップに位置づけられるようになった。

この関係は各民族の女性にも反映された。たとえば、満洲で盛んであった風俗業において、地位や報酬の点でトップの位置を占める芸妓（芸者）には日本人が、その下に位置する娼妓（売春婦）には中国人（主に漢人）や朝鮮人が多かった（沈潔、二〇〇一）。その他の在満日本人女性も因習にとらわれない自由な雰囲気の中で、同じ職なら内地より経済的に裕福な暮らし（給料に外地手当がついた）をしていた。

一九三二年七月、満洲青年連盟の山口重次、小沢開作らが石原莞爾《かんじ》関東軍参謀の支援で国民組織の構想をねり、協和会が設立された。「思想建国団体」（『満洲国現勢』、一九三五）といわれる協和会の社会事業では、婦人団体の結成を助成することにも意が用いられた（『満洲国現勢』、一九三三）。

一九三三年、日本の愛国婦人会の支部が関東庁庁内に置かれ、一九三四年、大日本国防婦人会の支部が大連に進出した（沈潔、一九九六）。

一九三四年、満洲国の首都新京で、中国人女性を統率する目的で「満洲帝国国防婦人会」が設立された。名誉会長は満洲国総理大臣夫人で、会長は軍政大臣夫人であった。「満人婦徳を基とし」、主として「職業輔導・授産・慰問の三事業」を行うことになっていた（『満洲国現勢』、一九三七）。

一九三五年、ソ連は中東鉄道を満洲国へ売却し、ソ連国籍の鉄道関係者が大挙して満洲から引き揚げた。鉄道売却の直前、すなわち三四年一二月に、白系露人事務局が設立され、すべての亡命ロシア人に事務局への登録が義務付けられた。こうして、日本は事務局を介して亡命ロシア人を間接的に統合管理した（生田、二〇一一）。

一九三七年五月、満洲国の新学制公布により教育システムが日本化され、女子中等教育では、「国民道徳ニ婦徳ノ涵養ニ務メ」、良妻賢母を養育することが目的とされた。

一九三七年七月、盧溝橋《ろこうきょう》で起きた日本軍と中国軍の衝突事件によって日中戦争が勃発し、これ以後「日満一体」の国防国家建設へと進んでいった。

一九三八年二月、関東軍司令部で、既存の在満日本婦人の「大日本国防婦人会」と中国人女性を組織した「満洲帝国国防婦人会」の代表が会合し、両団体を解散して単一婦人団体である「満洲国防婦人会」を結成し、従来の大日本愛国婦人会やその他の各種団体もこれに統合させることに方針が決定した。これ以降、この婦人会が満洲国における婦人運動を指導することになった。四月に行われた結成式の宣言は、民族協和の建国精神と共同防衛の国防精神を基調としたもので、満洲全土の婦人の大同団結による事業としては、遺家族傷痍《しょうい》軍人の慰恤《いじゅつ》、軍隊・病院慰問、弔祭に従事することとされた（『満洲国現勢』、一九三九）。翌三九年にはハルビンに国防婦人会のロシア部が開設された。ロシア人、ウクライナ人、ユダヤ人、チュルク・タタール人、グルジア人、アルメニア人などが加入した。会長は白系露人事務局の局長夫人であった（協和会・白系露人事務局、一九四二）。

一九三八年、満洲移住協会が「大陸の花嫁」（満洲移民の妻やその候補者の女性）二四〇〇名を募集した。それより二年前の一九三六年、日本政府は「二〇年で一〇〇万戸、五百万人の日本人を満洲に送出させる計画」を国策として決定していた。日本人を満洲の地に植え付け、満洲総人口の一割を日本人で占めるべく、「大陸の花嫁」は出産により日本人の増大に貢献するはずだった。三九年一月には「花嫁一〇〇万人大陸送出計画」がうちだされ、マスコミで大陸の花嫁募集が宣伝されるようになった。満蒙開拓移民の花嫁としての養成や募集は、内地の「女子拓殖講習会」や現地の「開拓女塾」などで行われた。

　九三九年五月、満洲国とモンゴルが国境を接する草原でノモンハン事件が勃発し、ソ連軍の近代装備の前に日本軍は大敗する。日本はこれ以後満洲で人事面や思想教育などの面において日本化を一層強めることになった。

　一九四〇年七月、新京（現長春）の帝宮内に建国神廟が創建され、満洲国の建国は日本の天皇の祖先神である天照大御神《あまてらすおおみかみ》の神徳と天皇の保佑に基づくものであるとされた。宗教面でも多様性を排除し、日本化が強化された。

　一九四一年一二月、日本はアメリカ、イギリスなどと戦争（太平洋戦争）に突入したが、満洲国は交戦国となることはなかった。しかし、対日供給基地としての役割は一層強化された。

　一九四二年三月、「満洲開拓女子拓殖事業対策要綱」とその指導者用手引き「女子拓殖指導者提要」が出された。開拓民を量的に確保し、その満洲定着率を高めると共に日本人の純血を保持し、日本婦道を移植し満洲新文化を創建することなどが目標とされた。

（三）満洲国崩壊

　一九四五年四月、ソ連が日ソ中立条約の不延長を通告したので、日本は一五万～二五万人の在満日本人男性の「根こそぎ動員」を行って対ソ戦に備えた。八月八日、ソ連は日本の無条件降伏直前に、日本に宣戦布告し、九日、満洲に侵攻した。関東軍は太平洋戦争の戦況悪化によって南方戦線に転出していたので弱体化していた。ソ連国境近くにあった開拓団では混乱の中、攻撃されたり、集団自決に追いこまれたりして、全滅した集団もあった。終戦時にいわゆる満洲（満洲国および関東州）で死亡した在留邦人の数は一七万九〇〇〇人と推定される（山本、二〇〇七）。根こそぎ動員のため男性が不在で、女性と子供だけしかいなかったのに加えて、関東軍が民間人を置き去りにして逃亡したことが居留民の犠牲を大きくした。

生き残った女たちは子供を抱えて都市部へと逃避行を始めたが、途中で中国人に襲われることもあった。中国人の土地を安く買いたたき彼らを追い出して日本人移民に土地を確保したつけが回ってきたのである。都市部にたどりつくことができず、生きるために中国人と結婚したり、子供を養子に出したりする人が続出した。こうして残留婦人や残留孤児が生まれた。

ソ連軍は一九四五年八月から翌年四月末にかけて満洲を占領した。ソ連の兵士たちはヨーロッパ戦線でドイツに勝利し、帰国できると期待していた矢先、極東前線へと送られてきた者が多く、精神的にも荒廃していた。そのような事情もあって、略奪行為や婦女暴行を行う兵士もおり、日本人だけではなく、亡命ロシア人や中国人も犠牲になった（バキチ、二〇一一）。ソ連は武装解除した日本人兵士を帰還させずにソ連領内に連行して、鉄道建設、森林伐採、炭坑労働などに使役した。シベリア抑留された五〇万～六〇万の日本人のうち約六万人が命を落とし、その中には民間人や女性も含まれていた。

終戦後、満洲では国民政府軍と中国共産党軍との間で内戦が繰り広げられ、日本では連合国軍の日本占領により外交機能を停止され、引揚げも日本政府独自の業務ではなく連合軍総司令部（ＧＨＱ）の管理下で行われた。ソ連軍の満洲撤退後、引揚げ事業が開始され、一九四六年五月に引揚げ第一船が出た。四八年までの間に一〇四万六九五四人の日本人が祖国に引き揚げた（山本、二〇〇七）。しかし、多くの日本人は終戦後も中国に残留を余儀なくされた。中国に「留用」された約二万人は、中国建設に協力を要請され、その中には女性もいた。

亡命ロシア人も侵攻してきたソ連軍により逮捕され、死刑に処されたり、ラーゲリ（強制収容所）に送られたりした。満洲に残留した亡命ロシア人にはソ連の在外パスポートが支給され、ソ連人になるように思想教育が行われた。一九四九年、中国共産党により中華人民共和国が建国され、翌五〇年、中ソ友好同盟相互援助条約が締結された。一九五二年、ソ連は中東鉄道（中国長春鉄道）を中国に返還した。スターリン死後の一九五四年、ソ連は祖国への引揚げを許可し、残留していた亡命ロシア人は離散した。その行先はソ連、南北アメリカやオーストラリアなどであり、満洲に残留したのはほんの一握りであった。

満洲地域の漢人は中華人民共和国の中核的存在として今日にいたり、満洲人は「最も漢化された」中国の少数民族となっている。中華人民共和国成立、とりわけ文化大革命により、満洲人固有の慣習の多くが消滅させられた。モンゴル人にも中国（漢）的要素が浸透し、たとえば内モンゴル自治区内の人口の八〇％は漢人である。朝鮮人は朝鮮半島に帰還する者と満洲に残留する者とがあり、後者は延辺朝鮮民族自治区などに住んでいる。

二　本書のねらい

本書のテーマは複雑な階層関係にある多民族空間、満洲で生きた女たちの生きざまを明らかにすることである。従来、満洲が話題になるときには、ロシアや日本の満洲への植民地的進出と中国ナショナリズムの拮抗が問題とされることが多かった。この拮抗の視点から傀儡国家と理想国家、中央と辺境の特徴も検討されてきた。しかし、残念ながらこの切り口からは女性の姿はほとんど視野に入ってこなかった。

満洲ではどれほどの数の女性が暮らしていたのであろうか。一九四二年の段階で、四四二四万二三二七人の満洲総人口のうち、男性は二四一一万九八二〇で、女性は二〇一二万二五〇七人であった。さらに、満人は総数が四一五八万九〇〇九人で、男性が二二六四万四五四人、女性が一八九四万四五五五人で、日本内地人が総数一〇七万五七四九人で、男性が六二万四九一四人、日本人女性は四五万八三五人で、朝鮮人が総数一五一万一五七〇人で、男性が八一万七〇七五人、女性が六九万四四九五人、その他（亡命ロシア人など）は総数が六万五九九九人で、男性が三万三三七七人、女性が三万二六二二人であった（山本、二〇〇七）。すなわち、人口の男女比は、五四・五二％対四五・四八％で、満人の男女比は、五四・四四％対四五・五六％。日本人は五八・〇九％対四一・九一％で、朝鮮人の男女比が、五四・〇五％対四五・九五％で、その他の男女比が五〇・五七％対四九・四三％である。

主要民族の女性は四一～四五％いたので人口的には無視できない存在であったはずであるが、政治、経済などの公的な領域で活躍したのは男性だったので、女性の姿はほとんど公的文書ではとらえられていない。

女たちはどこで何をしていたのであろうか。日本女性の場合、一番よくその姿がみえるのが、引揚げの時である。戦後にベストセラーとなった『流れる星は生きている』（藤原、一九四九）に代表されるように、満洲の日本人女性たちの物語は、一九四五年のソ連軍の侵攻による満洲からの子供を抱えての逃避行で始まり、日本への生還で終わるものが多い。姿が見えるのは、大陸の花嫁、残留婦人、従軍慰安婦など、歴史に翻弄された女性に集中している。ところが、日常生活者としての普段の女性への言及は少なく、国家の枠を超えた生きざまに不明な点が多々ある。

二〇世紀は、世界的規模で国境を越えた資本の移動が進み、植民地でも消費社会が展開された時代であった。満洲も例外ではなく、満洲国時代、都市化の進展により女性の家庭生活、社会生活、消費生活に大きな変化がみられた。ロシアによりハルビンや大連といった植民地独特の西欧的空間が築かれていた満洲は、たとえば日本人によっても「日本から一番近い西洋」と認識されていた。すなわち、モダンな西欧文明の近代文化が花ひらいた空間とイメージされていた。

さらに、満洲がもつ辺境性という地理的客観的事実は、本国のモラル、伝統、価値観にしばられずにふるまう可能性を女たちに提供した。女性の中には、過酷な運命に翻弄されて満洲にかかわらざるを得なかった者だけでなく、本国にはない新天地を求めて、みずから渡満したものもいた。満洲は女性にとっても可能性を追求する場であったのだ。もとより渡満の契機には、強いられたものや、ほかに選択肢がなかったという消極的側面があったことは否めないが、そこには主体的な契機もあったのである。

本書では、以下のことを編集のポイントにする。

第一は、非日常の戦時だけでなく、満洲の女たちの日常生活をみてみようと思う。第二は、公的領域だけでなく私的領域も視野におさめる。第三は、日本人女性だけでなく、他の主要民族女性、さらに少数民族も含める。

具体的には、目次構成を以下の三部にわける。第一部「日常生活を通して」では、満洲国の外の地域や国でくらす同民族との比較の視点をいれて、教育、結婚と家庭生活、宗教生活、消費生活の実態をとらえる。第二部「メディアを通して」では、満洲国のプロパガンダメディアである雑誌、新聞、ならびに小説や映画に描かれた満洲女性のイメージ・表象をみる。第三部「記憶を通して」は、当時の満洲国を生きた多民族の女たちの肉声をオーラルヒストリーなどの形でとらえ、マスの歴史ではなく、顔のある歴史として女たちの生きざまを描く。

しかし、ことはそれほど簡単ではなかった。たとえば、当初の予定では、第三部で最大の人口をかかえていた漢人女性のオーラルヒストリーを掲載することになっていた。ところが、昨今の日中関係悪化により、第十章担当の深尾葉子が取材そのものを拒否されてしまったのである。漢人女性なしでは満洲を描くことはできないので、深尾の発案で現在の中国のテレビ番組の中で当時の女たちの満洲がどのようにとらえられているかを描くことになった。当事者本人が語るオーラルヒストリーではないが、世代をこえた集団の記憶を探ることができたのは思わぬ収穫であった。深尾の章は、テレビという現代のメディアにみる満洲女性表象を扱っている。第二部の「メディアを通して」にいれるべきか、第三部の「記憶を通して」にいれるべきか迷った。第二部は満洲国の弘報がどのような満洲女性イメージを内外にプロパガンダしようとしたのかを検証するものであるので、現代中国のメディアにみられる満洲女性表象と同一視することはできない。そこで、あえて、当初の予定通り、現代の集団的記憶ということで第三部に収めることにした。

本書掲載を拒否したのは漢人だけではなかった。第十二章担当の思沁夫《スチンフ》は、内モンゴル（中国領土内の自治区）にすむ地元少数民族女性のインタビューを六件掲載する予定であったが、四件以外は公刊することを拒否されたのである。また、掲載許可者からも一部内容削除を求められた。自分だけでなく、一族が受けるかもしれない不利益を考えれば当然かもしれない。執筆者思沁夫が築きあげてきた信頼関係のおかげで、満洲国建国以前から満洲地域に居住する少数民族であるエヴェンキ人やダフール人のオーラルヒストリーを初めて明らかにすることができたことを多としたい。

三　各章の紹介

第一部では「日常生活を通して」と題して、女たちの普段の生活を結婚・家族、教育、宗教、消費経済面から観察する。

第一章「満洲の消費社会と女性――ハルビンを事例として」で藤原克美は、近代的な消費生活の発展とともに女性が消費者として台頭してくる点に着目し、消費の面からハルビンのロシア人と日本人の女性を検討する。ハルビンでは、ロシア企業はロシア人を顧客として持ち、日本企業は日本人を顧客とするというセグメント化された市場ではなく、例えば百貨店や洋装店では、日本人女性とロシア人女性との場の共有が見られた。その一方で、人々が実際に消費していた物資や消費スタイルには民族間の差異があり、消費生活の民族による分断が、「国民」の序列化を可視的にしたという側面も否定できないことを示している。

第二章「ロシア人村と日本人開拓移民村における結婚と家族」で阪本秀昭は、満洲における白系露人の農村住民と日本人開拓移民の結婚のあり方や結婚生活について相互比較しつつ、その特徴を明らかにする。白系露人の一つの例としてロマノフカ村を中心とする正教古儀式派教徒の村落住民をとりあげ、日本人開拓移民についてはいわゆる大陸の花嫁の事例を検討する。本国のソ連では満洲国期は、ロシア農村の家父長制的大家族制が徐々に崩壊し、二世代分割家族が主流になる時期にあたるが、古儀式派住民にとってもこの傾向は例外ではなく、結婚相手の選択や家族生活において女性の立場が次第に強化される様子を観察できる。日本の大陸の花嫁にあっては結婚相手の選択は受動的なままであったが、大陸への渡航と結婚そのものは自主的に決定され、ここに女性の自立への志向が明らかとなることを指摘する。結婚式や結婚生活そのものは質素であり、彼女たちは数々の苦難に遭遇したが、時代を先取りする新しい女性像を示す側面もあったことを明らかにしている。

第三章「満洲のロシア人女子教育——中等・高等教育を中心に」で中嶋毅は、ハルビンを中心に展開されたロシア人女子教育は、満洲のロシア人教育機関の不可欠の要素を構成するとともにそれを支える存在としても機能したことを示す。帝政ロシアの系譜を引く女子中等学校に学んだ女性たちは、教育分野をはじめさまざまな分野に就労の場を見出し、また高等教育機関にも積極的に進学して、ハルビンのロシア人教育機関を活性化させた。卒業生たちの中には自身の才能を発揮し、文学や芸術の領域ではそれぞれの分野をリードする役割を果たす者も現れた。また中等・高等教育を修了した女性たちの一部は、初等学校や中等学校の教員として教育活動への従事を通じ、満洲のロシア人教育システムに大きく貢献した。さらに満洲で教育を受けたロシア人女性たちは、帝政期以来のロシアの伝統的学校文化を身につけ、生活領域でのロシア文化を継承することを通じて、異郷におけるロシア人社会の「ロシア性」の維持に大きく貢献したことも明らかにしている。

第四章「女性信者の生きざまを通して——ハルビン正教女子修道院と満洲国」でハリン　イリヤは、ハルビン正教会女子修道院を対象にして、満洲国の女性の宗教活動の役割を探る。ハルビンの修道女の日常生活と修道院の社会福祉事業、ロシア人の民族性の維持、日本人との関係、正教精神性の観点から修道院の活動の歴史を見る。その結果、満洲国がめざした「東亜文明」の確立と、修道院がめざした「正教文明」の保持が当初は一致していたこと、宗教を認めないソ連とくらべ、満洲国において彼女らは政権の支持母体として重視される傾向があったことを指摘している。しかし亡命ロシア人の「正教文明」が満洲国の「東亜文明」と調和する可能性は、太平洋戦争勃発後の日本化圧力の強化により、結局は摘み取られることになったことを指摘し、実験国家としての満洲国が女性信徒にとって一定の展望があった一面と、その限界の両面を指摘している。

第二部は「メディアを通して」と題し、満洲のメディアがどのような女性像を提示しようとしたのかを見る。ただし、メディアを掌握していたのはほとんど男性なので、男性の目からみた満洲女性の表象の考察ということになる。

第五章「『満洲グラフ』にみる女たち――日本人の自画像」で生田は、当時斬新であったビジュアルメディア『満洲グラフ』を資料として満洲女性の表象を取り上げる。『満洲グラフ』が創刊号で満洲の実態を日本人の理想として掲げていることに着目し、女性の表象に的をしぼり、『満洲グラフ』編集部が伝えようとした「日本の自画像」がいかなるものであったかを考察している。満洲建国を日本の正義の具現であると編集部が信じたのは、「十萬同胞の熱血」であがなった「聖地」に民族協和と王道楽土の国を実現することに理想を見出したからである。しかし実態は、満洲固有の生活習慣を野蛮とし、日本の神社を建設して、「大陸日本」を作ろうとするにすぎなかった。このことを反映して、提示された「新満洲娘」は在満日本人が演じていた。その一方で、『満洲グラフ』に亡命ロシア女性が頻出しているのは、ヨーロッパ文明に対する日本人の優越感と劣等感を同時に表すことを明らかにしている。

第六章「『満洲日報』にみる〈踊る女〉――満洲国建国とモダンガール」で林葉子は、満洲で最も影響力の強い新聞であった『満洲日報』（南満洲鉄道株式会社の機関紙）の記事を資料として、満洲国建国前後の「モダンガール」の表象を分析している。林は、当時の満洲の日本人社会におけるダンス熱とダンス排撃運動に着目し、「踊る女」と」してのモダンガールたちが、その越境性や身体性ゆえに人々を魅了しながらも、やがては周縁へと排除されるに至った過程を追い、当時の日本人社会の排外性と「国粋」主義の内実を描く。

第七章「小説表象としての農村ロシア人女性――日本人作家の眼を通して」で伊賀上菜穂は、満洲国期に日本人が発表してきた農村ロシア人小説を取り上げ、その中に登場するロシア人女性像を分析している。当時日本人が満洲を舞台に書いた小説にはしばしばロシア人が登場するが、そこには都市住民だけでなく、農村住民も登場する。満洲の亡命ロシア人女性はしばしば性愛や恋愛の対象としてイメージされてきたが、これは都市住民、特に性風俗に従事する女性たちに当てはまるもので、農村女性には当てはまらない。伊賀上は北村謙次郎、長谷川濬《しゅん》、大瀧重直らが農村地域を対象に描いた作品を分析し、ロシア人女性たちがめったに日本人男性の恋愛対象とならないこと、また例外的に恋愛関係が描かれても、結婚としては成就しないことを指摘する。当時は満蒙開拓政策の影響の下にロシア人の農村生活が理想化されていたが、それにもかかわらず日本人の間では、民族と階層の壁は強固なものであったのだ。

第八章「『私の鶯』に写った李香蘭の神話と現実」でメリニコワ　イリーナは、女優で歌手の李香蘭（本名・山口淑子）によって作り出されたスクリーンの中の新しい満洲の女性像には、「満洲女性」としての李香蘭の自伝的真実が反映されていたかという問題を提起する。李香蘭の代表作であるいわゆる大陸三部作（『白蘭の歌』『支那の夜』『熱砂の誓い』）と比較して『私の鶯』を考察することで見えてくる満洲の「新しい女性」とは、父親に強く依存し、しばしば父親に「利用」される娘たちである。そのような彼女たちの姿は傀儡国家・満洲国そのものを体現している。作品の中でつくりだされた表象は、満洲の女たちに関する共有可能な記憶の断片を内包していることを明らかにしている。

　第三部では「記憶を通して」と題して、日本人女性、漢人女性、朝鮮人女性、満洲国時代はモンゴル人と総称されていた少数民族であるダフール人やエヴェンキ人の女性に焦点をあてて、満洲の女たちの牛の声をきく。さらに、現代中国のメディアであるテレビ番組をとりあげ、集合記憶における満洲女性の表象をみる。

　第九章「日本人女性の満洲体験——日本、中国、ロシアのはざまで」で生田は、満洲に住んだ日本人女性をとりあげ、人間として、女性としてどのような生活を送ったのかに光をあてている。住環境、渡満時期、在満年数、経歴、社会的地位の異なる四人の女性（満洲育ちの職業婦人、ハルビンに新天地を求めたハイカラ主婦、シベリア抑留を体験した従軍看護婦、開拓農民の長女として渡満した残留婦人）の声を聞いている。彼女たちは、自らの人生を切り開き、日本帰国後も満洲国の生活で得た経験を生かした生活を送っている。支配・抑圧、帝国主義・植民地という二項対立の図式に回収されない女たちの満洲の実態を浮き彫りにしている。

　第十章「満洲に生きた漢人女性——魂の植民地化・脱植民地化の視点から」で深尾葉子は、現代中国のテレビ番組の中で二〇世紀前半の中国東北満洲の漢人女性がどのように描かれているのかを見る。すなわち、二人の漢人女性に焦点をあて、どのような境遇の中で、運命に翻弄されて生きていたのかを考察している。一人は数年前中国大陸で圧倒的な視聴率を達成した歴史大河ドラマ『闖関東《チュアングアントン》』（「東北を駆け抜ける」）の劇中人物、鮮児《シアー》という女性である。番組の中では彼女を通して飢餓、移民、少しでも集団や社会から離れると命を奪い取る冬の厳しさが描かれる。もう一人は実在の女流作家である蕭紅《シャオホン》である。彼女は地主の家族の呪縛から逃れて自由に生きようとする中、日本軍に追われ、各地を転々とした挙句、わずか三一歳で短い命を終える。蕭紅の運命をとおして、周縁に位置づけられる女性をさらに危機の縁へと押しやったのが日本軍の侵攻であったことが示されている。

第十一章「満洲移住の朝鮮人女性——女子教育に焦点をしぼって」で花井みわは、北部朝鮮の国境を越えて満洲の間島《かんとう》に移住した朝鮮人女性の生活を変えたのは学校教育であったことを明らかにし、教育に焦点をしぼって、朝鮮人女性たちの生活を聞取り調査により再現する。朝鮮社会を支配していた「男女七歳にして席を同じゅうせず」という儒教倫理による生活を紹介したうえで、満洲に移住した朝鮮人女性は女子教育を受ける機会を享受することができ、農業以外にも、高い教育を受けた卒業生たちの活躍の場が広がったことを指摘する。その一方で一九三八年の満洲国新学制に目をむけ、初等教育の進学率は急増したが、日本語教育が強要されたことから朝鮮人が反発し、娘の小学校進学を許さなくなった事実や、女子は勉学より結婚すべきであるという考えから、娘の中学校進学に反対した事実を伝えている。全体として朝鮮人の卒業生たちは女性の社会参画と社会的地位の向上に一定の役割をはたしたことを明らかにしている。

第十二章「内モンゴルに生きたダフール人、エヴェンキ人女性たち」で思沁夫は、内モンゴルで生活したダフール人とエヴェンキ人女性四人の経験を紹介する。一人は、中国のドキュメンタリー映画『忘れさられた草原の英雄』のダフール人のヒロイン海端《ハイルイ》で、反封建と抗日に一生をささげた生涯を映画の紹介と妹たちの証言をもとに再現する。第二は、ダフール人女性（Aさん）、第三はエヴェンキ人女性（Bさん）で『忘れさられた草原の英雄』の作者である。三人はいずれも内モンゴルの都会ハイラル周辺に暮らす知識人である。四人目は、大興安嶺の森で満洲国の支配を体験したエヴェンキ人女性（Cさん）である。いずれも少数民族で、支配国家により民族文化と言語の変化を余儀なくされながらも、女性として普通に生活をいとなむことで、独自の文化を継承してきた歴史をふりかえっている。

むすびにかえて

本書の出発点になったのは「ハルビン・ウラジオストクの会」における活動、ならびに平和中島財団の研究助成金や科学研究費補助金に基づいて実行された共同研究である。つまり長年のフィールドワークやデスクワークを共にした共同研究の中から生まれたものである。さらに、研究グループは雑誌『セーヴェル（北）』に論文を発表し、研究会やメールで議論し対話する中で、研究を発展させていった。

共同執筆陣は、日本人、ロシア人、朝鮮系中国人（現在日本国籍）、モンゴル人、ロシア系アメリカ人で、専門領域も歴史学、経済学、文学、宗教学、文化人類学、ジェンダー史と異なる。研究対象地域も満洲だけでなく、日本、中国、朝鮮、モンゴル、ロシアと多彩である。このような陣容でマルチ・ディシプリン、マルチ・カルチュラル、マルチ・アーカイブズの手法をとることで、多民族・多文化空間である満洲の女性を浮き彫りにすることを目的としている。

いずれの章においても、初めて取り上げた事柄が少なくない。これは、見過ごされがちであった女の視点から満洲を見ることで、傀儡国家対理想国家、中央対辺境、支配対抑圧といった従来の議論の枠組みからこぼれ落ちてきた、満洲のより豊かな実態がみえてきたということではなかろうか。少なくとも問題点はみえてきたと思う。これからの研究の踏み台となれば幸いである。

引用に際しては、読みやすくするために特殊な記号は省略し、適宜ルビを補った。また「支那」も歴史用語として、そのまま引用した。引用中の丸括弧《かっこ》は原文注を、亀甲括弧《きっこう》は引用者注を示す。

第一部　日常生活を通して

第一章　満洲の消費社会と女性

――ハルビンを事例として――

藤原克美

はじめに

二〇世紀の前半は、列強諸国による覇権競争と暴力によるその解決が世界各地で展開された時代であり、その究極の形態として二つの世界大戦を経験した。同時に、経済的にも国境を越えた資本の移動が進み、欧米企業の先導によって近代的な消費社会が誕生した時代でもあった。東アジアの女たちも、日本の海外進出による政治的緊張の持続と近代的な消費社会の拡大という、政治・経済のグローバルな展開のなかに否応なしに飲み込まれていった。

先行研究においても、満洲におけるさまざまな民族の女性の立場を植民地のジェンダー問題として扱う一連の流れがある。近代化や消費社会の発展にともなう女性の立場の変化としては、日本において西洋的な商品や商習慣が受容され、女性が労働者・消費者として台頭してくる近代化の過程と、日本の植民地におけるそれが比較検討されている。

なお、都市生活においては一般に、衣食に関する日常的な消費の決定権の多くを女性がもち、また、衣類や装飾品の消費の多くを担うのも女性である。したがって、近代化が始まる以前から、その経済的自立性とは無関係に、消費面での女性の存在は大きかったが、さらに、近代的な消費社会の発展は、自立した労働者やより主体的な消費者となる可能性を提供するものとして、とりわけ女性にとって重要な意義を持った。一九二〇年代ごろの東アジアでは、伝統的な価値観への抵抗を秘めた新しい女性、いわゆる「モダンガール」というイコンも誕生している（伊藤ほか編、二〇一〇）。したがって、満洲においても都市部の消費生活の観察は、そこに住む女性の置かれていた立場を理解するのに多くの示唆を与えるだろう。

このような認識のもとで本章では、消費生活の面から満洲の女性にアプローチするが、さらに対象をハルビンのロシア人と日本人の女性に限定する。ハルビンでも人口の七七％は中国人であったが（一九三一年。上田、二〇一二）、そこは都市建設を担ったロシア人の影響力の濃い特殊な空間であった。さまざまな場面で日本人は、近代化と西欧化を同義としてとらえていたが、ハルビンでは、西欧的な消費スタイルを体現していたロシア人と日本人が共通の空間で暮らしていたのである。ここでは、ロシア人と日本人の消費活動と相互の関係に注目し、当時のアジアでみられた一般的なジェンダー構造との相違を明らかにしたい。

一　一九三〇年代のハルビン

景気後退とロシアの影響力の衰退

一九二九年の世界恐慌や、同年に軍事衝突にまで発展した中東鉄道をめぐるソ連と中華民国との対立

（中ソ紛争）によって、満洲のロシア系ビジネスは大きな打撃を受けた。ハルビンでもロシア系資本の一部は閉鎖を余儀なくされ、中国人への売却や、外国資本との合弁も見られた。一九二〇年代には中国人自身による起業も増え、全体として満洲国成立前には中国人資本の影響力が拡大していた（上田、二〇一二）。

一九三一年の満洲事変以降、中国東北部に進出した日本人は経済的にもこの地の支配を追求した。ハルビンでは、日本からの直接投資は伸び悩んだものの、日本人人口も増え、日本製品が普及した。ドムブロフスキーによれば、一九三四年にすでに、ハルビンのロシア系企業の取扱い商品の八〇～八五％、中国人企業の取扱い商品の四〇～五〇％が日本製であったという（ドムブロフスキー、一九三四）。

ハルビンで日本の商品が広まった背景にはいくつかの要因がある。まず、日本人企業に有利なように、鉄道運賃の改定や輸入関税の引き下げが行われた。一九三三年七月に三三品目、一九三四年一一月に一〇三品目の輸入関税が引き下げられたが、それらは日本からの輸入が圧倒的に多い品目であった。

もちろん日本人企業もさまざまな努力を行っている。上述のドムブロフスキーによれば、満洲国成立までの日本人の小売業はヨーロッパ人や中国人の消費者を視野に入れていなかったが、一九三四年には「どの日本人の店にもヨーロッパ人向けの商品があり、アラビア数字で書かれた値札が付けてあり、店では、どうにかロシア語で説明できる日本人の番頭か、特別に雇われたロシア人が接客していた」。中国語のチラシ、中国語およびロシア語の雑誌や新聞への広告、看板、映画、ラジオの広告など、メディアを利用した宣伝もあった。また、後述の「同記商場」との取引を先例として、一九三三年半ば頃よりサンプルを持って中国人の小売企業を回る日本人の卸売商が生まれた。その際、日本人企業は他国企業よりも有利な信用を供与することで取引先を拡大したと言われる。

一方、ハルビンにおけるロシア系ビジネスは、一九三五年に中東鉄道が満洲国に売却されるとさらに大きな打撃を受ける。当時中東鉄道で働いていたソ連人従業員は六千人で、そのうち家族を含めて約五千人がハルビンに暮らしていた。ロシア人社会の中でも裕福な層に属していた鉄道従業員がソ連に帰還し、亡命ロシア人のなかで金銭的に余裕のある者も、日本人による統治を嫌って満洲国以外の他の都市へ二次亡命したため、ハルビンのロシア人の経済状況は悪化した。その結果、ロシア系ビジネスも縮小し、一九三五〜三六年の一年間に四八一の商社のうち一六%に相当する七六社が閉鎖を余儀なくされた。資本額で見るとそれは全体の二三%で、取引高は鉄道売却前の半分以下（四二%）にまで減少した（『満洲日日新聞』一九三六年八月三日）。

こうしたなかで、ロシア系企業では、日本製品を取り扱い、日本人を顧客に取り込もうとする努力も見られた。「誤字多い片仮名の看板をいずれも申し合わせた如く掲げ、店には必ず日本人の傭員または日本語の出来る店員を置き異様なアクセントで日本人にサービスこれ務め」たという（『満洲日日新聞』一九三五年一二月二八日）。

戦時体制への突入

一九三七年の日中戦争勃発後は、日本からの輸入物資の縮小と、日本への資源供給期待の増加で、日本の戦時経済体制が満洲国に直接影響した（山本有造、二〇〇三）。一九三七年一二月には貿易統制法が制定され、輸出入制限の範囲は次第に拡大した。また、一九三八年四月の「鉄鋼類統制法」以降、農鉱産重要物資の個別的な統制も進む。

農産物および食料品の配給統制は、一九三八年八月の小麦粉から始まり、一一月には米穀管理法が公布され、続いて大豆、粟《あわ》・高粱《コーリャン》・トウモロコシにも導入された。その他の消費財の統制は、一九三九年三月の綿糸布から始まっている。百貨店の経営においても、食料品や、軍事物資の供給の比重が次第に増大する。百貨店の持つ広範な供給網は、おそらく当局にとっても魅力的であったろう。ただし、日本においても、日中戦争勃発後即座に消費が縮小したわけではなく、「戦時の近代化」と呼ばれる拡大が見られた（ゴートン、二〇一三。ルオフ、二〇一〇）。満洲において日常生活が完全に戦争の色彩を帯びるようになった時期を明言することは困難だが、日米開戦が一つの転換点であったと思われるため、以下では一九四一年頃までの資料を中心に検討する。

二　ハルビンの百貨店

本節では、近代の都市住民の消費生活を牽引してきた百貨店を取り上げる。実際には百貨店は比較的豊かな市民のものでしかなかったが、雑誌や広告を通じて下層の人々の上昇願望を惹起したり、多数の小売業を刺激するなど、より広範な影響力を持っていた。

三越百貨店や三中井百貨店などの日本の企業は満洲にも進出していたが、ハルビンにはこのような日本の大手百貨店は存在しなかった。唯一高島屋が一九三四年にハルビン店を出したが、家具装飾と船車両用品一般のみを扱う小さなもので、「百貨店」と呼べるものではない。ハルビンで二〇世紀初頭からの伝統を持つ大規模百貨店は、ロシア系資本の「秋林（チューリン）百貨店」と、日本人資本の「松浦洋行」、中国人資本の「同記商場」であった。一九三〇年代に入り日本企業の「登喜和百貨店」と「丸商百貨店」がオープンした。以下では、百貨店新聞社発行の『日本百貨店総覧』（二〇〇九年、ゆまに書房復刻版）昭和一二年版および昭和一七年版をもとに、各百貨店の特徴を具体的に見ていこう。なお、「同記商場」は中国人資本で唯一、「満関百貨店組合」に加入していた百貨店であるが、本稿では割愛する。

・秋林（チューリン）百貨店

秋林百貨店の創始者は、イルクーツク出身のイヴァン・チューリンである。その後、アレクサンドル・カシヤノフが共同出資責任者として事業を統括し、都市建設が開始された直後の一九〇〇年頃にハルビンへ進出した。

極東最大の百貨店と言われた秋林百貨店も一九三〇年頃より経営が悪化し、一九三六年、ロシア人所有者は企業の資産を香港上海銀行に売却した。しかし、銀行が任命したドイツ人経営者フュートラーは日本の特務機関との関係が深く、満洲国時代は実質的には日本の影響下にあった。

秋林百貨店の主要な店舗は、大直街にある本店とキタイスカヤ街の支店であった。さらに市内の馬家《マジャ》溝《コウ》のほか、多数の都市に店舗があった。支店の数は時期によって異なるが、一九四二年の資料では、新京、奉天、四平街に百貨店と卸部を兼ねた店舗、そのほか一六ヵ所に支店、神戸には出張所があった。

秋林百貨店の一つの特徴は、単なる百貨店に留まらない複合経営企業であったことである。商会としては農機具販売部門があり、自前のソーセージ工場、煙草工場、塗料・ラッカー工場、製茶工場、ウォッカ工場、仕立屋、自動車工場、ワインセラーなどを持っていた。『満洲工場名簿』（一九三五年、不二出版復刻版）によると、一九三三年末で、ウォッカ工場の従業員は七名、ソーセージ工場は七名と規模は非常に小さいが、煙草工場には男女あわせて二三七名が働いていた。こうした多角経営の結果、哈爾濱《ハルビン》市で発行された『哈爾濱文史資料』（中国語）によれば、一九三三年には自社製品で利益の約半分を出している。「邦人企業間には見られぬ広範な多角経営振りは驚嘆の外ない」と、日本企業からも一目置かれていた。

百貨店にはさまざまな商品が並んでいたが、ハルビンの女性たちを特に引き付けたのは、婦人服および靴や帽子などの婦人雑貨である。秋林百貨店には、既製服はそれほどなく、フランスの型紙やパターンを使った個別注文が中心であった。一階の右手、大直街側には衣服の工房が並び、「一〇人ぐらいの女性が、雑誌『ヴォーグ』の型紙を使ってヨーロッパ風の服を縫っていた。帽子と靴の工房もあった」（ヴァシリエフ、二〇〇九）という。ロシア語雑誌『ルベーシ』にはほぼ毎号広告を掲載しているが、その一部を拾うと、「春のシーズン到来！パリの最新の流行雑誌から婦人、紳士、子供服の注文を開始します」（一九三六年、一二号）、「ただ今入荷！一点物のイヤリング、留金、優雅な婦人カラー、婦人用のメリヤス、ワンピース、スーツ、ジャケット、絹の靴下、手袋、マフラー、スカーフ、ゲートル、タイツ。革製品やパーティー用の婦人鞄もご用意」（一九三八年、四号）とあり、秋林百貨店でヨーロッパの流行を消費できたことがわかる。秋林百貨店はロシア語のみならず日本語や中国語の主だった雑誌、新聞にも広告を載せていたが、そこで宣伝されている商品は、婦人服・雑貨のほか、紳士服・雑貨、子供用品、楽器やレコードなどの音楽関係の商品、文具など実に多様であり、ビクター（蓄音機、レコード）やパーカー（万年筆）など有名ブランドの商品も取り扱っていた。さらに、一九三〇年代末に女優として活躍したリュドミーラ・ヴァシリエヴナは、それ以前には秋林百貨店でモデルとしてファッション・ショーに出ていたという（ヴァシリエフ、二〇〇九）。秋林百貨店は常にハルビンの上流層のファッションと消費を牽引していたのである。

従来は欧米の高級品が中心で、日本製品を扱わないことを謳っていた秋林百貨店も（『報知新聞』一九三四年一月二五日）、ドイツ人に経営が移った一九三〇年代には中級品も扱うようになり、日本製の商品が増えた（『満洲国現勢』、一九三七）。ロシア人の経済状況の悪化によって、ロシア人向け価格を下げなければならず、また日本人の顧客を取り込む必要が生じたためであろう。実際、一九三六年頃より日本語の雑誌に広告を常時掲載し、日本語を話す従業員も雇うようになった（図1）。ただし、日本人を含めて多くの人は、依然として秋林百貨店をロシア系企業と見做していた。所有者の交代後も雇用の大半はあくまでロシア人であり、一九四二年でも従業員総数八〇二名のうち、一一三名が日本人、八九名が中国人で、残りの六九九名はロシア人であった。ロシア人の失業率が高い状況下で企業は、ロシア人を雇用する社会的意義を当局にアピールしていたと考えられる（藤原、二〇一〇）。ただし、一九三七年当時は、店員のほとんどが亡命ロシア人で、「事務勘定場に一部女事務員が居るが大体売場は男店員のみで、それも相当の年配者が多」かったとされるが、こうした男女構成、年齢構成はその後大きく変わったと考えられる。筆者が直接聞き取りをしたハル

婦人用、紳士用、子供用、
シューバ、外套、和服用ノ外套、背廣三ツ揃其他既製品豊富ニ取揃ヘテ居リマス、
最新ノ歐羅巴及ビアメリカノスタイルブツクを用意シテ居リマス、
防寒用品一切外國製毛皮等在庫豊富ニ有リマス、
婦人夜會用洋服及外套佛蘭西最新流行ノ型ヲ以テ御註文ニ應ジマス、
株式會社
チユーリン百貨店
新市街、キタイスカヤ、馬家溝、

図1　『鐵道報』1939年1号
（秋林（チューリン）百貨店広告）

ビン出身の日本人は、男女を問わず、若いロシア人女性の接客を受けて、西洋の雰囲気を楽しんだと回想しているからである。ちなみに、秋林百貨店では大半がカウンター越しの販売で、専用の支払い窓口が別にある欧米式の販売方法をとっていた。現在の我々には非効率に思えるこの販売方法も、当時は、商品と（不衛生な）貨幣を別個に扱うために清潔感があると肯定的に受け止められていた。

・松浦洋行

松浦洋行はもともと日本の企業ではあるが、一九〇六年にウラジオストクに進出し、一九一〇年に拠点をハルビンに移した。そのため、ハルビンでも顧客の中心はロシア人で、ロシア人の通りとして知られるキタイスカヤ街に六階建て鉄筋コンクリートでドームのある荘厳な店舗を構えていた。ロシア人を顧客としたため「取扱い商品も洋反物、雑貨に主力が注がれ、呉服等は取り扱」わず、さらに少なくとも一九三〇年代には、他の日系百貨店が持つ食料品部や食堂もなかった。

しかし、ロシア人の経済力が落ち込む中で、企業はいくつかの方向転換を図った。まず、事業の多角化として、羽毛精製工場を所有し、「その製品は独特の品位を以て遠く日本へ輸出され」ていた（『満洲国現勢』、一九三七）。また、一九四〇年代に入ってからではあるが、石灰山の権利を買収し、従業員約二〇名の石灰工場「東満石灰公司」を所有した。

ロシア人以外の顧客の取り込みにも努めた。『日本百貨店総覧』には、「最近では邦人顧客層が多くなったとは言え、依然露人間に根強い勢力を有し」とあるが、日系百貨店の中では特に中国人との取引に熱心であったと考えられる。卸売部では中国人向けの諸雑貨、綿糸布、毛織物等を扱い、この卸売に特化した子会社として「太陽貿易公司」を持っていた。一九四二年の松浦洋行の従業員の内訳も、日本

図2　地段街。「左側は登喜和、東洋ホテル、丸商百貨店で交差点に至る。右側は和登洋行、日光洋行、横浜正金銀行」とのキャプション
（哈爾濱桃山小学校同窓会『追想の哈爾濱』）

人四〇名、中国人三〇名、ロシア人三〇名と、中国人の比重が比較的高い。

松浦洋行はまた、一九三〇年代初頭の早い段階から軍や官公庁との関係を築き始め、満洲国時代には、百貨店での取引よりも軍との取引を重視するようになっていた。

・登喜和百貨店

登喜和百貨店は一九三四年に島田運一ほか四人の共同出資で地段街一一四号に創業した。一九三六年一二月に増改築を行い、地下一階、地上三階（一部四階）の店舗となった（図2）。

登喜和百貨店は、日本人の商業区の地段街に立地し、あらゆる日本の百貨店の特徴を有していた。日本商品のみを取り扱い、店舗の構成や販売方法も日本式であった。一階には食料品と煙草、化粧品、薬品、男女洋品雑貨などがあり、二階には、呉服、洋反物、ベビー用品、毛布防寒具、旅行具及び皮革製品などがあった。三階は、文房具、玩具、眼鏡、楽器などの売場であった。特に日本的であったのは、四階の一六八席ほどの食堂と催物会場である。和食、洋食、寿司、そば、和洋菓子を提供する食堂は特に盛況であった。また、催物会場では、年三回の呉服百点会（流行展）をはじめさまざまな展示会があり、来店者へのプレゼントの配布も行われていた。

しかし、基本的には日本人を顧客としていた登喜和百貨店も、一九三六年以降、ロシア語雑誌の『アジアの光』や『ルベーシ』に繰り返し広告を掲載している（図3）。一九三六年の『ルベーシ』第四七号には、松浦洋行が毛糸だけの簡素な広告を出しているのに対し、登喜和百貨店は「日本の百貨店、登喜和」として、雑貨、毛糸、スケート靴、香水などを宣伝し、近々新店舗がオープンすることも伝えている。また、男性一八〇名、女性一三〇名の本店の店員の内訳は明らかにされていないが、前後の文章から、そこには日本人のみならず、朝鮮人、中国人、ロシア人も含まれていたことが分かる。

図3　『アジアの光』1936年21(5)号
（「と」の文字がある上段の広告が登喜和百貨店）

・丸商百貨店

丸商百貨店は一九三六年一一月に日本国内の問屋一二名によって設立された企業で、地段街二二号の商工ビルディング内に事務所を置いたため、「丸商」と名付けられた。設立は遅いが、すぐに地段街の同じブロックに立地していた登喜和百貨店と並ぶ代表的な日系百貨店となった（図2）。

商工ビルディングの一階と二階が店舗で、一階には雑貨類、食料品、煙草、ツーリスト・ビューローなどがあり、二階に、呉服、洋服、家庭用品、文房具などの売場と一〇〇席ほどの食堂があった。

登喜和百貨店と同様、顧客の中心は日本人であったが、次第にロシア人や中国人も顧客として取り込むようになる。具体的な数字はないが、「最近は満・露人顧客も相当に増加し、業績の上にあなどり難い数字を加えている」と記されている。一九三九年の『アジアの光』六〇号では、「最大の日系百貨店、丸商。石頭街と地段街の角。ロシア人のお客様のためにロシア人女性の店員がいます」と宣伝している。一方で、『日本百貨店総覧』では、「売場にロシヤ娘が相当立っているあたり、流石にハルピンらしい風景を添えている」とあることから、ロシア人女性の店員は、単にロシア人顧客のためだけでなく、国際都市ハルビンの演出に欠かせないモチーフであったと思われる。

三　ハルビンの衣食住

前節の百貨店の検討では、従来ロシア人を顧客としていた秋林百貨店や松浦洋行では日本人顧客が増え、他方で後続の日本人企業である登喜和百貨店や丸商百貨店でもロシア人や中国人を取り込む動きがあることがわかった。正確な比重まではわからないものの、消費の場での民族の交差が進んだと言えよう。しかし、人々が実際に消費していた物資、消費スタイルそのものには、それほど変化はなかった。

日本人

日本人は日本の生活様式を満洲に持ち込んだ。

女性はなかなか和服を捨てなかった。日本内外の一九都市で洋装比率を調査した『婦人之友』一九三七年六月号の記事によると、洋装比率は全調査都市平均で二六％、東京二五％、大阪一八・五％、神戸二一％、新京三二・二％、大連二八％、京城四〇・七％、台北四六・六％であった。この調査にハルビンは含まれていないが、新京と大連では洋装は三分の一に達しておらず、残された写真や絵ハガキ、回想などからも判断すると、ハルビンでも若い女性を除けば着物姿の日本人が多かったと思われる。図2では、地段街を横断中の女性、右側の子供連れの女性の着物姿が確認できる。ロシア人女性の記憶にも、日本人女性の着物姿が刻まれており、その評価は時に辛辣であった。ある観察者は、着物や帯の美しいデザインは認めるものの、「長い袖と太い帯が女性の自然な体型を隠してしまい、まるで棒柱が美しいきものにくるまれているよう」であったと酷評している。また、着物は機能性にも欠けているように思えた。寒さの厳しい冬のハルビンで、「暖かいコートを羽織ってはいたが、それでも首許は広くあき、また、下からも風が入った」（ヤニノヴァ、一九五六）。

満洲において日本人女性の衣服に変化をもたらしたのは、何よりもその厳しい気候であった。『満洲日日新聞』（一九三七年二月五日）は、満洲の気候に耐えうる日本人女性用の衣服を満洲医科大学教授の三浦博士が考案したというニュースを伝えている。「日本の典型的服装は捨てたくないし「モンペ」や満洲服〔中国人の服〕は着用したくない」女性のために、見本としてズボンと上衣に外套の三着を作った。博士によれば、この「見本は国防色であるが、これを優美な模様で作れば決して見苦しいことはない」。ただし、その後一九四〇年代に入って日本で提示された国民服が、モンペを除いて定着しなかったのと同じく（ゴートン、二〇一三）、上から示された見本服が定着したという情報は管見の限りない。洋装は、学生など若者を中心に次第に浸透していった。ハルビン以外の他の都市ではたいてい、「洋服」は日系企業を通じて入ってきた。『満洲日日新聞』（大連）には日本国内の企業による通信販売の広告が頻繁に掲載されている。一方ハルビンは、日本から通信販売で商品を取り寄せるような立地ではなかったが、ロシア人の経営する洋服店やアトリエ、個人で注文を受けるロシア人女性に仕立てを依頼することができた。すなわち、情報や物的条件で他の都市以上に西欧化を阻む要素はハルビンにはなかったはずである。ただし、国際都市ハルビンの特徴が日本人女性の洋装化率や、モダンな日本人女性の社会での受け止め方にどのように影響していたのかについては、さらに検討する必要がある。

　食事や住居にも日本のものが持ち込まれた。ハルビンにも百貨店をはじめ日本人の輸入商が多数あり、日本の殆どの食料品と生活用品が手に入った。野菜などの生鮮品は中国人が各家庭を回って販売していた。彼らはロシア人の家庭をまわる際にはロシア語で、日本人に対しては日本語で応じた。また、日本人は洋風の家でもドアを取り外し、床を上げて畳を敷きつめ、そこに布団を敷き、小さなちゃぶ台で食事をとったという（ヤニノヴァ、一九五六）。

　もちろん、日本人がロシア人の文化に全く関心を示さなかった訳ではない。特にハルビン出身の日本人の記憶に残る懐かしの味は、ロシアの菓子やパン、カルバサ（サラミソーセージ）、さらに「マルス」や「ビクトリヤ」などのカフェのメニュー、「モデルンホテル」「タトス（実際にはコーカサス料理）」などのレストランの料理であった（杉山、一九八五）。また、大きな店のショーウインドーや棚にはロシアの工芸品である食器が飾られ、日本人はこれを大量に買い付けていたという（ヤニノヴァ、一九五六）。

ロシア人

満洲国に残ったロシア人のうち経済的に豊かな層としては、その数は決して多くはないが、歌手や俳優などの芸術家や、ビジネス関係の人々とその婦人たちがいた。一九三〇～一九四〇年代に入ってても彼らはパリの流行を取り入れた洋服店やアトリエで洋服を注文した。キタイスカヤ街には秋林百貨店以外にも、「ボルガ・バイカル」「オボロット」「ルーブル」などロシア人が経営する高級店があった。地段街の「リュクス」や「アントワネット」も有名である。下着、刺繍、毛皮、靴の店もあり、香水やおしろい、口紅などは欧米や上海から輸入され、洋装に必要なあらゆるものが手に入った。ロシア人が経営するマニキュアサロンや美容院もあった。

ロシア人のファッションに、中国や日本などの東洋的な要素が全く入らなかったわけではない。ただし、それらはロシア人の衣生活を根本的に変えるものではなく、襟元のデザインや、バッグや扇子といった小物程度であった（図４）。そのなかで興味深いのは、日本の「風呂敷」が普及したという指摘である。「この日本式の絹の布は住民の間に根付いた。藤色や黄色の風呂敷にロシア人は文書をつつみ、交換するために図書館に本を運んだ」（ヤニノヴァ、一九五六）。ただし風呂敷は、ファッション性や合理性によって主体的に受け入れられた

図４　1930 年代満洲の女性用バッグ

（ヴァシリエフ A.、クジメンコ I.『ロシアの中国：アレクサンドル・ヴァシリエフと国立極東博物館のコレクション』展示会カタログ、2011 年、モスクワ）

のか、物資の不足や強制によって普及したのかは明らかではない。

本来、日本人にはロシア人の衣食住をコントロールしようという意図はなかったと考えられる。皇民化教育というイデオロギーは満洲でも追求されたが、台湾や朝鮮で和服が強要されたのに対し、五族協和を謳う満洲国では、特定民族の衣装を強要する動きは知られていない。ただし、戦時体制に突入し、節約が至上命題になるにつれ、合理性や経済性の名の下で日常生活への介入が始まった。例えば、日本とヨーロッパの衣服と家具を値段付きで示す展示場があり、ロシア人女性が身につけるものがいかに贅沢で合理性に欠けるかが宣伝された。カラクル（高級羊毛）の外套の着用は事実上禁じられた（ヤニノヴァ、一九五六）。

第一節で述べたように、ロシア人の中でも相対的に豊かな人々がハルビンを去り、残された人々の生活は楽ではなかった。ロシア人社会では失業率も高く、白系露人事務局によるとロシア人の失業率は二五％以上であった。日々の食糧や暖房の確保に困る人々も多かったことは事実であるが、それでも西欧的な服装や生活習慣を捨てることはできなかった。前述のような高級店でなくとも、質が良く、仕上げの速い、中国人の工房も利用できた（カプラン、二〇〇七）。数としては少ないが、例えば『ルベーシ』誌一九三六年、第四七号には中国人企業の下着の広告もある。さらに衣類の調達が困難になると、多くの家庭では手持ちの古着を作り直してしのいだ。『ルベーシ』などの雑誌には裁縫学校の宣伝がしばしば掲載されていることから、かなりのロシア人女性が裁縫の技術を身に着けていたと考えられる。

ロシア人の主食となるパンは一九三九年より配給制となった。一九三九年一二月号以降の『北満洲経済月報』（露語）には、米や味噌、醤油などの生活必需品の卸売価格が表示されるようになる。しかし、それは単に日本語資料を翻訳したもので、ロシア人がこれらの食品を日常的に購入していた訳ではない。食糧不足に直面した際に、ロシア人に最も受け入れられた代替食は粟と高粱で、かゆ（カーシャ）にして食べたという（ヤニノヴァ、一九五六）。

おわりに

ハルビンでは、日本人企業でもロシア人の顧客を取り込む努力が見られ、ロシア系企業も、ロシア人の衰退とともに、日本人との取引に頼るようになった。こうして、ロシア系企業はロシア人を顧客として持ち、日本人企業は日本人を顧客とするという従来のセグメント化された市場ではなく、また、一方的な日本化でもなく、限定的ではあるが相互に交差する関係が芽生えていったのである。少なくとも百貨店や洋服店、アトリエでは日本人女性とロシア人女性との場の共有があった。

しかし、人々がどのようなものを消費していたのかという商品そのものを見ると、民族間の差異は明白である。日本人は日本の生活をできる限り持ち込もうとしたし、ロシア人も（生活水準の低下はあれ）従来の生活様式を捨てようとはしなかった。日本女性のなかには、ロシア人と同じように洋服を着るものもいたが、それでも和服の女性も多かった。他方で、ロシア人による日本や中国の物質文化の受容も、バッグや風呂敷、粟や高粱で作った「かゆ」などのごく限られたものに留まった。かつての国際都市ハルビンでも、一九三〇年代には統計上日本製品が支配的となっていたが、特に女性の服装や食事をみると、民族の伝統は根強く維持され、完全な画一化、日本化とは程遠い状況にあったことがわかる。

ロシア人の西欧的な生活様式は、本来は異国の地でありながら、街の主人公としての地位を長年享受してきたハルビンだからこそ維持できた。さらに、満洲国下においてもそれが可能であったのは、「東洋の小パリ」というイメージを日本人がハルビンに求めたこととも関係しているだろう。ハルビンの日本人にとっては、ロシア人は西欧を代表する人々であった。洋装や西欧化したライフスタイルにひとたび魅了された日本人の消費者から、西欧への憧憬を根こそぎ取り去ることはできなかったのである。その意味では、戦時の日本で「資本」が必ずしも政治に同調しなかったという小林英夫の主張（小林、二〇一一）と同様のことが、「消費者」についてもある程度言えるかもしれない。

一方でロシア人は、戦時体制の確立とともに、日本人や日本製品に対する拒否反応を強めていった。満洲国では、特定の服装が強要されることはなかったが、消費生活の民族による分断は、消費物資の配給制度下で日本人を優先する際の口実ともなった。伝統的な消費スタイルを維持することが、特定民族であることのマーキングとなり、「国民」の序列化を可視化させたと考えられる。さらに、経済的にも行き詰まった戦争末期には、ロシア人の生活への介入が強まった。こうした介入の中で日本人が示した高圧的な態度によって、ロシア人の日本人や日本製品に対する敵意ある眼差しと、日本化への出来るかぎりの抵抗が生まれたと言えよう。日本製の服は「雨にあたると、文字通りその場でほころび始め」、「カネボウのストッキングはすぐに伝線した」（カプラン、二〇〇七）といった回想は、こうした文脈も背景に含めて捉える必要がある。

第二章　ロシア人村と日本人開拓移民村における結婚と家族

阪本秀昭

はじめに

満洲の牡丹江《ぼたんこう》沿岸地域の農村には、一九二〇年代から三〇年代にかけてソ連領沿海州から移住したロシア正教の古儀式派教徒が居住し、北部の三河《さんが》地方にはザバイカル方面から越境したザバイカル・コサックを中心とする農民が暮らしていた。このうち一部の古儀式派教徒は満洲への亡命後、しばらく三河地方で暮らしたのち、一九三六年に形成された牡丹江流域の新しいロシア人部落であるロマノフカ村に移って行った（目次裏の地図参照）。ロマノフカ村やその周辺のロシア人古儀式派教徒については戦前から我国において多方面から注目され、少なからぬ研究文献が現れた（阪本秀昭、二〇一三）。さらにロマノフカ村周辺の住民の一部がロシアに帰還し、ハバロフスク地方に独立した村落を形成して居住していることが近年になって明らかとなり、彼らへのインタヴューにより満洲時代の生活について、一層詳細な情報が得られるようになった。また中国人と結婚し、戦後ロマノフカ村（柳樹村）に長期にわたって居住していた日本人女性の家族からも、戦後のロマノフカ村の様子に関する情報が寄せられるようになった。この間ロシアにおいても中国からの帰還者やアメリカに移住した古儀式派教徒を中心に聞き取り調査が進み、さらに詳しい状況が明らかになりつつある。

　本稿ではこれらの素材や研究をもとに、ロマノフカ村住民を中心とする牡丹江周辺の古儀式派教徒の家族生活に焦点をあて、特に結婚を中心にその特徴を描くことを目的とする。そのためには、はじめに彼らが満洲に移住する前の沿海州（ソ連極東地方南部）における家族生活のあり方を、ロシアの研究をもとに、家族制度のあり方とその変遷、家族関係等を中心に紹介する。そのうえで満洲移住後のそれらについて、主としてインフォーマントから得られた情報を通して検討する。

　これとの比較の意味において、そもそも日本人満洲開拓移民はどのような過程を経て結婚し、いかなる結婚式を挙げ、いかなる家族生活を営んでいたかについても触れることにする。それぞれ大きく異なる境遇に置かれていた両者ではあるが、故郷を離れて満洲の地に新規に移住した開拓民である点は共通している。さらに両者は対ソ関係において共通の利害で結ばれていた。しかし一九四五年八月のソ連軍の満洲進入以来、ロシア人農村居住者と日本の開拓移民は大きく運命を分けることとなった。その後の彼らの行方と命運をたどりながら、彼らにとって満洲時代の結婚と家族とはどのような意味を持っていたのかを考えてみたい。

一　一九世紀後半から二〇世紀初頭の沿海州における古儀式派教徒の結婚と家族

結婚と家族の形成、家族構造

ロシア正教の分派としての古儀式派には有僧派と無僧派があるが、結婚の相手として有僧派は有僧派を、無僧派は無僧派同士を選択する傾向があった。しかし極東地方における女性の不足、古儀式派教徒の分散的居住状態、新規移住者との経済的隣人関係等の諸条件から、古儀式派教徒は同じ宗派内での結婚を優先したのは当然のこととして、ウクライナ人、ポーランド人、ベラルーシ人らの正統派正教徒や、時には現地の先住民と結婚することさえあった。これは無僧派教徒が住んでいた森林地方（シホテ・アリニ山脈）でとくに広がっていた現象であった。そこでは正教の教会はわずかしか存在せず、正教会司祭の影響力は小さかった。結婚相手の選択は、世評を考慮に入れたうえで両親の意思によってなされ、当事者の意向はふつう考慮されなかったという。ロシア全体における一般的な結婚年齢は、女性で一六歳、男性で一八歳であったが、極東地方ではこれよりも早く、女性は一五歳～一五歳半で嫁に行った。古儀式派教徒の間では、直系八親等、傍系四親等までの結婚は認められなかった。また霊的親等つまり代父母、洗礼子関係においても四親等までの結婚は禁止されていた（アルグジャーエヴァ、ヒサムトジーノフ、二〇一三）。

無僧派古儀式派教徒にあっては非教会婚が多数を占めたが、有僧派の古儀式派教会における結婚も行われた。ザバイカル地方出身の古儀式派教徒セメイスキーのもとでは駆け落ち婚、略奪婚も存在した。革命前の極東地方農村では一般に二世代からなる小規模家族が多数を占めていた。しかし極東地方南部に移住したシベリアの古儀式派教徒の最初のグループにおいては、のちの時期の移民と比較してより複雑な家族構成が見られた。エニセイ県から移住してきた家族の員数は五・七～九・六人であり、複合家族の割合は六九％に達した。複合家族とはこの場合、同一家族内に結婚した兄弟同士が居住する「兄弟系」家族、または両親と結婚した息子たちおよび独身の息子たちが同居する「父系」家族を指す（アルグジャーエヴァ、ヒサムトジーノフ、二〇一三）。

しかしその後一八七〇年代になると、家族構成がますます単純化し、シベリア諸県から移住した古儀式派教徒家族における親と子からなる二世代小家族の割合は七五％に達し、平均家族数も六人となった（アルグジャーエヴァ、二〇〇〇）。

一八八〇年代〜九〇年代にかけて極東地方では家族員数と家族構造に影響を与える二つのプロセスが同時並行的に進行していた。一つはいわゆる非分割大家族の二次的拡大であり、もう一つは複雑な構成を持つ家族の分割プロセスである。前者はロシアのあらゆる開拓地域に固有の一時的現象で、未開地の開発と新しい環境への適応のために必要なプロセスであった。一方後者は社会の発展過程における自然な現象であるが、分割した家族が租税負担に十分耐えうるだけの経営能力を持っているかどうかが問われ、最終的には連帯責任を負う土地共同体にその能力について報告しなければならなかった。極東の旧農民は当時一家族当たり一〇〇デシャチーナ（一デシャチーナは約一・〇九ヘクタール）の分与地を受け取っていたが、家族分割は分離した息子にも同じだけの土地を確保しようとして行われた。家族分割のきっかけとなったのは、家族同士の折り合いが悪いこと、だれかに従属することを避けたがる傾向、婦人たちの間の反目等々であった。すなわち農村の女性の自立への志向性がここに表れていると言えよう。これは正教徒農民、古儀式派教徒を問わず一般的傾向であった（アルグジャーエヴァ、ヒサムトジーノフ、二〇一三）。

古儀式派教徒を含む極東地方の農婦は堕胎を知らなかったし、避妊手段をとることもなかった。女性は二年半の間隔をあけて平均五人から一五人の子供を産んだ。極東地方では二〇世紀初頭の時点で天然痘の種痘は広く普及していたが、古儀式派教徒はそれをアンチキリストの印を植え付けるものとして厳しく拒絶した。その結果は悲惨なものであった。疫病が蔓延すると多くの古儀式派家族は一度に二、三人の子供を失ってしまった（アルグジャーエヴァ、ヒサムトジーノフ、二〇一三）。

家族生活と家族関係

他のロシアの農民と同様、極東の古儀式派農民にあっては、家族集団のあらゆる活動は一人の人間＝家長に依存していた。複合家族において家長はふつう年長の男性（父、長男）であり、彼は年長の女性と並んであらゆる家事を切り盛りし、共同体にたいして家族を代表し、土地団体の前ですべての租税や支払いに責任を持っていた。共同の経営、財産に対する共同の所有権、集団的労働と消費を特徴とする非分割複合家族においては長いあいだ家父長主義的傾向が残存した。このような家族では、家長は家族に対して法的、経済的権限をふるい、息子の嫁に対しても同様であった。一方、二世代単純家族においては、厳しい家族内支配は存在せず、相互関係はより民主的であった（アルグジャーエヴァ、二〇〇〇）。

若者の生活は世論や家族によって規制されていた。娘たちに対して特に厳しい監視の目が光っていた。伝統的な若者の夜の集いにおいて娘たちは糸紡ぎ、裁縫その他の手仕事を行った。若者たちはナッツ類を持って集いに参加し、楽しく時を過ごしながら、娘たちを品定めしていた。古儀式派教徒にあっては農村共同体はしばしば信仰共同体と一致していたため、家庭生活や社会生活に対する規制は長いあいだ保守的傾向を保った。家庭内における伝統的な女性の仕事としては、農作業、子供の世話と養育、家畜の世話を含む家事があった。非分割家族においてすべての家族に対する家事・炊事は、嫁たちが一週間ごとの交代で行った。それぞれの嫁には、自分の夫や子供のための家事仕事（糸紡ぎ、機織り、裁縫、修理、洗濯）を行うための日が与えられていた。毎週土曜日と祭日前の大掃除、および祝日の食事の準備はすべての女性が共同して行った。家族は朝早く起床し、金曜日までは一日中働き、土曜日は半休日であった。その日の夕刻風呂に入り、その後夕べの祈りに参加した。日曜日は祝日であり、非労働日であった（アルグジャーエヴァ、ヒサムトジーノフ、二〇一三）。

極東地方農村家族の数的構成や世代構成に、その後も絶え間なく続く移住者の波、家族分割、著しい幼児死亡率、家族制度の民主化プロセスが大きな影響を与えた。農民の人口学的行動において、結婚や家族形成への願望、結婚における子育てへの志向性、労働の性的・世代的分業、子供たちの世代の将来の家族生活や経済生活への目標設定等が特色をなしていた。とはいえ古儀式派教徒の家族制度においては、より厳格な規制が宗教的側面からなされていた。古儀式派教徒の家族生活における特徴はこのほかに人口論的、社会経済的、民族文化的諸要因によっても条件づけられていた。

極東地方の古儀式派教徒の一部は、ソ連における厳しい弾圧措置を逃れるために一九二〇年代から家族とともども満洲への亡命を開始し、三〇年代に入ると一層大規模な逃亡を図った。折から五族協和を唱える満洲国が一九三二年に成立し、亡命者を保護するとともに対ソ作戦において彼らを利用するというきわどい両面作戦を計画していた。

二　牡丹江周辺地域における古儀式派教徒の結婚と家族生活

結婚のありかた

満洲に渡った古儀式派教徒は、ハルビンや北部三河《さんが》地方を経由して、最終的に牡丹江周辺の村落に落ちついた。そのなかで中心となったのは一九三六年に当局によって設立が認められたロマノフカ村であった。同村では農耕はもちろん、牧畜や狩猟も可能で古儀式派教徒の生活にとって必要な条件がよくそろっていた。彼らは素早く環境に適応し、新しい生活を切り開いていった。同村周辺の古儀式派村住民の直面した問題の一つは花嫁をいかに見つけるかであった。彼らはそのために日本や当時日本領であったサハリンとも連絡を取り合い、そこから同宗派の花嫁や移住者を迎え入れることもあった。とはいえ多くの場合、ロマノフカ村の若者は近隣の古儀式派礼拝堂派の村落であるメジャヌィ、シリンへ、コロンボの中で伴侶を得ようとした。同じ村や近隣の村に住む若者や娘たちは共同の農作業、若者の夕べの集い、暦上儀礼（降誕祭、復活祭）等の機会に互いに知り合い、交際を深めていった。古儀式派村では楽器の使用や歌唱は禁止されていたが、若者たちは村の周辺でこっそりと集まり、歌を歌い、ハーモニカを演奏した。この交際の中で彼らは村落を超えて将来の結婚相手を探し求めたのであった。

満洲における古儀式派教徒の基本的な結婚形態は、公式の結婚申し込みとそれに続く一連の行事によって構成される。婚約が調うと祝いが行われ、数日間にわたる娘たちの集いがそれに続く。結婚式当日は花嫁の出迎え、両親による祝福、おさげ髪の編み直し、礼拝堂での結婚式、披露宴と続く。さらに結婚式後の行事として新婚初夜の後の祝宴、両親訪問、妻の母が用意するブリンによる御馳走等の行事があった。一般に両親は誰に娘を嫁がせるか、誰を嫁にもらうかを自分たちの裁量で決定した。ところが一九四〇年代になると、ようやく当事者の意向に耳を傾ける慣習が広まり始めた。結婚を申し込んだ若者に対して、娘の両親は娘にこの話をすすめてよいかを聞く必要があると答えた。結婚式はしばしば肉食期間（降誕祭からマースレニツァ（カーニヴァル）までの間）に行われ、降誕祭とマースレニツァ期間には挙行されなかった。一九三〇年代末から四〇年代のはじめの時期においては、伝統的結婚式の諸行事は数日間続けられた。一週間余り続く娘の集いでは、花嫁の女友達が集まり、歌を歌ったり、村を練り歩いたりする合間に、エプロン、シャツ、サラファンなどの衣類を縫い、花嫁の髪を飾るリボンの花や腰に巻く帯を作った（アルグジャーエヴァ、ヒサムトジーノフ、二〇一三）。

ロマノフカ村では、結婚の相手は伝統にしたがって両親が決めることが少なくなかった。例えばサハリン島に住んでいたアリーナ・エフィーモヴナは、一九三〇年代の後半に自分の娘たちを連れて嫁入り先を求めてロマノフカ村にやってきた。ロマノフカ村のフェドート・カルーギンの母親が娘たちの一人であるナターリヤが気に入り、まだ一八歳であったフェドートの嫁に迎えさせた。母親が率先して息子の嫁を見定めた例である（『ロマノフカ村の日々』、二〇一二）。同村の娘アフィア・ロギノヴナ・ゴスチェフスキフが一七歳の時、将来の夫から思いがけなく結婚の申し込みを受けた。彼女には他に気に入った若者が幾人かいたが、母親が「もう探すことはないよ。いい人たちだから」といって結婚を勧めてくれた。アフィアは母親の言葉に従って結婚することにした。この結婚話は一九五〇年代の初めのことであった（『ロマノフカ村の日々』、二〇一二）。この他にも父親の言い付けに従ってロマノフカ村の若者が隣のメジャヌィ村の娘に求婚した例もある（一九四五年）。相手の娘はやはり両親の忠告に従ってこの申し込みを断った（『ロマノフカ村の日々』、二〇一二）。

このように戦前・戦後をつうじて、古儀式派教徒の間で両親の意向が若者の結婚に決定的な意味を持っていたことは明らかである。子供たちは時には自分の意思に反してその言葉に従った。

しかし一方で、若者の意思が優先的に確認されたり、あるいは若者が自分で結婚相手を決めることもあった。この場合若者の夕べの集いや遊興を通じて知り合ったり、農作業の合間に互いを認識しあったりする慣行が互いの愛を育む下地となっていた。このような結婚の具体的事例を近年のインタヴュー調査から紹介することにしよう。ロマノフカ村の元住民で現在はロシアのハバロフスク地方に住んでいるマルファ・イヴァノヴナ・バサルギナ（一九二九年生まれ）は、ロシア極東の研究者アルグジャーエヴァのインタヴューに対して大要以下のように語っている。

私が一六歳のほんの娘だったとき、ある知り合いが私に結婚を申し込んだ。丘のふもとを散歩しているとき、「僕のところにお嫁に来るかい？」と訊いたのだった。もうすでに仲人を送ったという。私は家に帰り、馬を馬車につないで草原に出た。ママは仲人に対して娘の意思を訊ねなければいけませんと言ってくれた。（結局この話は断った。）その後私は戦争が終わったばかりの一九四六年に結婚した。私は夫となる人と姉妹の家に客に出かけたコロンボ村で一度だけ会ったことがあった。その後彼が私の村に花嫁を探しにやってきたとき、ほかにいい人が見つからなかったので私を選んで仲人とともに申し込みにやってきた。私はすぐに同意した。周囲は親戚ばかりで、ほかに人がいなかったからである。結婚式は夫の村で、彼がやってきてから四日後に挙げられた。そちらへはパパが付き添ってくれたが、女友達は誰も来てくれなかった。持参物は何もなかった。婚約のあとの祝いには戦後間もないこともあって何も用意することができなかった。三リットルの自家製のお酒と近しい人々の集まり、それだけであった。歌を歌い、みんなで涙を流した。婚約の祝いのあった同じ日に娘の集いが一日だけ行われ、歌を歌ったり村を練り歩いたりした。翌日はあわただしく衣類を縫い、結婚の準備をした（アルグジャーエヴァ、ヒサムトジーノフ、二〇一三）。

大戦終了間もない混乱期における結婚であったため、親は彼女に充分な準備をすることができなかった。しかし彼女の結婚への意思が優先され、それを両親が最大限に尊重している姿は、注目に値する。

古儀式派教徒にあっても女性の自立志向が目立って強くなってきたのである。

同じくロマノフカ村の住民であったソロモニダ・イヴァノヴナ・バサルギナ（一九二九年生まれ）は、アルグジャーエヴァのインタヴューで、以下のように結婚当時のことを回想している。

図１　中央マルファ・バサルギナ（結婚前カルーギナ）
（ロマノフカ村にて、1940 年頃。山添三郎氏撮影）

> 私は将来の夫と村の遊興の機会を通じて知り合った。コロンボ村に住んでいた彼は父親とともに結婚の申し込みにやってきた。仲人はいなかった。彼は私に何度も手紙を書いてよこした。彼がやがて申し込みにやってくることはみんなが知っていた。娘たちの集いはロマノフカ村で行われた。女友達は結婚衣装を作るのを手伝ってくれた。私は夫のためにシャツを縫った。一週間後にコロンボ村に行き結婚式を挙げた。私とともに友達もそこに行ってくれた。その後はコロンボ村に住み、ロマノフカ村には一週間ほど客に立ち寄る程度であった（アルグジャーエヴァ、二〇〇八）。

ソロモニダの場合も、結婚には本人の意思が働いていたとみなすことができよう。手紙によって男性側の意思が伝えられ、それを彼女は受け入れている風である。娘

図2　中央アガペーヤ・グシコヴァ（結婚前セレトコヴァ）、左ユーリヤ・アルグジャーエヴァ、右筆者

（ハバロフスク地方タヴリンカ村にて、2005年）

たちの集いは花嫁側の村落で一週間近く続けられ、式や披露宴そのものは夫の村で挙げられた。それには女友達も参加してくれた。結婚の時期ははっきりとは示されていないが、平時の普通の結婚式に近い姿がここにはあったと思われる。

次に同じロマノフカ村出身のアガペーヤ・イヴァノヴナ・グシコヴァ（一九二五年生まれ）のインタヴューを検討しよう。彼女も中国からハバロフスク地方への帰還者であった。

> 私は一九四八年に同じロマノフカ村の夫と結婚した。彼は私より三歳年下であったが、それは少しも非難されることではなかった。私たちは畑を耕している時お互いに相手が気に入った。半年間私は結婚に同意しなかった。その間彼は私の後を追いかけていた。私は両親とともに住んでいて、彼らを見放すのがつらかったのだ。それまでにも私に求婚する人がいたが、私は受け入れなかった。その人の言葉は退屈で私はあきあきしていた。夫は母親と叔母といっしょに自分で結婚申し込みにやってきた。申し込みそのものは質素なものであったが、婚約の祝いはもう少しましであった。同じ日に娘の集いも開かれ、それは一週間続いた。その間

に嫁入り衣装や夫への贈り物のシャツを縫い上げた（アルグジャーエヴァ、二〇〇八）。

この結婚は戦後に属するが、当人たちの恋愛の意思は極めて明確である。祖国を追われて満洲に逃亡した古儀式派教徒ではあったが、のちに見る満洲の日本人開拓移民の場合と比較して、彼らの間に自由恋愛の慣習が醸成されつつあったことは特筆すべきである。古くから若者たちの野遊びや夕べの集いの風習があり、彼らは早くから結婚相手の選択に熱心であったことが影響していると考えられる。同時に家族の中における個人の自立と家族制度の民主化が進みつつあったことも重要であった。さらに古儀式派教徒の暮らしぶりや資産状況に余裕があったことも考慮されるべきであろう。

結婚儀礼

アガペーヤ・グシコヴァは当時の満洲の結婚儀礼についてもかなり詳細に語っている。その例を参考に古儀式派教徒の儀礼のあり方についても検討してみよう。

結婚式当日に新郎は結婚式「行列」を新婦の家に差し向けた。馬具と馬車が美しく飾られ、新郎とその従者も晴れ着を身に着けた。花嫁の家についてもすぐには中に入れてもらえず、屋敷の門を開けてもらうため、中庭を通行するため、家に入るためそれぞれの場所で儀礼的買い取り金を支払う必要があった。最後に花嫁の「買い取り」が家の中で行われた。アガペーヤによれば、娘たちは食卓に着き、花嫁はイコンをまつる赤いコーナーに座り、ショールをかけられていた。右側に花嫁の兄弟が座り、手にハサミをもって花嫁のおさげを販売した。反対側には女友達が座り、花嫁自身を売る役割を果たした。もしコップの中に入れられた紙幣が少なすぎるなら、彼女はそれを吹き飛ばしてさらに高額を要求した。

最後に「釘で屋根を打ち付けるために」、銅貨や銀貨で紙幣を押さえつけた。さらにその横に娘が座っていて、彼女は何か食べ物を要求した。彼女には甘いパイが与えられた。次の娘は飲み物をほしがった。彼女にはコップが渡されたが少なすぎるようだ。そこで五リットルの飲み物が渡された。このほかにも木の実や種子がプレゼントされることもあった。すべてが大げさな身振りで楽しく演じられたのであった（アルグジャーエヴァ、二〇〇八）。

そののち、新郎新婦は結婚式を挙げるために礼拝堂へと向かった。女友達はその間昼食をとるために帰宅し、式には出席しない。アガペーヤの結婚式は九月九日に行われた。結婚のお祈りは礼拝堂の中で定められた順序に従って行われた。式そのものは司祭のいない無僧派の礼拝堂派においては、教導者が執り行う。彼は新婦に向かって、あなたは自分の意思で進んで結婚しますかと訊く。その通りですと答える。次に新郎に向かって、自分の意思で娶《めと》りますかと尋ねる。「その通りです」。この質問を三度繰り返してから、今度は教導者は立会人たちに尋ねる。「お聞きになりましたか？」。「聞きました」。次にハンカチを取り出し、両端を結び合わせて長い帯を作り、この帯を新郎付き添い、花嫁、新郎、仲人の女性が捧げ持つ。この風習は新郎と新婦の間を誰も通り過ぎないよう、何も悪いことが起こらないよう、邪視や呪いが降りかからないようにという願いから来ていた。

その後儀礼上の食事をとるために新郎の家に行った。新郎への新婦の贈り物と持参品が持ち込まれた。ここでも新婦の品物が「販売された」。すなわち若者がその品を持ってドアを通ろうとすると、通すまいと邪魔が入る。通行のために「買い取り」が必要であった。そのために自家醸造酒がふるまわれ、これが終わってから若者たちは客を披露宴に招くために呼びに行った。みんなが集まり、宴会が始められたが、本来の結婚披露宴はここから始まるのであった。新郎と新婦は二人で一杯のコップに注がれた自家醸造酒を少しずつ飲まなければならなかった。披露宴の後、持参物の編み物、縫物が広げられた。アガペーヤは舅《しゅうと》やその兄弟たちにシャツをプレゼントした。それが終わると今度は一同が新婚夫妻に対してありあわせの贈り物をする番となり、彼らはニワトリ、ガチョウ、子豚、子猫を直接に披露宴会場に布で包んで持ってきた。新婚初夜の翌日花嫁の下着を検分するロシアの古い風習は、満洲では存在しなかった。結婚披露宴は翌日も続き、二日酔いの食卓と呼ばれる料理が供された。一同で歌ったり踊ったりしたが、音楽だけは禁止されていたという（アルグジャーエヴァ、二〇〇八）。

満洲における古儀式派教徒の結婚儀礼は、ヨーロッパ・ロシアで形成された一般の伝統的儀礼と大きく異なるものではなかった（伊賀上、二〇一三）。無僧派の立場上、教導者による結婚式の儀礼は簡素化されているが、同宗者の証人を交えることによって宗派共同体による結婚の承認という色彩を濃厚に漂わせている。その後の余興を交えた若者を中心とした諸行事は、ロシアのいたるところで見られる習慣と直接つながっていた。初夜翌日の下着検分の習慣がなくなっている点は、古儀式派教徒のあいだにおける女性の自立的傾向とも合致している。彼らの結婚儀礼とそれに続く披露宴は、楽器の使用や過度の飲酒を禁止した抑制された色調で構成されていたが、諸行事を精一杯演出し、それを楽しむ風潮は戦時や戦後直後にあっても失われることなく、彼らの間の強靭かつ楽天的な生活態度を裏打ちしていた。娘たちの別れの夕べが長く続き、披露宴も二日にわたり行われた点は、彼らの生活上の余裕を表していた。

出産と洗礼

古儀式派教徒の女性にとって結婚に続き出産と幼児の洗礼も重要な生活上の通過点であった。これにまつわる慣習や儀礼を紹介することによって彼らの生活のあり方の一端を観察することにしよう。

出産にはしばしば産婆の助けを求めたが、産婦の母親や姑《しゅうとめ》がその役を務めることもあった。出産はふつう家の外の風呂場で行われ、そこで赤ん坊や衣類を洗った。出産が近づいていることは家族一同には秘密にしておく慣習があった。産婆は出産後しばらくのあいだ赤子と産婦の世話をした。産後の回復を早めるために産婆は薬草を集めて特別な浸酒をつくり、それを服用すると出産後二〜三日で産婦が歩けるようになったという。新生児は八日後に洗礼するのがふつうであったが、赤ん坊の健康状態によってそれ以前に行われることもあった。幼児は洗礼を施されていない間は悪魔が取りつく可能性があると信じられていた。赤子が病弱の場合には、洗礼を受けずに死亡することのないように、急いで洗礼を受けさせる必要があった。赤ん坊は洗礼親か産婆が礼拝堂に連れて行き、教導者と彼らだけが参加して洗礼が行われる。教導者は赤子を持ち上げ、川や泉からくみ上げられた冷たい水の中に三回頭とともに沈める。その後新生児には十字架、帯、洗礼用のシャツが与えられ、これらは生涯保存され、死後は棺桶に納められる。同時に赤ん坊に名前が与えられる。その名は教会暦の聖人名からとられ、女の子は誕生日の前後八日間の聖人名から、男の子の場合は出生後八日間の聖人名から名前が選ばれた。名前をつけてもらうとともにその子は魂と守護天使を獲得すると信じられた。洗礼を行うことのできるのは信徒代表たる教導者のみであるが、緊急不測の場合には新生児の父母または産婆が行うこともできた。

満洲では一九四〇年代になるとかなり多数の礼拝堂派信徒が移住してきたので、教導者の不在の事態は避けることができるようになっていた。仮に突然教導者がいなくなっても、八日から一〇日は待ち続けた。自分たちで洗礼するのは危険だと考えられていたからである。周辺に同宗者がほとんどいなかった移住初期においては、教導者のいないまま洗礼を施すことがあったが、本来それは非難されるべきことであった。洗礼父（代父）は日常生活全般において、あたかも第二の父親であるかのように洗礼子のことを気にかけねばならなかった。満洲ではふつう洗礼父一人だけで、そのほかに洗礼母を立てることはほとんどなかったという。結婚にあたって霊的親族関係による禁忌は厳しく守られたので、洗礼母も立てることによって親族関係を複雑にし、それに抵触する可能性が高くなることを防ぐためであった。この理由から洗礼父にはしばしば親戚が起用された。仮に血縁による八親等以内の禁忌が七親等にまで緩められることがあるとしても、霊的親族関係における四親等以内の禁止は緩和されることはなかった。もし結婚後にこのようなことが露見すれば、その結婚は破棄され離婚を余儀なくさせられた。

洗礼が終わった後、教導者は母親のために浄化の祈祷を唱えた。それが終えると彼女は家の中で炊事、家事をすべてすることができた。出産四〇日後には再び浄化の祈祷が彼女のために挙げられた。これによって彼女は礼拝堂にふたたび参詣することができるようになった（アルグジャーエヴァ、ヒサムトジーノフ、二〇一三。アルグジャーエヴァ、二〇〇八）。

満洲の古儀式派教徒は移住後すばやく沿海州におけるとほとんど同様の日常生活を取り戻し、結婚儀礼においても従来の慣習を維持し、また教導者を中心とする信仰生活もほぼ通常の軌道に乗せることができた。その上で家族制度の民主化をうかがわせる兆候さえ示した。ヨーロッパ・ロシアの正教徒の下では洗礼に際して洗礼父、洗礼母の両方を立てる習慣が優勢であったのに対して（伊賀上、二〇一三）、満洲の古儀式派教徒にあっては洗礼父のみの場合が多かったことは、霊的親族との結婚に関する宗派の規制が強かったことと ともに、そもそも結婚相手を探すこと自体が困難であった事情を物語っていよう。このような状況の下でも彼らはたくましい生活力、情報収集能力の高さと相互伝達の巧みさ、柔軟な環境適応力を発揮して、満洲の地にいちはやく通常の家族生活を築いていったことは驚くに値する。

いかなる権力からも自立した独立不羈の精神がその背景をなしていた。次に述べる同時代に満洲に渡った日本人開拓民の場合と比較して、その特徴には際立ったものがあった。

三　日本人開拓移民の結婚と家族生活

結婚相手の選択

日本人の満洲農村への移民の代表例は、男性では満蒙開拓移民、一九四二年以降は満蒙開拓青少年義勇軍の一員としての入植者、女性ではいわゆる大陸の花嫁、ないし開拓の花嫁と呼ばれる、彼らの伴侶となる人々であろう。ここでは大陸の花嫁たちの移住の後をたどってみることにしたい。

満蒙開拓の呼びかけと、豊かで広大な異国満洲への移住の夢を掻き立てる政府・軍部の宣伝は、市町村の活動を通じて全国各地に広がり、やがてその呼びかけに応じる多数の娘たちが現れた。さらに新聞・雑誌の記事もこの動きを後押しした。移住へと至る彼女らの動機は多様であるが、多くは家庭の貧しさから逃れるため、満洲への憧れを感じていたため、知人の勧めに従って、等の理由から応募したのであった。彼女たちは各地で開かれた講習会や花嫁学校で受講し、開拓生活を想定した家事、炊事、農業等の訓練を受けた。たとえば茨城県結城郡のAさんは、兄が満洲で警察官になっていたこともあって、仲人の無理やりの話で一九三八年に結婚を決めた。彼女は相手が満洲にいるので見合いもできず、その兄と会い話がまとまった。翌一九三九年に一〇日間ほど花嫁講習会に通い、迎えに来た夫とともに渡満した（山口正編、一九九二）。広島県三原市のOさんは、鑑賞した映画に心をとらえられ、満洲行きを決意した。一九三九年に両親の反対を押し切って拓殖花嫁学校に入学し、現地生活に役立つ科目を学んだ。彼女は文通していた男性と相手の写真を見ることもなく結婚を決め、一九四〇年に故郷を立ち、現地についてから初めて夫と出会うことができた。開拓花嫁学校に同期に入学した六人のうち、四人が大陸の花嫁となり、残りの二人は渡満しなかった（陳野、一九九二）。

これらの例からもわかるように、大陸行きは自らの強い意志で決められたが、相手の選択は恋愛によるものはまれであった。恋愛に近い例として、宮城県志田郡鹿島台村に教員として勤務していた佐藤あつ子さんの場合を挙げることができる。彼女は勤務する小学校で、「満洲分村説明会」を行っていた鹿島台村農会指導員の青年の説明を聞くうち、大陸進出の雄大な理想と、心血を燃やしている彼の若々しい情念に魅了され、彼との見合いを了承し、結婚を決めた。一九四〇年に結婚式を挙げ、その一週間後に渡満入植した（佐藤あつ子、一九七八）。当時の結婚の大多数は、出身地の市町村役場を通じた写真による見合いであった。

満洲弥栄《いやさか》村に向かった最初の花嫁が鉄道でハルビンについたのが一九三四年四月であった。花嫁たちはハルビン港から佳木斯《ジャムス》に向けて出発するとき、胸に番号入りの標識をつけさせられた。写真による見合いであるから間違いのないようにとの配慮である。ジャムスで待っていた新郎たちも胸に標識をつけていた。会ってみると写真を見て胸に思い描いていた男性とはおよそ似ても似つかない男性であったのですっかり落胆し、長らく同衾しなかった花嫁もいたという（桑島、一九七九）。

大陸の花嫁は日本人に限った話ではなく、朝鮮人も例外ではなかった。一九四三年に朝鮮各道から計三八四人の開拓花嫁候補が総督府に集められ、彼女たちの入植希望地は、開拓民の出身地の関係から牡丹江省一四一人をはじめ、北安省の一三二人、間島《かんとう》省八七人等となっていた。開拓部落につくと、仲介者が見合いの相手を家庭事情や性格等を考慮してその場で決定し、見合いを実施した。結婚が決まると花嫁は民族衣装、男性は協和服姿で神式の結婚式を挙げたという（陳野、一九九八）。このようにして植民地下の朝鮮人でさえ呼びかけの対象となり、急ごしらえの夫婦が作られていったのである。

満洲で挙げられた結婚式は、きわめて簡素でつつましいものであった。一九三七年に北安省綏稜《すいりょう》県瑞穂《みずほ》村に建設された綏稜神社では、初めての合同結婚式が挙行された。鎮座祭、入植式、神前結婚式が同時に行われ、祭典係、配膳係、招待係、余興係、模擬係の各役員が配される中、新夫婦一七組の神前結婚式が催された。式後ささやかな形ばかりの披露宴が開かれた（瑞穂村開拓刊行委員会編、一九六二）。

長野県佐久穂町大日向《おおひなた》地区は、かつて吉林省四家房駅の北方に開拓地大日向村を建設していた。同村では一九三八年に移民団最初の結婚式が挙行された。式場の正面には新調の紅白の幔幕を張り巡らし国旗を飾り、正面壇上には両陛下の真影を安置し、右は新郎と男性席、左側は新婦に女性席を設け、団員全員参列のもとに、団服に身を固めた夫妻の結婚式が行われた。司会者の挨拶に次ぎ、参列者一同の礼拝が行われ、国家斉唱の後、三三九度の杯が交わされて式が終わった（山田、一九七八）。日本人開拓村では、ロシア人村のように数日にわたる結婚式の祝祭を繰り広げる余裕は全くなかった。節約と簡素化が眼目であった。新婦を迎えた村では、開拓の事業がやっと軌道に乗ったとして歓迎され、新婚夫妻は休む間もなくあわただしく日常の生活に舞い戻っていった。

家族生活

満洲に到着し、急いで結婚式を挙げた花嫁を待っていたのは、度重なる匪賊《ひぞく》の襲来であった。あるいは目的の開拓地に到着する以前に匪賊に遭遇することもあった。匪賊とは時には抗日ゲリラであったり、単なるならず者の集団であったり、または義賊的存在の集団である場合もある。すでに先住者が住んでいた土地を無理やり安く買い叩いたところに入植した場合には、強制立ち退きを余儀なくされた人々が武装して襲ってくることもあった。満洲には抗日軍は二〇万〜三〇万はいたと伝えられ、各開拓団はその対策に頭を悩ませた。いくつかの例を引こう。一九三四年に写真による見合い結婚を決めた五人の大陸の花嫁が秋田県から弥栄村にむけて渡満したとき、ジャムスの松花江の波止場には誰も迎えに来ていなかった。仕方なく彼女たちは二頭立ての馬車に乗って、雪の中を夫のいるところに向かって出発した。その途中で一行は匪賊団に襲われ、高粱畑の中に逃げ込んだところをやっと迎えに来た夫たちに助けられたのであった。その翌年、結婚を決めて弥栄村に向かったある花嫁は、ジャムスからの道中匪賊に襲撃され、一週間も現地の人の家に泊めてもらったり、散々な目にあいながら、一〇日間もかかってやっと弥栄村にたどり着いた（陳野、一九九二）。

花嫁の中には、現地につくと結婚相手はすでに召集をうけてその場にいないこともあった。また敗戦二日前の八月一三日にやっと開拓団近くまで着いたという例もある。このような結婚にはどのような将来があったのであろうか。ようやくのことで開拓地にたどり着いても、初期の生活は、悲惨なものであった。長野県からムーリン近郊に移住したある花嫁の例によると、最初のうちは現地の住民家屋にカーテン一枚仕切りで、何世帯もが寝起きし、仕事は共同、食事も共同で、夫婦らしい生活ができるようになったのは、三年目くらいからであった。その時は赤ん坊が生まれ、畑仕事、家畜の世話と全く夢中の暮らしであったという（陳野、一九九二）。

満洲では「生めよ殖やせよ」のかけ声とともにおびただしい人口増加が見られた。一九三六年の調査では、弥栄村の婦人数二六二に対し、出産数は一一二（四二・七パーセント）、弥栄村から三〇キロばかり離れた依蘭《いらん》県千振《ちぶり》村では婦人数二六五に対し、出産数は一二九（四八・六パーセント）であった。とくに問題となったのは近所に産婆のいないことであった。そこで仕方なく交替で婦人が産婆の役を務めることが多かった。お産の際の心配は、入植のはじめ頃の母体の過労と栄養不足であった。お産に際して母や子が死亡するケースが多かったことは、開拓移民の悲劇性をさらに高めている（陳野、一九九二）。

ロシア人古儀式派教徒と比較して、日本人開拓民の生活は、二重、三重の意味で苦しいものであった。第一に満洲の風土や気候への備えが十分でなく、不慣れな生活と仕事に精魂つき、苦労を重ねることが多かったことがあげられる。第二は匪賊対策と後には男子の応召が重なり、平時の生活軌道に乗せるいとまがなかったことである。さらに関東軍の極秘の後退がなされ、広大な空間が民間人を盾にして放置された事実がある。すべてが見通しの甘さと戦術的誤算、戦時下の指揮系統の乱れ、無謀な当初計画から来ていた。開拓移民は冒険的国策につき従うだけで、十分な情報も与えられず、また自ら健全な判断力も持ち合わせなかった。この点においてロシア人古儀式派住民の経験豊かな強靭な精神力、したたかな生活力とは大きな懸隔があった。

四　戦後の古儀式派教徒と日本人開拓民の動向

古儀式派教徒の選択

ソ連軍による満洲占領後、白系ロシア人部隊「浅野部隊」に関係した兵員をはじめ多くの古儀式派青壮年男子がソ連軍によって連行され、残されたのは女性、老人と子供ばかりであった。とくに特務機関と関係の深かったロマノフカ村とメジャヌィ村住民がそうであった。村に残されたものは祖国に戻るか、第三国に出国するかの岐路に立たされた。しかしその決断もつかない間、彼らはまずは満洲域内での再移住の道を選んだ。その理由として、村の近郊に中国人や朝鮮人、満洲人が進出し、土地利用において圧迫を感じていたこと、共産中国において農地改革の方針が打ち出され、ロシア人の農地も例外ではないという切迫感があったこと、周辺の山林が開発され、狩猟のための適地が少なくなってきたこと、女子供だけでは生活に不安を感じたこと等が考えられる。彼らが二次移住の地として選んだのは、かつて牡丹江周辺の土地に移住する前に一時住んでいて状況がわかっている土地、中国人が少なく未開の原野が広がっている土地、狩猟の適地などであった。これらの土地は彼らが狩猟の途中で立ち寄って好適地としてマークしておいたところでもあった。

二次移住の過程で、親族一同が寄り集まってかつての大家族が復活する場合もあった。たとえば、ジャムス西北の山中に位置した大青川《ターチンツヴァン》では、おもにコロンボ村からバサルギン家の人々が集まり、二六人の大家族が形成された。マルファ・バサルギナが語ったところによると、それは四人の妻帯した兄弟と彼女を含むその妻たち、子供たちを中心とする家族であった。みんなで一つの家に住み、二部屋の間に大人たちは床に寝起きし、子供たちは天井裏で寝ていた。男たちはふだんは家にいずに、トラを追って狩猟で暮らしていた。それでも次々と子供が生まれ、彼女はそこからロシアへ三人の子供を連れ帰ったという（アルグジャーエヴァ、二〇〇八）。このような大家族は満洲では珍しく、戦後の混乱期の家族のあり方の一面をよく表しているといえよう。

一般に満洲では、戦後、三河地方を例外としてロシア人古儀式派住民に対して新生の共産党政権側から実際の圧迫が加えられることはほとんどなく、しばらくのあいだ彼らはいわば自由な客分としての扱いを受けていた。そのため合作社や人民公社運動にも無縁であり、土地改革も彼らの土地にはほとんど抵触しなかった。したがって彼らの域内二次移住は、それ以降の行き先を見つめた準備過程でもあったと考えることができる。たとえば大青川やその近くのタチンへに二次移住した古儀式派住民の多くは、のちにシベリアに帰還している。一方牡丹江中流域のシリンへやチピグから、その北方のスィーダオへジ方面に移った人々、牡丹江市南方の鏡泊湖に近い村々に移住した古儀式派教徒の多くは、オーストラリアや南米に向けて出発している。いずれも移住グループは年少者や女性、老人が中心で、その後の苦難に満ちた道程が予想される出立であった。他方ソ連に帰国した女性たちにはすぐには自由な居住地の選択権は与えられず、定められたソフホーズ近辺、ないし囚人居住地やその近郊に長らく押し込められていた。父や夫、兄弟たちが収容所から釈放され、姉妹や妻とともに居住地を自由に選定できるようになったのは、ようやく一九六〇年代になってからである（阪本、二〇一三）。

日本人開拓民の女性たち

古儀式派教徒にはもともと数世紀にわたる移住と逃亡の経験が豊富にあり、常に万一に備えた準備が周到になされていた。彼らの持参物は最小限に抑えられ、いつでも移動が可能であり、金品の準備もあったようである。次の移住ないし出国や帰国を考慮した長期的な視野に立った行動をとっていた古儀式派住民とは対照的に、日本人開拓民の女性や子供は、予期しなかったソ連軍の満洲進入に慌てふためき、日本への脱出をもとめてほうほうの体で域内を逃げ惑った。夫や父、兄弟がソ連軍に連行され、シベリアをはじめソ連各地に送られていたこと、あるいはソ連軍から略奪されたり女性たちが暴行を受けた点では両者は共通しているが、日本人開拓民の場合はその上に、ソ連軍による攻撃、それまで友好的に見えた現地の住民の手のひらを返したような仕打ちと襲撃、輸送や食糧確保・宿泊所の問題等、後方支援の混乱ないし破綻という現実に直面した。

日本の政府や軍を信頼し、それに従順に従っていた開拓民が欺かれたあげく、軍による庇護を失ったとき、彼らは悲惨な状況におかれた。福島県から一九三四年に弥栄村に入植したAさんは以下のように当時を回想している。一九四五年八月一〇日に主人が徴兵され、ソ連軍が迫る中、彼女は一二日に子供をつれ、家、田畑、家畜すべてを捨てて弥栄村を後にして避難を開始した。当日朝八時から夜の一〇時まで待ってようやく無蓋の貨物列車に乗り、途中で雨にぬれ一晩を過ごした。綏化《すいか》の駅につき、飛行場で一五日間過ごしている間にはしかが流行し、三百人余りの幼子が死亡した。そこまでおんぶしてきた彼女の子も死亡した。大連に一年あまり過ごして、翌年一二月にやっと福島駅にたどり着いた（松下編、一九八六）。ソ連参戦が唐突になされ、それへの備えがない中、混乱と動転のうちに大きな犠牲を払いながら引き揚げが行われたのであった。

大半の日本人が引き揚げる中、そのまま中共軍に留用のため残される若い男女がいた。満洲天理村の分村、一宇《いちう》開拓団にいたKさんもその一人であった。夫を関東軍に徴集されていた彼女は、牡丹江の病院に看護師として留用された。短い期間の教育を受けたのち病院勤務が始まり、頻繁な移動が行われた。移動に際しては貨物列車で運ばれ、布団や身の回りの品を背に負い、部落を転々として目的地まで行軍した。一九五〇年からやっと日本の肉親と通信が可能となり、一九五三年に帰国することができたが、その時彼女は病身となっていた（山根、一九九五）。

総じて満洲では、女性や子供の方が犠牲が大きかった。『長野県満洲開拓史　総編』を資料にした研究によると、長野県全県の開拓移民の中で出征者を除く在団者（その主体は女性と子供）のうち、引き揚げ者は約四六％、死亡者は約五〇・五％、未帰還者（中国残留者ら）は約三・三％であった。一方出征者のうち引き揚げ者は約七八％、死亡者は約二一・六％、未帰還者は約〇・七％であった。在団者の死亡率は出征者の倍以上であった（陳野、一九九二）。渡満した女性や子供たちは社会的弱者として惨劇に直接さらされたのである。

おわりに

大きな時代の流れの中で満洲時代のロシアと日本両民族の家族のあり方を比較すると、ロシア人古儀式派教徒にあっては、その家族制度は、宗教的、文化的伝統を維持しながらも、徐々に民主化に向かう過程にあり、満洲期もそのプロセスに有機的に組み込まれていたということができよう。満洲に亡命する前と、亡命中およびその後の移住（帰国）生活において、一貫したある種の流れを感じることができる。ただし彼らは国家の枠内には収まらない独立した宗派グループであり、その中における家族制度には全ロシア的傾向と共通の部分もあるが、独自の特徴も持ち合わせていることに注意しなければならない。

他方、日本の開拓民にあって、満洲時代の家族制度や結婚のあり方は、少子化傾向や家父長制の残存が感じられる戦前期のわが国の家族のありかたとは断絶が見られる。満洲国の建設と満蒙開拓期における新しい家族の形成は、国策のもとに強行された不自然な過程であった。結婚や家族のあり方の非日常的性格と女性や子供たちが支払わされた大きな犠牲は、ここに由来している。とはいえ両親や親族の反対を押し切って満洲に渡った大陸の花嫁たちは、結婚相手の選択においては他人まかせの側面もあったが、渡満の決意そのものは独自になされ、ここに彼女らの自立性と自由の芽生えが感じられる。彼女たちは舅や姑のいない「近代家族」を形成する可能性を満洲の地に見ていたのである。戦後は未曽有のベビーブームを迎えることになるが、同時に「近代家族化」も劇的に進行した。満洲での経験はこの動向をある意味で人為的に促進し、先取りしていたということができる。

第三章　満洲のロシア人女子教育
――中等・高等教育を中心に――

中嶋　毅

はじめに

ロシア帝国による中東鉄道建設の拠点として一八九八年に建設が始まった中国東北の都市ハルビンでは、早くも同年にロシア人学校が設立された。その後、ロシア人人口の増加にともなって学校数と就学者数は着実に増加し、一九〇六年には中東鉄道付属地に一四六〇名の児童と三八名の教員を擁する一二校の初等学校が存在した。就学者数と学校数はその後も増加の一途をたどり、一九一七年までには児童二〇三六名と教員七五名を擁する二二の初等学校網が形成された。鉄道建設に従事した多数の技術者たちは、ロシア帝国で高等技術教育を受けた技術エリートであり、自らの子弟に対しても自身が受けたのと同じロシア式の教育を施すことを強く望んでいた。こうしてハルビンを中心とする中東鉄道沿線では、ロシア人教育機関の充実を求める大きな需要が形成されたのである。

本稿は、満洲におけるロシア人教育の中でも一定の独自性を維持した女子教育について、ロシア人によって学校制度が確立された草創期から一九四五年の満洲国崩壊に至るおよそ五〇年間の歴史を概観し、その特徴と歴史的意義を考察することを課題とする。その際、とくに女子中等教育および高等教育を中心に取り上げて、満洲におけるロシア人男子教育との対比を考慮しつつ、異郷の地においてロシア人女子教育機関が果たした役割を考えてみたい。

満洲におけるロシア人教育は、ロシアでも日本でも研究が盛んな領域のひとつである。現代ロシアの研究者И・ポタポヴァは、『満洲のロシア人学校』（二〇一〇）を公刊して在満ロシア人の学校教育システムの歴史を概観した。日本では内山ヴァルーエフ紀子が在満ロシア人の教育機関の歴史に関する先駆的な研究を発表している。筆者もまたいくつかの論文において、在満ロシア人教育の歴史を考察してきた。しかしこれらの研究はいずれも、ロシア人女子教育の独自の役割には必ずしも十分な注意を向けてこなかった。

本稿は、これまで十分には利用されてこなかった在満ロシア人女性の回想を用いながら、満洲におけるロシア人女子中等・高等教育機関が果たした独自の役割を明らかにし、その歴史的意義を考察しようとする試みである。

一　在満ロシア人教育の変遷

満洲のロシア人女子教育を考える前提として、まずは満洲におけるロシア人教育機関の変遷を概観しておこう。先に触れたように、中東鉄道沿線ではロシア人向け初等教育機関が急速に増加し、あたかもロシアの地方都市の様相を呈するようになった。中東鉄道管理局は教育事業を監督するために、一九〇六年に学務課を設置した。これ以後鉄道付属地の教育実践は、鉄道が直接経営する鉄道付属学校以外の学校も学務課の管轄下におかれることになった。

　初等教育が拡大するにつれ、その卒業生をうけ入れる中等教育機関に対する需要も次第に高まった。一九〇三年には早くも、元スモーリヌィ女学院教師ゲネロゾヴァがゲネロゾヴァ女子中等学校（ギムナジヤ）を設立し、一九〇六年にはオクサコフスカヤ女子中等学校が開設された。さらに同年には、男子部と女子部の二部からなる中東鉄道付属ハルビン商業学校が設立された。この学校は設備と教員の充実度で知られ、ハルビンのみならず鉄道付属地における中等教育の中心的存在となった。こののち一九一七年までには、さらに数校の中等教育機関が設立された。これらのほとんどは私立学校であったが、いずれも帝政ロシアの文部省が定めたギムナジヤの教育計画に基づいた教育課程をとっており、帝国大学への進学に道を開いていた。

　一九一七年にロシア本国で起こった革命は、ハルビンのロシア人教育システムにも巨大な影響を及ぼした。この年、教員たちのあいだで生まれた諸組織の影響をうけて中東鉄道学務課が廃止され、教員・社会組織・就学児童生徒の親の代表者から構成される教育施設委員会が中東鉄道沿線教育機関を管轄することとなったのである。しかし同委員会は短期間のうちに活動停止状態となり、満洲のロシア人教育行政は混乱に陥った。これに対し革命直後の動揺から徐々に旧路線に復帰しつつあった中東鉄道は、一九一九年一一月に学務課を再興して学校教育の再建を図った。

　中東鉄道学務課の復活から一九二四年までの期間は、帝政ロシア時代の教育システムの復興期であった。この時期ハルビンには大量のロシア人避難民が流入しており、ロシア人教育に対する需要も急増した。この時期に中東鉄道管理下のロシア人初等教育システムは、四年制の第一級（初級）初等学校とこれを終了した後に進学する第二級（上級）初等学校へと整備され、その教育計画は旧ロシア帝国のそれを基礎に再編された。中東鉄道管理下の学校数と就学者数は急速に増加し、一九二四年には六五の初等学校と六つの職業学校に九〇〇〇人以上の就学者が学んでいた。さらにこの時期、中等教育機関も拡充されて、中東鉄道管轄以外の公私立学校を含めると初等・中等教育機関の学校数は百校を超え、そこで学ぶ就学者数は約一万七〇〇〇人を数えたという。

初等・中等教育の拡充につれて、高等教育に対する需要もまた急速に高まった。ロシア革命前にはハルビンに高等教育機関が存在しなかったため、進学希望者はロシア本国の大学や高等専門学校に進学していた。ところがロシア革命とそれに続く国内戦の結果、ハルビンの若者たちはロシア式高等教育機関への進路を絶たれることになった。こうした状況に対してハルビン在住知識人たちは、自らの手でロシア人高等教育機関の設立に乗り出し、一九二〇年には高等経済法科学校と露中技術専門学校の二校が開設された。その後両校は教員スタッフの充実を図り、一九二二年に至って前者はハルビン法科大学、後者は露中工業大学へと発展的に改組された。一九二四年時点で両大学の在学者数をみると、法科大学では二六〇名、工業大学では三七四名を数えるまでに拡大した。こうしてハルビンは、初等教育から高等教育まで一貫してロシア語で教育する機会を整備したことで、亡命ロシア世界における教育センターとしての地位を確立していったのである。

一九二四年に中東鉄道が中ソ合弁企業となったことによって、鉄道管理権が亡命系（白系）ロシア人からソ連国籍者の手中に移り、中東鉄道が管轄した鉄道付属学校もまた「ソヴィエト化」の影響をうけることになった。鉄道付属学校では新たにソ連の教育計画に基づく教育が実施され、とりわけ学校教育から宗教科目が排除されて反宗教活動が奨励された。一方、ハルビンのロシア系住民の約半数を占める白系ロシア人は、中東鉄道の支援をうけない亡命系私立学校に子弟の教育をゆだねることになった。これらの学校は、中東鉄道の管轄から独立して帝政期の教育計画に基づく教育を続け、白系ロシア人子弟にロシアの伝統的教育を提供した。

白系ロシア人教育の需要の高まりと、中東鉄道付属学校を解雇された元教員の再就職問題との双方の利害が一致して、一九二〇年代半ば以降ハルビンでは新たな白系ロシア人教育機関とりわけ中等教育機関の新設が進められた。一般に亡命系学校の経営状態は苦しいものであったが、教員たちは複数の教育機関の仕事を兼務しながら、白系ロシア人教育の充実に貢献した。

一九二〇年代半ばには、ハルビンのロシア人高等教育機関も急速に発展していった。既に存在していた工業大学と法科大学は、元来非ソヴィエト系ないし反ソヴィエト系ロシア人教員によって組織され維持されていたが、両大学の存続を必要と考えたソ連当局は、その活動に直接的に介入することはなかった。むしろ両大学は、本国から離れた中東鉄道の維持・発展を企図するソ連当局から強力な支援を得て、一段と充実していった。また一九二〇年代半ばには、ハルビン教育大学と東洋学・商学大学という、二つの新たな高等教育機関も設立された。こうしてハルビンの大学生は大幅に増加し、一九三〇年にはハルビンの四つの大学で学ぶ学生数はおよそ一五〇〇人を数えるまでになった。

一九二〇年代後半に異郷の地で繁栄したロシア人教育機関であったが、中東鉄道の経営を掌握したソ連勢力とそこから排除された亡命系勢力との対抗関係が教育の領域にも及び、ロシア人教育の「ソヴィエト化」が強力に進められた。他方でそれと同時に、全体としてのロシア人教育は、常に中国当局の強い圧力にさらされ続けていた。ロシア人教育の繁栄は、ソ連、中国および白系ロシア人勢力という三者の力関係の微妙なバランスの上に成り立っていたのである。

一九三一年九月の満洲事変とそれに続く日本軍のハルビン占領、そして翌三二年三月の満洲国建国は、ハルビンのロシア人社会の運命を大きく変える出来事であった。三三年一〇月に満洲国当局は、私立教育機関臨時規程を公布して亡命系私立学校に対する統制強化に乗り出し、同年一一月からは全学校の教育方法の統一を目指す新たな教育計画が実施され始めた。さらに同年一二月には、亡命系学校におけるソ連勢力の排除を目的として、ソ連国籍の教員が亡命系学校で教鞭をとることを禁じ、ソ連国籍教員を亡命系学校から解雇する通達を公布した。満洲国統治下のロシア人教育は、白系ロシア人を新体制に統合する当局の目的に沿った変更を余儀なくされた。

一九三五年の中東鉄道売却ののち、ハルビンに残ったソ連国籍者子弟向けの一校を除いてソ連系学校はすべて閉鎖され、満洲のロシア人教育は白系ロシア人によって担われることになった。満洲国の白系ロシア人を統合するために一九三四年末に設立された「白系露人事務局」は、文化啓蒙活動を管轄する第二課の下に学校係を開設して、学校運営に直接介入する方針を打ち出した。同時に白系露人事務局は、ロシアの伝統文化を維持する目的で学校教育を奨励し、経済的な困難を抱える就学者に対する授業料の減免措置を実施して教育機会の拡大を図った。

この時期、満洲国当局は学制改革計画にあわせて白系ロシア人教育に対する統制強化を徐々に追求しつつあったが、白系露人事務局はこれに積極的に関与することを通じてロシア人教育の独自性を維持しようとした。満洲国文教部は一九三七年五月に新たな学制を制定し、この新学制に基づいてすべての教育機関に日本型教育システムを導入した。これにより、四年制の国民学校、二年制の国民優級学校、四年制の国民高等学校、大学（三年または四年）の学校体系が確立された。ロシア人学校制度もまたこの方針に沿って改革されたが、ロシア人教育の実情に鑑みて、ロシア人学校ではロシア語による授業が維持されることになった。

満洲事変と満洲国成立による情勢変化は、ロシア人高等教育機関の教員集団の分裂をもたらし、ソ連系教員と亡命系教員との間の対立が顕在化した。このことはハルビンのロシア人高等教育機関を分裂させ、一九三二年にはキリスト教青年会立北満工業大学が、三四年には聖ヴラジーミル大学が開設された。しかし満洲国当局は、白系ロシア人統合策の一環としてロシア人高等教育機関の整理統合を図り、既存のロシア人高等教育機関をすべて廃止して一九三八年に満洲国北満学院を開設した。こうして北満学院は、ロシア語による教育が実践されるロシア人向け高等教育機関として唯一のものとなった。

以上のようにハルビンを中心とする満洲においては、ロシア人が居住していた時期を通じて一貫して帝政ロシアに起源を有する教育機関が存在していた。ソ連勢力と白系ロシア人勢力の対立、中国当局による圧力の強化、満洲国の成立と日本式教育システムへの統合といった紆余曲折を経たロシア人教育機関は、大きな制約を受けつつもロシア語による「ロシア人」教育の機能を維持することができたのである。

二　ロシア人女子教育の展開

満洲のロシア人教育において、女子教育機関は大きな位置を占めていた。先に見たように、一九〇三年にハルビンで最初に設立された中等学校はゲネロゾヴァ女子中等学校であり、これに続いたオクサコフスカヤ女子中等学校とともに男子中等学校に先駆けての開設であった。

ハルビンに初の中等学校を設立したマリヤ・ゲネロゾヴァは、チフリスの聖ニーナ女学院を卒業してペテルブルクのスモーリヌィ女学院で教鞭をとり、クラスノヤルスクで女子プロギムナジヤを設立した経験をもっていた。また一九〇六年に女子中等学校を開設したマリヤ・オクサコフスカヤは、モスクワのニコライ一世孤児女学院を卒業してドイツ人家庭の家庭教師を務めたのち、モスクワで幼稚園と入学準備学校を経営した人物であった。二人はいずれも経験をつんだ教育者で、女子中等学校の経営を通じてハルビンの女子教育に大きく貢献した。

ハルビンの二つの女子中等学校のうち、詳しい情報がわかるオクサコフスカヤ女子中等学校についてみると、一九〇九〜一〇年度（学年暦）にはすでに三一九名の生徒を擁し、生徒数が最大になった一九一七〜一八年度には九六九名を数えた。同校は一九一一年にロシア帝国文部省から卒業生の大学進学資格を承認されるとともに、教員養成課程として第八学年を開設した。さらに翌年には同課程を古典課程に改組して、大学や医学専門学校、歴史・文献学専門学校に無試験で進学できる権利を獲得した。

オクサコフスカヤ女子中等学校の生徒が学んだ教科についての系統的な情報はないものの、教員が担当した教科からその概要を知ることができる。それによれば同校では、神学要理、代数学、幾何学、ロシア語、英語、ラテン語、文学、歴史学、地理学、哲学入門、物理学、博物学、衛生学などのほか、唱歌、ダンス、手芸、図画などの実技科目が教授されていた。これらの授業科目は、ロシア帝国本土の女子中等学校のカリキュラムと同一のものであった。

オクサコフスカヤ女子中等学校の設立と同じ一九〇六年に開校した中東鉄道付属商業学校は男子部と女子部の二部構成で、教育学やロシア語教授法、手芸など女生徒にのみ開講される科目もあったものの、カリキュラム自体は基本的には同一でいずれも八年制であった。商業学校を含む実科学校は通常七年制であったのに対して、ハルビン商業学校が八年制とされたのは、卒業生に高等教育機関への道を開くためであった。同校の授業計画もまた、実科学校よりもむしろ中等学校に準じたものであった。

ハルビンの中等教育機関を卒業した女生徒の進路を把握できる史料はきわめて少ないが、その内訳を知ることのできる商業学校女子部の一九一四年卒業者についてみると、三五名の卒業者のうち高等教育機関への進学者は一五名（四三％）、教職への就職者が五名（一四％）、進学のための勉学継続者が二名（六％）、鉄道管理部就職者が二名（六％）、農業従事者が一名（三％）、無職その他が一〇名（二九％）であった。同年の男子部卒業生六九名中の進学者四一名（五九％）に比べれば進学率は低いものの、高等教育機関進学者の比率の高さは注目に値する。卒業後も進学を目指す二名をあわせると、少なくとも女生徒の半数は高等教育機関への進学を希望していたことになる。

進学についで女生徒に魅力的だったのは、教職への就職であった。帝政ロシアの女子中等学校卒業生に取得可能な資格が初等教員資格と家庭教師資格であったことを考慮すれば、商業学校女子部の卒業生にも教職を志望する女生徒が多かったことは不思議ではない。ロシア革命後に高等教育機関への進路を絶たれたのちには、ロシア人難民の流入によるロシア人人口の増加と初等学校の増加ともあいまって、多数の女生徒が教師の道を選択したものと推測される。

中等教育を修了した女生徒に開かれていたいまひとつの進路が、文化・芸術の領域であった。ハルビンには音楽専門学校やバレエ学校、演劇学校など多くの芸術系専門学校が開設されており、多数の若者が学んでいた。中等学校で学ぶ女生徒の中には、これらの専門学校で学んで職業芸術家として活動する者もあらわれた。この領域で才能を開花させた代表的人物が、バレリーナで詩人でもあったラリッサ・アンデルセンである。オクサコフスカヤ女子中等学校を卒業したアンデルセンは、ハルビンのキリスト教青年会（ＹＭＣＡ）が一九二六年に組織した文芸サークル「チュラエフカ」のメンバーとなって多数の詩を発表するとともに、ダンサーとしても活躍して、ハルビン社交界の花形の一人となった。

一方、一九二〇年になってハルビンにロシア人高等教育機関が開設されたことは、ロシア革命と国内戦によってロシア本国への進学の道を絶たれたハルビンの若者たちにとって、生活圏を離れることなくロシア語で高等教育を受ける可能性を開く福音であった。法科大学と工業大学、そしてこれに続いて開学した教育大学と東洋学・商学大学は、高等教育を志望した多くの若者をひきつけた。

一九二〇年代から三〇年代にかけてハルビンに存在した四つのロシア人大学に在学した学生の構成を知る上では、一九三一年に実施された調査が貴重な情報を提供してくれる。ロシア人難民委員会文化教育部によってまとめられたこの調査によれば、一九三〇～三一学年暦の四大学の在学者数は合計一二七〇名（男子一〇二四名、女子二四六名）で、大学別でみると法科大学が一八二名（男子九九名、女子八三名）、工業大学が八六五名（男子八三五名、女子三〇名）、教育大学が八六名（男子二一名、女子六五名）、東洋学・商学大学が一三七名（男子六九名、女子六八名）という内訳であった。

この調査から明らかなように、ハルビンにおける高等教育機関進学者の八一％が男子学生であり、しかもその大多数が工業大学に学んでいた。ロシア人女子大学生の占める比率は全体の一九％に過ぎなかったものの、工業大学以外では男子学生と同等ないしそれを上回る比率で女子学生が学んでいた。一九二〇年代から三〇年代にかけてのハルビンには、この四大学のほかにも二年半の教育課程の歯科医師学校や同校付属看護師学校が存在しており、歯科医師を目指す女生徒の進路となっていた。さらにハルビンのキリスト教青年会は、一九三〇年に中等教育修了者向けの二年制のＹＭＣＡカレッジを設立して、高等教育分野にも進出した。ハルビンの高等教育機関は、女子中等学校の卒業生に勉学継続の環境を一定程度は提供していたのである（図１）。

ハルビンのロシア人大学を卒業した女子学生の卒業後の進路を知ることはきわめて困難で、個別の事

図１　ハルビン法科大学教授陣と 1931 年卒業生。
同年、９名の女子学生が卒業した

例からその一端をうかがうことができるのみである。ここでは具体的な事例を取り上げながら、ロシア人大学を卒業した女性たちのその後の歩みをみてみたい。

のちに文筆家となったエリザヴェータ・ラチンスカヤは、一九二六年に法科大学法学科を卒業したのち家庭教師をしていたが、新聞広告に応募してロシア語個人教師となった。このときロシア語を教えたのが満鉄ハルビン事務所長であった宇佐美寛爾で、おそらくはその縁で満鉄系の国際運輸社員となり、その後亡命ロシア人系のブリンネル会社に就職した。厳しい就職状況の中で、転職を繰り返して苦労しながらも職業生活を続けるロシア人女性のひとつの典型をここに見ることができよう。

法科大学を卒業して専門知識を生かすことのできた希少な事例を、マリヤ・シャピロの経歴に見ることができる。一九二四年に優秀な成績で法科大学法学科を卒業したシャピロは、民法講座での学位取得準備のために大学にとどめられて研究に従事し、一九二八年からはローマ法演習を担当して学生教育にあたった。彼女は法律学の領域で著書『日本の家族法』（一九二六年）や論文「新しいオランダ株式法」などの専門的著作を発表するかたわらで、ハルビンの新聞雑誌にも寄稿し、法科大学の閉鎖後にはジャーナリストとして活動を続けた。

大学で学んだ専門を直接生かすことのできる職業のひとつが教職で、少なからぬ女子学生が教師の道を歩んだ。やや時期が下るが、一九二九年にオクサコフスカヤ女子中等学校を卒業したのちハルビン教育大学物理・数学科を卒業したＯ・ストラウトは、大学卒業後に母校の女子中等学校の教師となった。またハルビンのＹＭＣＡ中等学校を経て一九三五年に東洋学・商学大学を卒業したナターリヤ・イリイナは、語学力と専門知識を生かしてハルビンのイギリス商業学校教師となり、上海に移住したのちは同地のロシア語新聞の寄稿者として活動した。

一九二〇～三〇年代のハルビンにおける高い失業率や、世界恐慌の影響を受けたハルビン経済界の不況などの困難な状況の中で、希望通りの職業に就労することがかなわなかった女子学生も少なくなかったことは容易に推測される。しかし同時に、高等教育が多くの女子学生に自身の才能を開花させ新たな人生を切り開く機会を提供したことは間違いないであろう。

三　満洲国期のロシア人女子高等教育

満洲国の成立と学校教育制度の再編は、ロシア人女子教育にも巨大な影響を及ぼした。まず、満洲国成立がもたらしたロシア人人口の漸減にともなって生じた生徒数の減少の結果、学校とりわけ中等教育機関の経営が厳しさを増していった。そしてこのことが中等教育機関の整理統合問題を引き起こすことになり、ハルビン最初の中等教育機関であったゲネロゾヴァ女子中等学校は、一九三五年にプーシキン男子中等学校と統合して合同中等学校と改称された。

満洲国が一九三七年に新学制を施行したことは、ロシア人教育全体に大きな打撃を与えた。ロシア人学校ではロシア語による教育そのものは維持されたものの、ロシア人私立学校の存続は認められないことになった。これにより帝政ロシア時代以来の伝統的女子教育カリキュラムを維持してきたオクサコフスカヤ女子中等学校もまた、他の多くのロシア人中等教育機関とともに、その歴史に幕を閉じたのである。ロシア人中等教育機関は、満洲国民生部が管轄する国民高等学校へと改組され、これ以後ロシア人教育全体が急速に「日本化」されていった。

高等教育機関もまた、この時期に組織上の変化をこうむった。すでに触れたように、既存のロシア人高等教育機関を整理統合して、満洲国北満学院（ロシア語表記では北満洲大学）が一九三八年に開学した。白系露人事務局が設置者となった同学院には「大学に準ずる特別教育施設」という特殊な位置が与えられ、学院長には長らく哈爾濱《ハルビン》学院教授を務めた経験を持つ清水三三が就任した。

四年制の工学部（定員六〇名）と二年制の商学部（定員三〇名）から構成された北満学院の入学者は、満洲国の中等教育機関である国民高等学校または女子国民高等学校を卒業した者およびこれに相当する教育課程を履修した者とされ、従来のロシア人高等教育機関と同様に男女共学制であった。また学院の経費は満洲国民政部の補助金によってまかなわれ、一九四一年には学院の卒業者および卒業予定者に対して満洲国高等文官試験の受験資格が認められた。この段階で北満学院は、名実ともに国立大学に準ずる存在として位置づけられたということができる。

北満学院では両学部とも一般に下級学年で基礎的な授業科目の履修を中心としたのに対し、上級学年では実務教育が重視されていた。さらに両学部ともに日本語教育に大きな比重がおかれ、加えて各学年とも一時間ずつ「国民道徳」の時間が設定されていた。ロシア人による大学運営の時代に比べて両学部とも修業年限が一年短縮されたうえ、授業時間に占める日本語の時間数が突出して多かったことは、全体として専門教育にあてられる授業時間数の減少をもたらした。こうした状況は北満学院の教育内容に対する不満を引き起こすことになったものの、大多数のロシア人青年にとって北満学院は、ほとんど唯一の高等教育機関として機能し続けた。日本語を習得して満洲国国立大学に進学するか、あるいは外国の大学に進学するかという道を別にすれば、彼らにとって高等教育を受ける他の選択肢はきわめて小さかった。

満洲国に存在した高等教育機関の学生数は、満洲帝国民生部が編集した『第三次民生年鑑』および『第四次民生年鑑』から知ることができる。そこから北満学院の在学者数を男女別および民族別にまとめたのが表1である。一九四〇年の在学者数が減少しているが、この年に卒業した工学部四年生が算入されていないためである。この表からは、商学部では男子学生よりも女子学生が多いこと、工学部では圧倒的に男子学生が多いものの女子学生もともに学んでいたこと、を看取できる。

『民生年鑑』には、満洲国の国立大学や高等専門学校の学生数も記載されている。それによれば、女性が在学している高等教育機関には北満学院のほかに吉林師道高等学校、哈爾濱工業大学（一九三九年の応用化学科のみ）、奉天医科大学および哈爾濱医科大学の四校があった。その内訳をより詳しくみると、日本人女性が学んでいる高等教育機関は女子部を設けていた吉林師道高等学校のみで、それも一九

表1　満洲国北満学院の在学者数

民族別		1939年			1940年		
		商学部	工学部	計	商学部	工学部	計
満人	男	2	4	6	3	3	6
	女	1	—	1	1	—	1
朝鮮人	男	3	—	3	1	—	1
	女	2	—	2	1	—	1
その他	男	30	135	165	26	103	129
	女	41	10	51	39	1	40
計		79	149	228	71	107	178

＊民族表記は原史料どおり。「その他」の大多数はロシア人。
満洲帝国民生部『第三次民生年鑑』（新京、1941）および『第四次民生年鑑』（新京、1943）より作成

三九年には一〇名、四〇年には一二名にすぎなかった。ちなみにこれらの高等教育機関に学んでいた日本人以外の諸民族の女性は、一九三九年には一三六名、四〇年には二〇四名であった。日本人女性は教員養成機関以外の高等教育機関に進学する場合、満洲国の他の諸民族とは異なって、日本本土の女子高等教育機関を選択したのである。

満洲国統治下で高等教育を受けたロシア人女性は、卒業後にどのような進路を選択したのだろうか。これについては、一九四一年に発行された『満洲国北満学院要覧』に掲載された情報が利用できる。この史料は、商学部第一回および第二回卒業生（計五〇名）、工学部第一回～第四回卒業生（計九八名）の一四八名について、卒業後の進路を調査したものである。この全卒業生のうち女性は三二名（二六%）であり、そのうち商学部卒業生は二六名、工学部卒業生が六名であった。また三二名の女子卒業生のうち、進路（勤務先）ないし居所が判明するのは二三名（七二%）であった。彼女たちの就職先に

は、横浜正金銀行ハルビン支店（二名）、満洲電電株式会社（三名）、満洲電業株式会社（二名）、ハルビン興業銀行、国際運輸ハルビン支店、白系露人事務局などがあった。工学部を卒業した女子学生の中には、大同酒精公司やハルビン鉄路局のように専門分野を生かせる就職先に恵まれた者もいた。なかには一九三九年に工学部を卒業生したＨ・シェリドンのように、結婚後に夫の勤務地で教師となった事例もあった。

北満学院に一九三九年に入学して商学部で学んだП・シシューキナの回想によれば、商学部の教育は学生に「政府機関や商工業企業、銀行、鉄道管理局などの勤務にふさわしい経済教育をほどこす」ものであった。北満学院長の清水三三が強調したように、学院の教育の基本方針は白系ロシア人青年が満洲国内で安定した生活を送ることができる力を養うこととされていたのであり、この点からみれば北満学院の設立目的はかなりの程度達成されたとみることができる。

北満学院におけるロシア人教育については、幾人かの卒業生の回想がその模様を教えてくれる。北満学院の学生たちは、黒いビロード襟のダブルのジャケットを制服として着用し、工学部は青色の、商学部は緑色のふち飾りを襟につけていた。制服の着用によって、街中でも一目で北満学院の学生であることが判別できたのである。また式典の際には、「北満学院」のロシア語頭文字の組文字の入った肩飾りを着用することになっていた。こうした外見的指標によって北満学院は、革命前ロシアの高等教育機関の伝統を継承することを視覚的に表示したのであり、そこで学ぶ学生たちもハルビン在住ロシア人社会における知的伝統の継承者としての自覚を身につけていった（図２）。

帝政ロシアの学生文化の継承は、一九三九年に一月二五日の「聖タチヤナの日」を北満学院祭の祭日に制定したことにも現れていた。この日はモスクワ大学創立記念日で、ロシアの大学生および大学卒業

図2　満洲国北満学院商学部教授陣と同学部1943年卒業生。中央下が北満学院の建物

生にとっては、大学という場で学ぶ経験を共有したことをともに祝う祭日であった。法科大学や工業大学が存在した時期には各大学の学生が合同して「聖タチヤナの日」を祝ったが、北満学院もその祝日を引き継いだ。当日は学院の教員および学生のほか、特務機関関係者を含むハルビン各界の名士、ロシアの大学を卒業した卒業生たちや北満学院の学生の父兄らが招待され、祝賀祈祷と記念行事ののち音楽会と舞踏会が盛大に催された。この催しは一九四四年までは基本的に同じ様式で続けられた。このように北満学院は、学生のみならずハルビンの知的世界の伝統を維持し、さまざまな見解の相違を超えてハルビンのロシア知識人を統合する役割を果たしたのである。

　かつて北満学院で学んだ卒業生たちは、ハルビン工業大学と北満学院の同窓会誌『ポリテフニク』誌上に学生時代の授業の印象を記している。商学部を卒業したЛ・バラノフスカヤは、法科大学以来の古参教授であったニキーフォロフの経済学史講義が学生の興味をそそるもので、学生たちは彼の言葉を聞き逃さずにできるだけノートに書きとめるべく努力したと回想している。もちろんすべての教員がニキーフォロフのように興味深い内容の講義を行ったわけではなく、面白くないと判断した授業では学生たちは私語をしていた。今も昔も変わらぬ授業風景であった。

先に挙げたシシューキナは、簿記と商業数学を担当した原一郎教授の授業が日本語で行われており、日本式の算盤を用いて大きな桁数の計算をさせられたことを回想で言及している。それはロシア人青年にとってはなじみの薄いものだったであろうが、日本人が管理する銀行や会社の事務職員として就職する上では実践的な教育であった。

北満学院が満洲国において唯一のロシア人高等教育機関となったのちにも、ロシア人青年向けの実質的な高等教育機関として機能した学校がもうひとつ存在した。それはキリスト教青年会学校（ＹＭＣＡカレッジ）で、満洲国統治下で一九三八年にハルビンＹＭＣＡが北米ＹＭＣＡ同盟から日本ＹＭＣＡ同盟に移管されてからは、ＹＭＣＡカレッジ院長に名古屋ＹＭＣＡ主事であった酒井美智男が就任した。同カレッジは、制度上は専門学校の資格であったものの、中等教育機関修了者を三年間教育する教育課程を維持していた。

ハルビンＹＭＣＡカレッジは男女共学制で、教育課程は商業・文学・教育学の三つの専門学系に分かれていた。日本ＹＭＣＡ同盟への移管後には、ＹＭＣＡカレッジにおいても「道徳」や軍事教練、日本語が必修科目とされたが、講義は基本的に英語で行われていた。英語教育の重視がカレッジの伝統的な基本方針で、英文法や英会話、英作文、修辞法など英語教育関連の授業に力が注がれたほか、ヨーロッパ史、アメリカ合衆国史、思想史入門、社会学などアメリカ式の教育課程がカレッジの特色であった。実践的な英語力を習得して外国関連企業に就職したり英語圏への移住を企図したりするロシア人青年にとって、ＹＭＣＡカレッジは魅力的な存在であった。

ＹＭＣＡカレッジで学ぶ学生数は決して多くはなかったものの、その半数余は女子学生で、ロシア人女性が実質的な高等教育を受ける貴重な機会を提供していた。一九四三年に同カレッジに入学して四五年に卒業し、英語教師を経てソ連に帰国して大学教師となったＥ・タスキナは、カレッジ時代の教育を振り返りながら、独特な教育実習が課されたことに触れている。タスキナによれば、実習は難しいものであったが、革命前ロシアの高等教育を受けた教師から学んだ基礎は自身の教育実践に大いに役立ったという。

日本の戦局が次第に悪化する中で、一九四四年にはハルビンＹＭＣＡカレッジの閉鎖が決まり、翌四五年一月には最後の卒業生一二名が卒業して、ＹＭＣＡカレッジは一五年の歴史に終止符を打った。やがてハルビンも一九四五年八月を迎え、ソ連軍の侵攻と満洲帝国の解体にともなって満洲国北満学院もまた閉校となり、満洲国のロシア人教育システムは幕を閉じたのである。

おわりに

ハルビンを中心としたロシア人女子教育は、満洲のロシア人教育機関の不可欠の要素を構成するとともにそれをリードする存在としても機能した。帝政ロシアの系譜を引く女子中等学校に学んだ女性たちは、教育分野をはじめさまざまな分野に就労の場を見出したとともに、高等教育機関にも積極的に進学して、ハルビンのロシア人高等教育機関を活性化させた。ハルビン工業大学以外のロシア人大学で女子学生がおよそ半数を占めたことを考慮すれば、ハルビンの人文・社会科学系ロシア人大学は、女子学生の存在なしには長期にわたって存続しえなかったといっても過言ではない。

ハルビンで中等教育や高等教育を受けた女性たちの少なからぬ人々が、それぞれの学校で修得した知識を生かして社会進出を果たし、自らの人生を切り開いていった。彼女たちのある者はその才能を遺憾なく発揮し、とくに文学や芸術の領域ではそれぞれの分野をリードする役割を果たす者も現れた。また中等・高等教育を修了した女性たちの一部は初等学校や中等学校の教員として教育活動に従事した。教育資格を有する教員を数多く供給することを通じて、満洲におけるロシア人女子中等・高等教育は、満洲で独自のロシア人教育システムを維持することに大きく貢献したということができる。

満洲で教育を受けたロシア人女性たちは、学校教育科目やそれぞれの専門分野の学問を学んだのみならず、学校生活を通じて帝政期以来のロシアの学校文化を身につけた。また学校や大学での課外活動を通じて彼女らは、異郷においてロシアの伝統文化を維持するとともにそれを独自に発展させていった。中等・高等教育を修了した満洲のロシア人女性の多くは、妻としてまた母として家庭を切り盛りしたものと推測される。この点でみれば満洲で教育を受けたロシア人女性は、それぞれの家庭でロシア文化を維持することを通じて、異郷におけるロシア人社会の「ロシア性」の維持に大きく貢献したといえよう。

第四章　女性信者の生きざまを通して

――ハルビン正教女子修道院と満洲国――

ハリン　イリヤ

はじめに

本稿では、ハルビン正教女子修道院を対象に、満洲国で「東亜文明」を築こうとする試みにおける女性の宗教活動の役割を探っていく。

満洲国は、傀儡国家であるにせよ、理想国家であるにせよ、あくまで人為的な実験国家であった。満洲国の建設者も、その人為性を痛感し、国の存在を定着させるべく「自然性」と「真実性」を積極的に横索した。民主制なら市民社会、共産主義なら労働階級、ナショナリズムなら特定民族というように、それぞれの政権には支持母体があるが、「東亜文明」を唱えた満洲国の場合、プラセンジット・ドゥアラによれば、少数民族集団、宗教・修養結社、婦人会のようなグループが、「東亜文明」を具体化する力として宣伝されていた（ドゥアラ、二〇〇三）。これらの力を総動員するために、満洲国当局は圧力を用いたが、同時に「民族協和」と「王道楽土」という理念を全人類に関わるプロジェクトであるかのように発表し、社会全般にわたって協力者を受け入れていった。結果として、満洲国において女性宗教者、特に少数民族の場合には、この幅広い文明化的な運動に加わることで、中華民国とソビエト連邦という隣国に比べて稀に見る影響力を持てるようになった。

女性宗教者が進めようとした文明化は、宗派、民族、地域などによって大いに異なった。満洲国の人口の圧倒的多数を占めた漢民族の間では、民間宗教と「三教合一」（儒教・仏教・道教の統合を謳った清末期の主義）を認める態度が支配的で、女性宗教者も混合主義の新興宗教結社に属する傾向が強かった。そのため、満洲国における宗教の研究でも、紅卍字会《こうまんじかい》（主流の修養・慈善団体）や青幇《チンパン》（ルンペン・プロレタリアートを中心とした秘密結社）などのように、当時の一般中国人の宗教的な「常識」を反映した組織に対して注目が向けられることが多い。日本の研究者は、日本から伝えられた神道、そして日中両国で信仰されてきた仏教について論じることが多い。キリスト教の影響力も高く評価され、プロテスタントの宣教や抵抗運動の研究は盛んである。しかし、ローマ・カトリックとロシア正教という、満洲国における最大のキリスト教教団の歩みは、日本国内の研究で比較的見逃されてきた。これらの宗派の代表的な女性宗教者は修道女であった。

当時の日本人の目には、満洲におけるロシア人が西欧性と近代性を体現していると映っていたが、宗教の伝統主義と慈悲心、そしてキリストへの篤い信仰を合わせたロシア人正教修道女たちは、満洲国の状況下でいかなる「文明」の普及に貢献したのか。本章ではハルビン女子修道院の歴史を紹介し、満洲国という実験国家の観点からロシア人修道女たちが置かれていた立場を見直していきたい。

執筆に当たっては、主に以下の三種類の史料を用いた。第一は正教修道女の伝記である。具体的には、ルフィナ（ココレワ）典院女とアリアドナ（ミチュリナ）隠典院女という修道院長たち、そしてエレナ（小野）という日本人初の正教修道女の伝記を参照した（エカテリンブルグ主教区、二〇〇八。加味長、二〇〇〇。ストゥピナ、アミラフワリ、二〇〇五）。第二は東アジアにおける二つの主要な正教会機関紙、すなわち日本正教会の『正教時報』と、ロシア正教会ハルビン主教区の『フレブ・ネベスヌイ』（以下は『天の糧』という訳題を用いる）である。第三は『アリアドナ院長文書』（アリアドナ典院女ほか、一九三五〜一九八四）である。その原本はサンフランシスコのロシア文化博物館にあり、スタンフォード大学のフーバー研究所図書館にもマイクロフィルムの形で保存されている。

一　「ハリストスの花嫁」

ハルビンに住む若いロシア人女性の間で一番人気のあった礼拝は、「中央寺院」と呼ばれた聖ニコライ大聖堂で行われる豪華な結婚式であったそうである。しかし、大聖堂からわずか五ブロック離れた他の教会では、別の礼拝を行って普通とは異なる「結婚」生活に踏み切る女性たちもいた。この聖堂は、ハルビン正教女子修道院のものであった。

ロシア語で修道女を意味する「イノキニヤ」は、文字通りには「異なる女」を意味する。修道女は剪《せん》髪《ぱつ》式でこの世のしがらみを一切断ち切り、己をハリストス（キリスト）に捧げる。それゆえ彼女たちは「ハリストスの花嫁」とも呼ばれている。

一九四一年四月四日、ハルビン正教女子修道院でロシア正教の海拉爾《ハイラル》主教ディミトリイが、日本人初の正教修道女となる小野しんに剪髪式を授けた。その様子を参列者の加美長美津枝の回想録に基づいて眺めてみよう。

聖堂の中央には白布のバージンロードが敷かれています。その両側に黒いマントを着た正装した修道女たちが並んでいます。剪髪を受けるマトシカ〔修道女への敬称で小野しんのこと〕は、白い下着のステハリ一枚で白髪を全部前に梳《す》き下げ、頭を下げたまま跪き、床に手をつき、いざりながら前に進みます。（中略）主教様が鋏《はさみ》を床に投げられ「剪髪《せんぱつ》を受ける覚悟はあるか。」と厳しい声で聞かれます。受剪者は鋏を探し「神に誓ってお願い致します。」と主教様の前に跪き鋏を差し出します。これが誓いの言葉で三回繰り返されます。主教様は髪の毛を四箇所剪髪します。そこで初めて足で立ち上がる事が出来るのです。祈祷と聖歌の中で修道服が着せられ、帯を締め、マントを掛けられ修道帽をかぶり、木の十字架が掛けられます。そして、チョトキ（数珠《じゅず》）を渡され、エレナ修道女の名を頂き剪髪式は終わりました（加美長、二〇〇〇）。

修道士になる際に立てる無欲、貞潔、従順の三誓願は、修道性の特徴とされる。古くから、修道士は教徒の模範として尊敬され、俗人と天使の間の中段に立つ存在として賛頌されてきた。ハルビン修道院のルフィナ院長も修道女たちに、これについて次のように説いていた。

あなた方（中略）の誉れとは、口先ではなく、真の意味で「ハリストスの花嫁」という名にふさわしくあることであり、修道士と言う位に恥じぬよう、この聖なる名をさらに聖にするよう努めることです。（中略）私の愛しい者たちよ、あなた方も、善い行いによって自分を聖にしなさい、心の潔浄を重んじ、良心の平安を何よりも尊びなさい〔以下、外国語文献からの引用は引用者の和訳による〕（エカテリンブルグ主教区、二〇〇八）。

ハルビン修道女の日課は厳しかった。毎日一〇回以上祈祷をなし、一回の祈祷は短くても三〇分はあった（ヴェ・ア、一九三二）。集合祈祷は、最初の祈りは朝の六時二〇分から、最後の祈りは夜の九時頃から始まったとエレナ（小野）修道女は『正教時報』の第三一巻九号「エレナ修道女と語る」で述べている。それ以外にも、「主イイスス・ハリストス、我等の神よ、我等を憐れみ給え」というイイススの祈りを、できる限り頻繁に唱えるように申し付けられた（エカテリンブルグ主教区、二〇〇八）。修祈祷、そしてパンと野菜や魚のスープから成る三回の食事以外は、修道女たちは労働に従事する。修道院の孤児院と養老院の経営、聖パン焼き、イコン制作、パッチワークの掛布団《かかりぶとん》作り、牧場や庭での作業、洗濯などであった。余暇があったのかというと、エレナ（小野）修道女は前述のインタビューでこう答えている。

全く身体の休養時間が無い位であります。ただ日曜日の祈祷が終りますとその日の午後は夕方頃まで休養の時間が与えられますが、その時は皆んなの修道女が一堂に会集致しまして自由に本等を読む事が許されますが、その本とても娯楽の本でなくやはり信仰的なもので、聖書等を読むのであります。

厳しくて耐え難いと思われやすいこの修業生活は、実際のところ逆の印象を与えることも驚くほど多かった。一九四一年に東京からハルビンに来て女子修道院を訪ねた村田完造は、『正教時報』の第三二巻二号に「エレナ修道女と修道院」と題する記事で、以下のような文を残している。

私はこうした修道女達に会ってすっかり圧倒されてしまった。（中略）如何に態《（ママ）》度は自然で自由である。温和な顔、あどけない笑。（中略）皺《しわ》だらけのお婆さんも若い健康な娘も少女も皆んな大家族の一員となって、厳格な規律の下に朗らかに生きている。ここは地上の楽園である。ここを訪れる人は、敬虔な温和な、慈愛に満ちた人々に会って、生きる希望と慰めを得るであろう。

このように大勢で起居を共にし、個人財産も自由な時間も持たない修道女たちを指導する責任は、重大なものであった。八歳から諸修道院で修業し、深い同情心と疑いを知らない篤信の持ち主であったルフィナ院長、そして一七歳から彼女の右腕となり、一九三七年から彼女の後継者になったアリアドナ院長は、その尊い役割をいかになしとげたか。この問いへの答えを得るために、ハルビン女子修道院の歴史と活動を見ていこう。

二　亡命という修行

ルフィナ院長（図1）とアリアドナ院長が先導した共同体のように、ロシア内戦のカオスから集団として抜け出し、何度も亡命してよみがえり、その姿が今日まで残されている修道院は、片手で数えあげられるほど稀である。彼女たちの主要な修行となったのは、半世紀を費やした亡命生活であった。

この共同体の歩みは一九一一年で、ウラル山脈沿いのチェルドィン市に始まる。この年、市内にかつて存在した修道院の復建が決定され、その院長としてルフィナ氏が三九歳の若さで選ばれたのである。最初の頃は「寝る所もなく、生活必需品さえ持たずに（中略）夜明けから夕暮れまで、いかなる仕事も

図1　正装したルフィナ院長

断らず働いてきた」（エカテリンブルグ主教区、二〇〇八）。が、復興からわずか八年後には、修道院は約七〇名の修道女を擁し、造園学校と孤児院を営む顕著な存在になる。

一九一七年のロシア革命は、彼女たちを、教会を敵視するボリシェヴィキ（共産党）の無神論政権に直面させた。革命家がチェルドィンに勢力を得た一九一八年には、院長が逮捕され、修道院の閉鎖を命じられる。市が一時的に反ボリシェヴィキの白軍に解放された翌年は、修道院の歴史にとって大きな転機となった。一九一九年六月、ルフィナ院長は四人の修道女を連れて、亡命といういばらの道に乗り出したのである。

同年八月に、一行はノヴォニコラエフスク（現在のノヴォシビルスク）に到着するが、間もなく戦線が町に近づいてきた。ルフィナ院長は再び町を離れてロシアの極東地方へ向かい、一九二〇年二月、一人疲れ切った体でウラジオストクに着いた。ここで院長は、凍った川の氷をくり抜いた穴で下着を洗濯するという、辛い仕事を余儀なくされたが、不満をもらさず、全てに耐えた。最初に一緒に移住した修道女たちが到着してから漸くして、見通しは明るくなり、一二月には改めて修道院を組織することができた。

こうして修道院は再び自立していったのだが、ボリシェヴィキたちもロシア内戦で勝利を重ね、ロシア極東に迫ってきた。そこで院長たちは更なる亡命地として、ロシア国外にあるロシア人の拠点、ハルビン市を選んだ。一九二二年、ウラジオストクにある「本院」のハルビン「分院」の形で、満洲初の正教女子修道共同体が設立された。そしてその翌年、ウラジオストクにいた修道女たちの全員が、ハルビンへと亡命していった。

新たな亡命生活の始まりは苦しかった。修道女は収入源となる手芸、聖パン焼き、そして下着の洗濯に日夜明け暮れた。にも関わらず、彼女たちはそこで新しい支援者を得て、新しい修道女たちも加入した。こうして一九二七年には、修道院を市の中心部に移転させることができた。

これに続く時代に、修道院は顕著な発展を示した。一九三二年から修道院には付属の孤児院と養老院が設けられ、それが修道院の主な事業となった。啓蒙的な出版物を出し、イコンと蝋燭の製作も始め、以前からの事業も拡大していく。例えば、市内の正教各聖堂の礼拝用の聖パンは、全て女子修道院で作られていた。一九四一年の復活祭では、一五〇〇個もの聖パンが作られたとエレナ（小野）修道女は『正教時報』の第三一巻九号に掲載の「エレナ修道女と語る」と題するインタビューで述べている。一九三七年にルフィナ院長が永眠した際、「多くのロシア人女性や外国人女性が修道院の訃報を知り、自ら援助を申し出」た。そのおかげで、修道院は付属施設として下着縫製所、美術工芸所、酪農施設、そしてニット製品工房を建設することができた（ストゥピナ、アミラフワリ、二〇〇五）。

一九三二年には、修道女の数は五〇人近くになった（ヴェ・ア、一九三二）。一九四〇年に発行された『天の糧』一号と六号によれば、その年の修道女数は約六五人であった。こうして規模が拡大すると共に、修道院は複数の拠点を維持できるようになった。一九三五年には上海に分院ができ、一九四一年には初めて海外へ進出した。二人の修道女がサンフランシスコで分院を設立し、またエレナ（小野）修道女が日本に帰国して日本初の正教修道院の創設を図ったのだ。一九四一年に太平洋戦争が勃発した時、修道院は満洲帝国、中華民国、アメリカ合衆国、そして日本帝国という四ヵ国に拠点を持つようになっていた。

第二次世界大戦に日本が敗北し、「満洲帝国」が崩壊した結果、彼女たちは再亡命を余儀なくされた。一九四五年の夏にソ連軍がハルビンに入り、続く一九四六年に中国共産党がハルビンを支配下に置くと、修道女たちは少数の者を後衛としてハルビンに残し、そのほとんどが上海の分院へと移住していった。しかし一九四八年に国共内戦が終焉に近づくと、中国を離れて第三国に亡命しなければならなくなった。アリアドナ院長の指導の下、主なグループは米国に渡り、サンフランシスコの分院を本院とした。アメリカ入国ビザをもらえなかった修道女も、オーストラリアとカナダへ去っていった。

一九四五年以降のハルビンの元本院の消息は極めて少ない。サンフランシスコへ移転後、中国との関係が間もなく絶えてしまい、修道院は専ら在米ロシア人共同体となり今に至っている。

三　愛の灯火

ハルビン正教女子修道院はいかなる文明の代表者であったか、満洲国という実験にどんな貢献をなしたか。まずは、社会福祉事業という人道的な面から考えてみよう。

「愛の灯火」という言葉がある。これは、ハルビン、上海、サンフランシスコで修道院が出版した選集の題名、そして院長たちの愛称であった。この言葉は、失望の「暗闇」に陥りやすい亡命生活の中で、彼女たちの「愛」が慈善として現れ、「灯火」となって周囲を照らしたというイメージを帯びている。このイメージにはどのような背景があったのだろうか。

ハルビン正教女子修道院に亡命ロシア人がひきつけられたのは、修道士たちの熱心な信仰生活のためだけではなく、その優れた寛大さのためであった。財政を握るルフィナ院長は貧しい人を援けるための支出を厭わず、修道院が無一文になりそうなことが何度もあった。ルフィナ院長の告解司祭であったペトル・トリオディン神父は思い出す。

院長は、感謝して寄付を受け取る——そして、誰かに助けを乞われると、計算もせずに、すぐにそれを渡してしまう。（中略）院長が拭った涙、与えた慰めは、いかに多かったであろうか。困難に遭ったときに院長に助けを求めた多くの者、あるいは院長が見つけだし、彼女が助けた多くの者は、いかに篤く感謝をして神に祈っていることであろうか（エカテリンブルグ主教区、二〇〇八）。

多くの人びとを助けた修道院は、何度も財政上の危機に直面し、積極的に寄付を募集しなければならなかった。同時に、慈善のために惜しみなく資金を使う院長の姿を見て、彼女の献身的な行動を理解できない批判者も少なくなかった。アリアドナ院長はこう書き残している。

あの頃、院長は説教壇から篤信のキリスト者に支援を懇請したため、よく非難や批判に耐えなければならなかった。しかし、最後の一文まで貧しい者に渡した後の院長の気持ち、彼女の徹夜の祈祷のことを、批判者は誰一人として知らなかったであろう（エカテリンブルグ主教区、二〇〇八）。

修道院による援助は、宿泊場所の提供や就職の斡旋にまで及んだ。例えば、ロシア人女性のユリヤ・バザノワはハルビンで長い間貧困にあえいでいたところ、ルフィナ院長と出会い、修道院に寝床を与えられた。院長はバザノワにミシンを支給し、修道院の知り合いから縫い物の注文を得た。そのおかげで、一年後にはバザノワは経済的に自立し、結婚した（アリアドナほか、一九三五～一九八四）。

修道院の最大規模の慈善活動は孤児院の運営であった（図2）。修道院付属の少女孤児院が設立されたのは、ようやく一九三二年になってからのことだったが、これは院長と古参の修道女にとって、かつてチェルドィン市の修道院でも携わっていた馴染み深い事業であった。一九三五年に上海に分院が開かれた時、孤児院も「分院」化された。修道院の全盛期に当たる一九四〇年代の初めに、少女孤児院に収容された孤児の数は、ハルビンで四〇人、上海で五〇人にまで増加した。修道院の孤児院の歴史の中で、そこから巣立っていった若い女性の数は、合計八〇〇人以上にものぼる（ストゥピナ、アミラフワリ、二〇〇五）。

子どもたちは申し分のない住居で暮らし、健康的な食事を与えられ、きちんとした服装をしていた。修道院のしつけは「祈祷と勤労」を強調したものであった。子どもたちは、朝と晩にそれぞれ半時間祈り、礼拝では修道女と共に聖歌隊をなし、眠る前には聖人伝を読み聞かされた。彼女たちは複雑な労働にも加わった。修道院のニット製品工房は「孤児院の子どもたちやロシア亡命者たちに編み物を教える教室となった」（ストゥピナ、アミラフワリ、二〇〇五）。孤児たちは宗教道徳の教育を受け、行儀作法を身につけ、手芸と外国語、音楽を習った。

しかし子どもたちには遊びもお祝いもあった。修道院には大きな庭とぶらんこがあり、彼女たちは隠れん坊や砂遊びをした。祭日にあわせて、院長自らが外出し、子どもたちのスープを作るために肉の切

図２　ハルビン女子修道院付属孤児院の少女たちと関係者

り落としなどを寄付してくれる店を探して歩き回った。クリスマスツリーの下には鉛筆、歯ブラシ、歯磨き粉など、当時としては贅沢な品がプレゼントとして置かれた（ストゥピナ、アミラフワリ、二〇〇五）。

本来、修道院の孤児院は、一九二九年の中ソ紛争に伴ってソ連軍による血生臭い制裁で両親を失った亡命ロシア人の少女たちのために創立された。しかし、貧しい家庭の子どもたちも、五歳くらいの幼児から年頃の娘たちまで受け入れられてきた。前出の「エレナ修道女と語る」のエレナ（小野）修道女のインタビューによれば、孤児院に預けられた少女たちのなかには、父親が日本人で母親がロシア人である「不義の子供」もいたという。こうして、「愛の灯火」の光は、民族の違いを超えて、「日本人の血の流れている」少女も照らしたのである。

四　ツァーリの院長

しかし、ハルビン女子修道院は、ロシア人によって、ロシア人向けに形成された存在であった。次は、満洲におけるロシア人意識の拠り所として、修道院の文化的・政治的な意義を見てみよう。

一九四八年に上海の修道院から出版されたルフィナ院長の伝記は、『ツァーリの院長が歩んだツァーリの道』と題されている。ここに含まれている「ツァーリ」という言葉には、「王（すなわち主ハリストス）」並びに「（ロシアのロマノフ朝の）皇帝」という二つの意味があり、『皇帝の院長が歩んだ王道』と訳すべきであろう。己を神に捧げたルフィナ氏は、祖国にも忠誠を尽くし、自らが管轄する女子修道院をロシア愛国心の拠点として構成しようとしていた。

女子修道院とロシア帝室との特別な繋がりは、修道院の誕生の時点にまで遡る。一九一一年のチェルドィン市における修道院の復建は、ロマノフ朝三百周年記念にあわせて決定された。ルフィナ院長はその関係を強調し、チェルドィン時代に修道院の書類などにロマノフ家の紋章を使用する認可も得た。修道院付属ロマノフ家記念孤児院が開院された時、皇帝ニコライ二世は、タチアナ皇女を孤児院の奨励者として任命し、帝室から随時補助金を支給した。

革命家に暗殺された皇帝一家とこのような関係を築いた院長が、ロシア内戦でボリシェヴィキに対抗する白軍に味方したのは当然であろう。白軍がチェルドィン市に入城した時、ルフィナ院長は彼らに向って、以下のようにはっきりと自分の立場を表明した。

ハリストスを愛する軍よ、見よ、あなた方は受難の祖国と苦しむ人々に解放をもたらし、この世を照らす光をもたらしている。（中略）未だボリシェヴィキの強制的な圧政に耐え忍ぶ我が祖国の地を解放し守るために、勇敢に進みなさい。願わくは、あなた方が終わりまで祖国と聖なる教会に忠実な子であることを主神が給わん（エカテリンブルグ主教区、二〇〇八）。

以上の一九一九年の演説には皇室についての言及はないが、ハルビン亡命後のルフィナ院長の弁論には、「ロマノフ朝に対する不忠のためにロシア人が被る天罰」というテーマがしばしば登場することになる。ハルビン修道院が亡命ロシア人社会の中に浸透させたメッセージは、正教信仰・愛国精神・君主主義を統合したものになった。院長は、その一九三七年の臨終の床でもこう述べている。

私たちは毎日の暮らしに追われ、（中略）神の万善の摂理を忘れ、自分の力に全ての期待をかけてしまった。それゆえに、ロシアは神の義なる天罰を受けた。私たちの哀れな祖国は赤いくびきに苦しんでいる。祖国の忠実な子らは全世界に散らばっている。（中略）私たち、この異国にいる者は、裁き主のさらなる義の天罰を引き寄せている（エカテリンブルグ主教区、二〇〇八）。

ルフィナ院長にとって、ロシア人は「私たち」、ロシアは「祖国」、満洲国や中華民国は「異国」であった。ロシアから満洲へ亡命し、郷愁にかられる人びとの間で、この自覚は一般的であった。ハルビン女子修道院は、この意識を維持し、東アジアに限らず、ヨーロッパとアメリカにいる亡命者に対しても、手紙を通じてこの意識を説き、彼らが「ロシア性」を失わないようにと鼓舞した。

満洲生まれの「在外ロシア人」の若者に、「祖国」意識はどのように伝えられていたのだろう。修道院付属孤児院の子どもたちの体験からその一部を窺うことができる。

まず、孤児院の庇護聖人として「聖オリガ」が選ばれたことは興味深い。例外的に、この「聖オリガ」は一人ではなく、二人の人物を指した。両者ともロシア王朝の女性であった。一人は、一〇世紀の「ロシア洗礼」時代の亜使徒オリガ大公妃で、ロシアの女性統治者の中で最も尊敬される人物だ。もう一人のオリガは皇帝ニコライ二世の長女で、ロシア革命後に家族とともに暗殺された人物だ。ロシア正教会が皇帝一家を正式に列聖したのは二〇世紀末のことであるが、亡命ロシア人の間では皇帝一家は早くから殉教者として尊ばれていた。古代と現代の偉大な女性像で、正教・ロシア・君主という、三つのテーマが統一されていたのだ。

憂国者のルフィナ院長のみならず、アリアドナ院長も「子どもたちの心に（中略）聖なるロシアへの愛を植え付けた」とされている（ストゥピナ、アミラフワリ、二〇〇五）。孤児院ではロシア語の常用は必然であった。子どもたちはロシア人の聖像と肖像画に囲まれて育ち、修道女たちが彼女たちに読み聞かせた本は、主としてロシア聖人伝であった。

結果として、ロシア人としての自覚が確立されると同時に、ロシア像は理想化・空想化されていく傾向があった。例えば、孤児院にいたある少女について、以下の逸話が残っている。子どもたちがきれいな公園に遊びに連れ来られたとき、その少女は喜びのあまり、「ここはロシアでしょう?」と何度も尋ねたという（ストゥピナ、アミラフワリ、二〇〇五）。「祖国」のイメージしか持たない愛国心は、「出身」地での体験に裏付けられていた。

五　大東亜の寺院

ハルビン女子修道院は、ロシア人社会の境を越えて、満洲国の「民族協和」に適合しようとした。その方法を探ってみよう。

一九三九年に出されたルフィナ院長追悼文集のなかで、平信者の弔辞の筆頭には次のような文章が掲載されている。

私にとって彼女〔ルフィナ院長〕は真のキリスト者の姿そのものであった。彼女が示した手本、また聖なる正教の灯による彼女の熱意は、私にとって実に喜ばしいことに、私の家族の霊と心をキリスト教の永遠の光に照らし、キリスト教を受け入れさせた。私と家族は故人を、指導者、道案内の星、私たち家族の霊的な母親とし、故人により不幸から救われた人々と共に、聖なるウラジミル生神女〔聖母マリアのこと〕聖像の前にひざまずき、神にその僕婢ルフィナの安息を祈る（アリアドナほか、一九三五〜一九八四）。

高尚なロシア語で書かれたこの追悼文は、「ペ・ペ・タケウチ」と署名されている。この事実は、当時のハルビン女子修道院にとって、日本人との関係がいかに重要であったかを示している。

「タケウチ」とは、ハルビンの治安当局と関係の深かった竹内謙三郎のことである。彼は正教の信者で、ハルビンの正教修道女たちの力強い支持者であった。当時東京で司祭として奉仕し、一九四一年にハルビンを訪れたニコン遠藤富男神父が『正教時報』の第三二巻一号に「哈爾濱点描」と題する記事で伝えるところによれば、修道院の応接室には、「日本皇室の御尊影」と竹内家の家族写真、日本人の肖像二組が飾ってあったという。このことからも、竹内が修道院にとっていかに特別な存在であったかが分かる。

修道院にとって重要な意味をもっていた日本人は他にもいた。特に、満洲国の中で高い地位を占めていた同宗信徒たち、すなわち在ハルビンの日本師団司令部の影田提摩太、そして満洲木材同業組合連合会副会長の加美長勘平など、他の日本人正教徒も、ハルビン修道院の発展に重要な役割を果たした。ルフィナ院長は、一九三五年の手紙に、匿名で「日本人善行者たち」について言及している（エカテリンブルグ主教区、二〇〇八）。彼女は彼らにとって精神的な「道案内の星」になる一方、彼らは修道女たちにとって、日満当局と日本人社会との出会いにおける「道案内の星」になったと言えよう。

修道院が日本人との間に築いていた関係の特徴は、三つの場面をとおしてより一層明確に浮かび上がってくる。最初の場面は、「感激に堪えざる美談」として、一九三八年に『正教時報』第二七巻一〇号で、日本正教会の重鎮の中井木菟麿の「皇太子殿下御降誕の祈願」と題する記事でこのように紹介される。

院長ルフィナ姉は日本皇室に姫宮たち已《のみ》にて、男性の皇子のあらせられぬことを悲み、一千九百三十二年即ち昭和七年に、此の聖像〔主サワオフ（神）のイコンのこと、図4参照〕に対して、日本皇室に一皇子を賜わらんことを切願せられたのだそうですが、その翌八年十二月廿三日皇太子殿下が目出度御降誕遊ばされたのである。それを祈られる時には、露国人の風習として、その地の或る花卉を封じたる小嚢を捧げて祈られたのだそうで、その聖像の副写と共に、小嚢を添えて、提摩太氏が哈爾賓から帰られた時、幾枚かを携えてこられた。

女子修道院が君主の継承者の降誕のために祈るというロシア正教の伝統を、日満の状況に生かすことで、ルフィナ院長は日本人社会との良好な関係を築こうとしているのである。「提摩太」、つまり前述の在ハルビンの日本師団司令部の影田によって、ハルビン修道院と日本正教会は初めて接触した。

第二の場面は、エレナ（小野）、つまり日本人初の正教修道女を中心としたものである。小野しんは、日本で最初に正教洗礼を受けた三人のうちの一人であるイオアン酒井篤礼司祭の末娘で、半世紀にわたりイオアン小野帰一長司祭の妻として、「神父の牧会を支え五人の子どもを育てた真に気丈な女性」（加美長、二〇〇〇）であった。一九四一年明け、夫が日本正教会の主教に選立された時、教会規則が求めるように修道女になることを潔く受け入れた。三月にハルビンに着くと、上記の木材同業組合連合会副会長の加美長とその一家の案内で修道院に入り、見習いを一ヵ月務めた後に修道女となった。だが、高齢のために同年に帰国し、一九四八年の永眠まで宮城県栗原郡（現在は栗原市）にある金成正教

図３　エレナ（小野）修道女と村田完造。ハルビン女子修道院で

会で祈祷し、修業の晩年を過ごした。

一九四一〜一九四二年に発行された『正教時報』を読むと、満洲のロシア正教施設の中でも、ハルビン女子修道院は日本正教会にとって最も身近な存在であったことがわかる。この時期の『正教時報』には、エレナ修道女の近況、日露修道女の間での文通、修道院の印象や規則などを取り上げた記事が一〇本ほど載っている。エレナ修道女の帰国後、日本における修道院の設立が話題になり、「修道女の慰安会」という修道共同体の前身が編成されたと、『正教時報』三一巻九号は報じた。同巻七号には、ハルビンの「修道院でも日本語で詠隊〔聖歌隊のこと〕を覚えたいとの事ですから、竹内様に詠隊の本を拝借し（中略）、和文を露文字に直して少しづつお稽古して」という話が掲載されている。

しかし、修道院にとって、日本人との出会いの中でも最も重大だったのは、満洲国当局とのものであろう。これが三つ目の場面である。

この出会いの主要な場となったのは、修道院の代表的な慈善事業である孤児院であった。満洲国当局の代表者は、院長が創設した孤児院を訪問する度に、模範的な秩序正しさに感服し、その報告書でルフィナ院長の活動を大いに評価した（エカテリンブルグ主教区、二〇〇八）。

ルフィナ院長は日本の皇太子の誕生を祈願したため、日本人の間で評判がよかった。一九三〇年代にハルビンで活躍したナファナイル大主教は、その講話集で「著名な日本人は、ハルビンを訪れる時、義務を果たすかのように、ルフィナ院長と彼女の管轄下の修道院と孤児院を訪問する」と証言している（ナファナイル、一九九二）。この主張はいささか誇張されたものであるにしても、アリアドナ院長の在任期間になっても、関東軍ハルビン特務機関が修道院に好印象を持っていたことは確かである。例えば、一九四一年に刊行された『天の糧』第九・一〇号には、一九四一年に特務機関が在満洲の一一ヵ所のロシア人慈善組織に補助金を贈与する際、修道院の孤児院もそのうちの一つに選ばれた、という記事が掲載されている。

六　奇跡のイコン

一九四三年になると、満洲国における当局と正教会の関係は劇的に悪化した。修道院と当局との関係も、信教の自由を巡る戦いへと変貌した。その頃試みられた宗教者の存在理由が、どこに拠り所を見出したか、ハルビン女子修道院の場合、比較的明確であった。

フーバー研究所図書館が保管する『アリアドナ院長文書』は、ハルビン修道院の歴史に関する多種多様な史料を含んでいるが、そのなかには一つの中心的な話題が見出される。それは修道院の象徴になった「奇跡のイコン」のことで、さまざまな説教原稿、手紙、雑誌新聞記事、回想録、絵画などに、その話題が登場している。修道女たちと周囲の人びとにとって、このイコンは、彼らの存在理由であった信仰の明示、および確証となったからであろう。

正教の「イコン」、和訳で「聖像」というものは、神または聖者の姿が描かれた絵のことである。イコンはよく「天国への窓」と喩えられるが、この「窓」は単に人が天の国へ向うためのものではなく、天国から恩寵を受けるためのもの、つまり双方向の通信路だとみなされてきた。

ロシア革命以降、ロシア正教会では、「イコンの復元」という現象がウクライナ、南ロシア、北ロシア、そしてロシアの極東地方の教会からたびたび報告されるようになった。つまり、ある古びたイコンが一瞬にして新品同然になったり、あるいは徐々に復元していったというのだ。このようなかつてない「奇跡」が連続して起きたことについて、当時ハルビンの大主教メフォディイは、次のように説いた。

神の恩寵は、以前にも多様なしるしと奇跡をもたらしたが、御恵みによるイコンの復元という驚くべきしるしは、今現在初めて起こっている。（中略）イコンの復元の波が、瞬間的な流れのように、南ロシアを渡ったのは、一九二三年のことであった。復元のしるしは、それほど数多く、それほど明らかで、それほどはっきり見えるものであったため、無神論の権力者たちでさえ、この現象の事実を認め、機関紙でとりあげねばならなかった（アリアドナほか、一九三五〜一九八四）。

イコンの復元の奇跡は、ハルビンでも報告された。その中で最も知られるようになったのは、女子修道院におけるウラジミル生神女聖像の件であった。この出来事についてアリアドナ院長は次のように回想している。

不肖ながら私はこの奇跡の目撃者となったのです。その古ぼけたみすぼらしい聖像は至聖所〔聖堂の一番奥、最も神聖な場所〕に掛っていました。ルフィナ院長はこれをある著名な方に手渡そうとしました（中略）。その聖像を取り、典院女〔ルフィナ院長〕の尊き御手にお渡ししました。その瞬間に奇跡が起きたのです。みすぼらしく誰の目にも留まらず、真鍮製の外枠もさびついていたこの聖像を、言葉によって無から全世界を創造された、目に見えぬ全能の画家〔神のこと〕は、自らの恩寵で一瞬にして、新たに光り輝く至聖なる御母の聖像に変化させたのでした（ストゥピナ、アミラフワリ、二〇〇五）。

　この復元が亡命ロシア人社会の中で大きな注目を浴びるようになったことには、少なくとも三つの理由がある。まず、この「奇跡」が起きた一九二五年九月八日は、ちょうどウラジミル生神女聖像の記念日であった。次に、この出来事が修道院の聖堂内で起こったにもかかわらず、七人もの目撃者がおり、確実な証言が得られたことであった。そして最後に、復元そのものの現象の顕著さがあった。つまり、聖像は数分も経たないうちに、描いたばかりのようなまったく新しい状態に変わったのである。以上の要因を合わせた結果、この出来事は、修道女たちとその支援者にとって信仰の心強い支えとなった。これがきっかけとなり、修道院は後に「ウラジミル生神女聖像記念修道院」と改名された。

図４　ハルビンの主サワオフ聖像

　この出来事以降、満洲の正教会、特にハルビン女子修道院の周辺で、新しい「奇跡」の報告がしばしば聞かれるようになった。特に報告数が多いのは、修道院の聖像の前で祈って病気が癒されたという証言である。ルフィナ院長が「日本皇太子殿下降誕の祈願をこめたる」主サワオフ〔万軍の主、すなわち神〕の聖像は、三度にわたって復元したとされ、人々のあいだで特に有名になった。

当時上海で司祭として務めていたコンスタンティン神父は、修道院における「奇跡」について次のように語っている。

主は（中略）修道院との親しい関係を明瞭に示していた。この関係は、奇跡によってのみ説明できるほど密接なものであった。そして、奇跡はほとんど日常的になっていた（アリアドナほか、一九三五〜一九八四）。

この「奇跡」は一体何であったのか。奇跡については、主教区の機関誌と調査書、聖職者の説教と院長たちの手紙の中でも報告されている。つまり、正教会は一連の出来事を神の奇跡と認めていた。しかし、ソ連側の新聞では、イコンの復元の原因は大気の影響、あるいは玉ねぎの皮の茹《ゆ》で汁《じる》でイコンを洗浄したことにあるという説が唱えられていた。

「科学的無神論」からのこのような批判について、ルフィナ院長はある人にあてた手紙の中で、自らが体験した奇跡について言及しながら、「一体誰が、私が記した出来事を理屈で説明できるでしょうか」（エカテリンブルグ主教区、二〇〇八）と強く訴えている。「奇跡」を巡る論争は、満洲に暮らすロシア人にとって信仰心を試みる踏み絵となった。つまり、イコンの復元を神の奇跡として認めた人たちは、正教徒のアイデンティティーを堅め、もはやそれを捨てることはできなくなった。

しかし、一九四二年一二月八日に満洲国の『国民訓』が公布されると、当地の正教徒はさらに重大な試練に立ち向かうことになった。問題になったのは、『国民訓』の訓令のなかに「国民は（中略）崇敬を天照大神《あまてらすおおみかみ》に致し」という表現があったことである。この「崇敬」という日本語がロシア語に翻訳されるとき、宗教的ニュアンスの強い表現が選ばれた。そのため満洲のロシア人はこの訓令を、「国家神道」の儀礼を行うことで天照を神として拝むことを義務付けようとしているのだと理解した。キリスト教の唯一神への忠誠を誓う正教徒にとって、この要求はとうてい受け入れられるものではなかった。

ロシア人に『国民訓』が伝えられた一九四三年明けに入ると、この訓令に対してロシア人社会にはさまざまな反応が起こった。神学生をはじめ一部の信徒たちは神道儀礼に対して猛烈に反対し、正教会では臨時主教区公会が頻繁に開催された。一方で白系露人事務局員などの役人、および当局に近い人々は、神社参拝を実行した。ロシア人側の抵抗に対して、当局は圧力をかけたり、逆に妥協案を出したりと、さまざまな手を講じたが、最終的にハルビン主教区の主教たちは、一九四四年二月一二日付けの書簡で、神社参拝を「異教の神の崇拝」として固く禁じた。こうして満洲国において当局と正教会とのあいだに築かれてきた協力関係は、天照崇敬を巡る衝突によって崩れてしまった（ハリン、二〇一二）。

「神社参拝」が亡命ロシア人社会における新しい踏み絵となった状況で、ハルビン女子修道院には、当局の要求に応じる余地はほとんどなかった。それでも修道院は日本人との密接な関係を持っていたためか、熱烈な反対活動は行わなかった。ただしこの時期に、修道院はその主要メンバーを上海の分院へ移し、事実上ハルビン本院は空洞化した（アリアドナほか、一九三五〜一九八四）。正式な本山が上海に移るのは満洲国が崩壊した後だが、満洲からの脱出は満洲国末期から用意されてきたのである。部分的な移転が新たなる亡命へと発展していくというこのパターンは、修道院の歴史のなかで何度か繰り返されてきた。そして以前と同様、今回も亡命の中心的な動機となったのは、信仰を守りたいという宗教的な使命感であった。

おわりに

以上、ハルビン正教女子修道院の歴史を紹介してきた。最後に、修道院の歴史という鏡に映った満洲国像を検証しておこう。

満洲国建国以降の一〇年間にわたり、修道院の活動は発展を続けていった。孤児院やニット製品工房をはじめ、慈善事業と生産業は盛んであった。修道院が亡命ロシア人社会に正教・ロシア愛国心・君主主義を普及させる働きも、当局からの妨害を受けなかった。日本人、特に日本人正教徒との関係は、日本人修道女が現れたほどに密接なものだった。精神生活の面でも、神のしるしに裏付けられた正教の拠り所という自己意識が揺らぐことはなかった。満洲国当局は修道院に対して概ね好意的傍観の立場を取り、折に触れて補助金などで善意を示すこともあった。

当局が修道院の活動に対して好意的であったのはなぜか。それは修道院が信者たちへの説教や文通などによって階級闘争を乗り越える「教化」を実行し、保守的な「伝統」の維持を推奨し、そして日本人との「協和」の先駆者となったからである。このような修道院の活動は、当局の意向に一致するものであった。満洲国時代前期については、修道院が当局と「協力」し、当局が修道院を「援助」したという言い方は可能だと思われる。しかしより正確には、満洲国当局が目指した「東亜文明」と、在満ロシア人が心のよりどころにした「正教文明」が、驚くほど一致していたと表現するべきだろう。故に、ハルビン正教女子修道院のロシア人女性宗教者にとっては、「民族協和」という満洲国の文明的な理念は、プロパガンダのスローガンだけではなく、ある真実性を持ち、参加できるプロジェクトとして現れたと言えよう。そのように考えれば、満洲国の理想国家像が見えてくるであろう。

しかし、軍部によって独裁的に左右される傀儡国家像も浮かび上がってくる。ロシア人のディアスポラと日本人正教徒の助言に従い、一九三五年に上海で分院を組織したルフィナ院長も、満洲国当局との関係が悪化する可能性をすでに予見していた。その悪化が、修道院の原動力である正教信仰を巡る衝突という形で劇的に起こったのは、一九四二年末のことであった。戦争の色が濃くなると共に、満洲国においても「国家神道」の宗教色が強く表出されるようになった故か、当時の『国民訓』で義務付けられた神社参拝要求は、信教の自由を巡る戦を引き起こすことになった。世界大戦の激しい戦況の中で、満洲国当局の文明ビジョンは、「民族協和」的な、世界融和的思考から、日本民族主義的で偏狭な思想になり、正教修道院が入る余地のないほど閉ざされてしまった。

満洲国の光と影を体験した正教女子修道院の歴史は、さまざまな政権下で繰り広げられた典型的な亡命者たちの物語でもある。修道院が関係を持つことになったいくつもの政権が修道院に対してとった態度と比較することで、満洲国という政権の特徴も浮かびあがってくる。共産主義政権であったソビエト・ロシアと中華人民共和国では、修道女たちは宗教者であるという理由で当局の「敵」であった。中国ナショナリズムにもとづいた蔣介石の中華民国では、ロシア人である彼女たちは「外人」、つまりよそ者であった。最終的に彼女たちがたどり着いたアメリカ合衆国は、移民から形成された「人種のるつぼ」であり、そこでは彼女たちは単なる「一般人」であった。しかしながら満洲国でのみ、ロシア正教修道女たちは宗教者、ロシア人、そして女性として、満洲国政権の支持母体の代表者として重視される可能性があった。この可能性は、太平洋戦争勃発後に「日本化」が強化されたことによって、結局は裏切られた形で消え去ったが、満洲国時代前期だけを見れば、実現の一歩手前まできていたと言える。

満洲国において正教女性修道院が経験した歴史は、実験国家としての満洲国の見通しとその限界を、改めて認識させるものである。

※図1と図4はСоллогуб А. А., ред.（1968）. Русская Православная Церковь Заграницей. 1918–1968. Русская духовная миссия в Иерусалиме Русской Православной Церкви Заграницей（ソログブ・ア・ア編『在外ロシア正教会、一九一八～一九六八』）からのもので、図2と図3は小野用子氏の提供である。拙稿執筆に当たっては、仙台の大主教セラフィム（辻永）座下と伊賀上菜穂先生のご教示、妻さつきの日本語校正ほかの協力を得た。ここに記して感謝を表したい。

第二部　メディアを通して

第五章　『満洲グラフ』にみる女たち

――日本人の自画像――

生田美智子

はじめに

本稿では当時斬新な存在であったビジュアルメディアに着目したい。具体的には、大連で日本人が発行していた日本語の定期刊行写真誌『満洲グラフ』(一九三三～一九四四)を資料として満洲女性のイメージ・表象を取り上げる。この雑誌を分析対象に選ぶのは、以下の理由による。第一に、一三年半続いた満洲国の一一年間をカバーしていること、第二に、『満洲グラフ』は一流の写真家や画家を動員したので読者に強いインパクトを与えたこと、第三に、写真や絵に付されたキャプションにより創作者側の意図が分かりやすいことである。

『満洲グラフ』に関しては、写真芸術、満鉄の広報活動、美術、宣伝と報道、植民地近代などの観点からの研究が多いが、女性をとりあげた研究はほとんどない。わずかに、舘かおるが「『満洲グラフ』にみる女性たちのフォトモンタージュ」と題した論考の中で女性の姿を紹介し、今後の課題として、日本人の「理想の検証を行いたいと思う」と書いて論考を締めくくっている。ここではそれを受けて、『満洲グラフ』が提示した女性像を、日本人の理想との関連で考察することを試みる。これは先行研究の問題提起を引き継ぐだけでなく、『満洲グラフ』が掲げた目的が達成されたかどうかを検証することにもなると考える。『満洲グラフ』は創刊号で「新しき日本の方途を知らんとするものは、先づ新しき満洲の姿を正視すべきだ」と述べている。それにも拘らず、日本の理想がいかなるものであるか、それと満洲はどうリンクするのか、かならずしも追究されてこなかった。このような前提のもと、女性の表象に的をしぼり、『満洲グラフ』編集部が伝えようとした「日本の自画像」がいかなるものであったかを考察しようと思う。

なお引用に関しては、読みやすいように、特殊な記号は省略し、句読点を補った。

一　『満洲グラフ』

『満洲グラフ』は満洲国建国一周年記念の日、満洲国のプロパガンダのために創刊されたグラフ雑誌である。満洲と日本に在住する日本人を対象に、終刊の一九四四年一月までに全部で一一四号発行された。同誌には一時期、日本語にあわせて英語のキャプション（当初はPICTORIAL MANCHURIA、第三巻第一号からはMANCHURIA PHOTOに変更）もついていた。つまり広報活動の射程を西欧諸国にまで及ぼそうとしたのである。満鉄本社弘報課・土肥雄二によれば、それは次のような雰囲気の中で誕生した。

長い張政権〔張作霖政権〕の失政のあとに甦った楽土満洲の建設的雰囲気は、歓喜と希望の坩《る》堝《つぼ》であった。満洲建国は今日の東亜に於ける全ゆる新体勢建設の基礎であり、第一着手であった。（中略）新興満洲の実情報道の達成を目的として裏づけられ、文化満洲の一翼に参画せんとしたのである。当時我邦では、アサヒグラフが唯一の写真グラフとして刊行されてゐたに過ぎず、しかもそれは、新聞の紙面から溢れ出たニュース写真の集大成に過ぎなかったのである。アメリカのライフはまだ産声さへも挙げてゐなかった（土肥、一九四〇）。

ここでは満洲国建国が、東アジアにおける新秩序建設の第一歩と位置づけられている。満洲国建国は当時の日本人の間に歓喜と希望が交錯する高揚感を巻き起こし、日本では満洲国ブームが起きていた。『満洲グラフ』もニュースを単にビジュアルで伝える雑誌に甘んじることなく、新興満洲の実情報道をすることで「文化満洲」の一翼を担うことを創刊目的にあげている。『ライフ』でさえまだ創刊されていない時代に、最先端を行くビジュアルメディアが満洲の地に誕生したのであった。雑誌の芸術性を保証するために、淵上白陽（一八八九～一九六〇）をはじめとする満洲写真作家協会の写真家など優秀なスタッフが動員された。

こうして誕生した『満洲グラフ』は廃刊されるまでの一一年間、満洲国のプロパガンダ情報を発信し続けることになる。被写体は、満洲の生活・風俗・工業・農業・漁業・民族美術・各民族の特集など、極めて多岐、細部に及び、全体としての特徴は「満洲写真百科」とも言うべきものであった。

編集方針はどのようなものであったのであろうか。創刊号の巻頭には次のように書かれている。

赤い夕日の満洲は、今、朗らかな建国の朝あけだ。新五色旗の翻えるところ、王道の慈光は広茅《こうぼう》八万方里の山河に張り、民族の睦みに三千萬民衆の歓喜は沸く。過去半世紀に於て、満蒙の天地に注がれた十萬同胞の熱血は、今こそ輝かしい満洲建国の花を咲かせたのだ。かくて満洲の平和と文化を守り育てた日本は、更に理想郷満洲の実現達成の聖業に就いた。血脈通ずる満洲国の健《すこや》かな成長は、一に懸かって日本の双肩にある。満洲国新興の実相は、又、正義日本の正しき反映だ。新しき日本の方途を知らんとするものは、先づ新しき満洲の姿を正視すべきだ。

ここで二つのポイントに着目したい。第一は、満洲は日本人のメンタリティでは単なる遠い他国ではなく、「十萬同胞の熱血」であがなった聖地であったということである。日本人ならば誰もが口ずさんだ「ここは御国を何百里　離れて遠き満洲の　赤い夕日に照らされて　友は野末の石の下」（日露戦争を題材にした真下飛泉《ましもひせん》作詞・三善和気《みよしかずおき》作曲「戦友」の歌詞）により、「赤い夕日の満洲」は日本人の国民的風景になっていた。ルオフ　ケネスが指摘するように、日本が満洲に特殊権益を有するのは、戦場で大きな犠牲を払ったからであるという正当化論理があった（ルオフ、二〇一〇）。

第二は、「満洲国新興の実相」を「正義日本の正しき反映」と捉える視点である。すなわち、満洲建設が正義日本という自画像と表裏一体となっている。このような感覚は現代人には途方もないものに思えるかもしれないが、当時は多くの日本人が抱いたものであった。他の雑誌と比べた独自の課題を編集部はこのように書いている。

> 満洲グラフの面目は、建設途上に於ける満洲国の生きた、正しい相の歴史的記録にある。興味中心のグラフは新聞社雑誌社、に譲るべきではなからうか。吾々はこの初一念で進むつもりである（第二

巻第四号)。

ここで淵上が、『満洲グラフ』のテーマは、満洲国の「正しい相」の歴史的記録であると言っているのに着目しておこう。前述したように、『満洲グラフ』は「新興満洲の実情報道の達成を目的」として創設された。しかし、実働部隊のカメラマンである淵上や満洲写真作家協会のメンバーたちは、さらに一歩踏み込んで、「正しい相」を提示することで満洲建設に参加することを目的としていた。彼らのスタンスは、彼らが属していた満洲写真作家協会設立の趣旨からも推測することが出来る。

満洲写真作家協会は特殊使命をもって誕生した。時は昭和八年、恰も満洲建国が行はれた年の暮れであった。

満洲国の健全なる成長を育むものは、吾々日本人であらねばならなかった。当時唱へられた「祖国の第一線を守れ」今日の状勢で云へば興亜の大精神を貫くものは、吾々日本人が中堅であらねばならぬ。この牢固たる覚悟は満洲事変を契機として、日本国民の胸に燃え上ったのであった。

作家協会は、この精神の上に立ち上ったのである。吾々は、吾々の趣味をひっ提《さ》げて、栄光ある建国の大事業に参画することを決意し、こゝに満洲写真作家協会の結成を見、直にこれが実践の壮途に赴いたのであった(淵上、一九四〇)。

引用箇所から明らかなように、淵上たちは特殊な使命感をもって満洲写真家協会を設立した。それは、写真によって満洲建国事業に参加することであった。それではどのようなものを彼らのレンズはとらえてきたのか。淵上白陽・小玉忠三郎は創刊六年後の一九三九年、連名で以下のような文章を寄せた。

満洲の風物には写真の素材として適するものが多い。大平原に放たれた羊や駱駝《ラクダ》の群、日露戦役以来日本人の脳裏に沁み込んでゐる「紅い夕日」の極まりなき荘厳、街頭の物資の風景、田園における着ぶくれた農夫の姿態、すべて線と塊とが大まかで、画面構成の美観と内容の豊かさがある。
其他エキゾチック哈爾濱《ハルビン》、工業都市奉天、撫順、港大連、国都新京等の近代的主題、とくに、大陸を拓く勇ましい移民の生活など好個の題材が到るところに展開されてゐる（第七巻、第一号）。

ここから『満洲グラフ』が主に満洲の二つの相を追っていたことが分かる。第一は、赤い夕日に代表される、日本人が血を代償に勝ち取った権益としての満洲である。それは郷土色豊かでローカルな満洲として提示される。第二は、近代的主題、すなわち、重工業地帯、撫順の炭鉱、都会の歓楽郷、首都新京（現長春）の新建築の高層ビル、超特急や航空機などの交通網などである。それらは、日本人によりモダンに改造された満洲、すなわち、近代化の成果を誇示するものだった。
「十萬同胞の熱血」であがなった満洲の地に王道楽土を建設することは、実験的な試みであった。これは内地では実施できない冒険で、建国理念を写真で表象することに写真家の食指が動いたにちがいない。

二　王道楽土

楽土の女性

『満洲グラフ』第七巻第七号は王道楽土を標榜する満洲国を象徴する女性を、「颯爽！大陸に働く女性」と題した記事の中で提示した（図1）。少し長いが重要なので、引用しよう。

満洲の青春を謳歌しつゝ、彼女たちは働いてゐる。誰かゞ云った――満洲の娘はラフでいけないって――広野に生きる彼女たちが、じめじめとしめっぽかったら、大陸から明るさがなくなるだらう。明朗は彼女たちの生命であり、街に、会社に、デパートに、アカシアの芳香をまき散らしてくれるのは彼女たちだ。ペンを握り、タイプをたゝき、マイクに向ひ、試験管を傾け、或ひはバスに、或ひは飛行機に、街を走り、大空を翔ける。凡ゆる職場に、男たちのよきリリーフとなって――颯爽と乙女は働く！

曾つて、大連衛生研究所に、助手として風土病の研究に従い、尊き殉死を遂げた可憐の乙女があった。死の床にゐて尚、研究を絶叫したと云ふ。北満の一線に繊手《せんしゅ》〔かぼそい手〕を以て、孜々《しし》と務める彼女たちの生活を考へて見たい。

口に国策を壮語することはないだらう、だが身を以て総てを実行してゐる彼女たちではないか。しかも、彼女たちの表情は明るい。歯を喰ひしばった激務への忍従を、軽い微笑にかはしてゐる。

図1　颯爽！大陸に働く女性（『満洲グラフ』60号、1939年7月）

> 学校を出ると、働くことに興味を持つことの多いのは日本内地の都会地と共通して最近の傾向ではある。これを指して、簡単に軽薄と評することの妥当なるや否や――真面目に心から「世の中を本当に見たい」と云ふ彼女たちの言葉をそのまゝ受け入れることは出来ないものか。父母を護り、弟妹を援ける為に全魂を打ち込んだ健気な女性の話もよく耳にする。
>
> が食ふ為以外にも、働くことの意義があってもいゝ筈だ。女性を永久に象牙の塔に封じ込むには、時代はあまりに新しい傾向を示しつゝある。
>
> 颯爽と働く女性！新満洲の舞台に躍る邦人生活の一断面として夏の便りに捧ぐる所以《ゆえん》。

本稿の筆者（生田）はこの記事を読み始めたとき、「颯爽！大陸に働く女性」というタイトルや、テキスト内で使用されている「満洲の娘」という言葉から、この特集は満洲に住むさまざまな民族の娘たちの新生活を紹介するものだろうと期待した。たとえば『満洲グラフ』第六巻第六号にある「活躍する婦女宣撫班」という記事では、「目覚めた若い支那女性」という表現で日満当局の国策推進に貢献している中国人女性が紹介されていた。しかし本特集で、多民族の共存共栄をめざす新興満洲国に登場した新婦人として提示されたのは、実は在満日本女性の生活であった。満洲の人口の圧倒的多数を占めるのは、中国人（漢人）である。満鉄弘報課の所在地大連には日本人が多いとはいえ、一握りの日本人を無標識の満洲女性（普通の満洲女性というと日本人女性）だと認識しているのである。

『満洲グラフ』が在満日本人女性に新しさを見出したのは、内地日本人女性との比較においてであった。満洲の職業婦人が「大陸」「明るさ」「大空を翔る」「颯爽」といった言葉とともに語られ、「じめじめとしめっぽい」内地の女性と対比されている。職業婦人の存在は内地の都会でも観察され、当時の先端を行く風潮であった

グラビア写真では新しい在満日本女性が従事する具体的職業は、四層からなる同心の半円の中におけるさまざまな職業の女性の姿として示されている（図1を参照）。

一層目の半円には芝生で談笑する女性事務員がいる。二層目は四つのコマからなり、左から看護婦、スチュワーデス、カフェのウェイトレス、バスガイドがいる。三層目は左から、幼稚園の先生、レジ係、デパートの売り子、電話交換手、洋装店の店員、近代都市のウェイトレス、四層目には左からタイピスト、エレベーターガール、アナウンサー、薬剤師、ツーリスト・ビューローの社員、洋装店の店員がいる。

ここに登場するのは、看護婦、薬剤師、電話交換手、教師、タイピスト、アナウンサーなど、専門性

の高い職業が多い。また、バスガイド、スチュワーデス、ツーリスト・ビューローなど、都市の交通関係の仕事に従事する者も多い。ウェイトレス、エレベーターガール、レジ係、店員などは、都市の接客産業に関係するものである。カタカナ表記の職業が多いことからも分かるように、すべてが西洋文明起源の職業である。つまりここには、女性は家庭にあるべきだという旧来の女らしさとは異なる生き方が示されている。ただ、見逃してはならないのは、「凡ゆる職場に、男たちのよきリリーフとなって――颯爽と乙女は働く！」という一文である。颯爽とは働いていても、女性は男性のリリーフ（補助）でしかなかった。

この図は「新満洲の舞台に躍る邦人生活の一断面」と最後に締めくくられているので、ほぼ全員、在満日本女性であるが、そこに混じってただ一人、白いエプロンの制服を着てカフェで働くロシア女性がいる。当時カフェは日本でも満洲でも流行しており、ここでも二層目にも三層目にも女性の職場として登場している。流行の最先端を行くカフェの中にロシア女性を入れて撮影したということは注目されていい。満洲には多くの民族がいたはずであるが、新しい満洲国の女性の例として提示されたのは、日本女性であり、わずかにロシア女性が入っているにすぎない。

楽土の芸術

『満洲グラフ』は満洲のモダン女性を表象するのに、読者にとり普通の女性である日本人女性をとりあげた。その中に東アジアでは有標であるロシア女性が混じっていたことの意味を考えるために、『満洲グラフ』第六巻第一一号の「哈爾濱《ハルビン》のオペラ」と題した一九三八年の記事を見てみよう（図2）。

図2　ハルビンのオペラ（同誌52号、1938年10月）

哈爾濱交響管弦楽団の結成についで久しくその復興を待望されてゐた白系ロシア人の歌劇団が、去る九月二十八日の夜哈鉄倶楽部〔ハルビン鉄道クラブ〕に「カルメン」をもって旗上げ公演を行った。北鉄接収後哈爾濱を中心とする北満一帯のロシア人の勢力は、経済的にも文化的にも後退の一途を辿るほかはなかった。（中略）日本の勢力の浸透と王道国家の成長は、やがて白系ロシア人の鉄道への大量的採用、満洲国籍への編入や福祉施設の増大となり、残留エミグラントへの温い手がさしのべられるやうになった。彼等はやっと甦った。（中略）哈爾濱のオペラは旧東支鉄道時代から、かなり永い歴史をもってゐる。革命後も一九二六年、二七年頃は本国から数多の優秀な芸術家がやって来て東支オペラの黄金時代を作ったのであった。（中略）この歌劇団がよき統率者、よき演出者を得て健全な発達をとげ、哈爾濱交響管弦楽団と共に永く満洲の音楽都市の誇りとならんことを切に祈らずには居られない。

この記事は、王道楽土の慈光が薄幸の亡国の民にまで及んでいること、帝政ロシア以来の伝統を誇る交響管弦楽団やオペラ劇団の復興を日本人が援助したことで、満洲国が西欧芸術に対する造詣が深い文化国家であることを誇示している。

西洋文明の粋であるオペラ劇団やオーケストラの伝統を持つロシア人は、日本人からみて西欧文化の身近な規範であった。オペラは総合芸術であり、上演に巨額の費用がかかる。上演するにはオーケストラの伴奏ができる劇場が不可欠であるし、そこには赤い絨毯やシャンデリアも必要だ。観客もタキシード、イヴニングドレスを着て観劇する。オペラはヨーロッパ式の豪華さや奢侈の象徴である。満洲国でオペラ劇団やオーケストラを持つことができる民族はロシア人だけであった。一八九八年に中東鉄道建設隊がハルビンに到着して以来、満洲の僻地に優秀な人材を集めるために、帝政ロシアは高額の給料だけではなく、福祉・娯楽施設を充実させ、鉄道クラブを建設し（一九一〇）、オーケストラやオペラ、バレエを上演していたという歴史があった。オペラ劇団を復活させたのは、世界に向けて満洲国の文化レベルの高さを誇示するためであった。

楽土の開拓

満洲国建設運動の立場から『満洲グラフ』が力をいれて描いてきた今ひとつの女性表象は、開拓団の女性である。周知のように、日本国内の恐慌対策と満洲国の開拓と治安・国防を目的に、一九三二年に第一次試験移民として在郷軍人が三江省の佳木斯《ジャムス》に送られた。これが満洲最初の開拓村・弥栄村《いやさかむら》となっ

図3　花婿写真も陳列（同誌104号、1943年3月）

た。第五次からは集団移民と言われるようになり、一九三六年には、二〇ヵ年で一〇〇万戸五〇〇万人を移住させる大量開拓移民計画が策定され、翌年から実施された。三九年には「花嫁一〇〇万人大陸送出計画が」がうちだされ、マスコミで宣伝されるようになった。

日本からは思想堅実で身体剛健な若者が送りだされた。日本の国策により満洲移民の開拓団の配偶者として満洲に送られた女性は「大陸の花嫁」といわれた。立派な拓士の花嫁を養成することを目的とした「開拓女塾」も、続々と満洲に開設された。一九四三年に発刊された『満洲グラフ』第一一巻第三号には「千代契る式場へ　花婿写真も陳列」と題された記事が掲載されている（図3）。この記事は一九四二年六月に開設された五常女子訓練所における三二組の合同結婚式の模様を以下のように記している。

望まれて嫁ぎゆく彼女等はモンペ姿に国婦の襷《たすき》がけといふ扮装、媒酌には五富県副県長がなり、花婿の親代りは各団長、花嫁の方は同訓練所長熊本女史が当り、五常神社に集まった一同は、神社の左に新郎右に新婦が、一番から三十二番まで双方とも順に列坐し、順を追ふて男蝶女蝶の盃が交され、欠席の花婿は写真が代りに盃をあげ、感慨深い情景が展開、かくて質素な披露宴が終ると、その日のうちにめいめい新しい門出に旅立って行った。

記事に添えられた写真からわかるように、花婿は協和服、花嫁は「満洲国防婦人会」のタスキをかけた質素なモンペ姿であった。このような合同結婚式は「新体制型」や「協和結婚」といわれた。ここには現地住民と結婚するという発想はない。しかも、開拓とはいっているが、実際には満洲農民がすでに開拓していた土地を安く買い上げ、日本の移民に払いさげるのがほとんどであった。

現地住民との関係がより明瞭にわかる記事としては、一九四二年の発刊の『満洲グラフ』第一〇巻第六号に「愛路の母」と題した六頁にわたる特集がある。これは「愛路運動」に携わった女性の話である。「愛路運動」とは、満鉄沿線住民を匪賊と分離させ、鉄道経営の味方につけることで、平戦両時における国防治安の確保、鉄道としての機能を発揮できる環境をつくり、王道政治の動脈的任務を達成することを目的としたものである。

「愛路の母」の概要は、京濱線廟北信号所の鉄道警護分所長、田中信一氏夫人のみゆきが、夫の転勤に伴い、都会のハルビンから寒村の廟北に赴任し、日本人を見たこともない附近の満洲女性に啓蒙善導活動を展開して、成功したという話である。

最初みゆきが目にしたものが次のように記述される。「働かない主婦たち、徒食する姑娘《クーニャン》たち、遊びの喜びを知らない子供たち」である。生活習慣の違いが「働かない婦人」や「徒食する姑娘」として否定的に語られているのだ。

さらに、みゆきが中国人の散髪をしている写真のキャプションには、「文明の恩沢に浴さぬ村人たちにとってみゆきさんは救世主だった」と書かれている。また、みゆきが満洲婦人に裁縫を教えている写真には、「働くことを知らぬ村の婦人、姑娘たちも勤労の悦びを知った」という説明文が添えられている。

生活習慣の違いを原始と文明の差として提示し、愛路団が啓蒙活動を展開する主体となっている。日本の満洲支配を当然のこととして、みゆきの実績が未開地に文明をもたらし、「真に満洲国婦人としてふさはしい道を体得」させた成功例として描かれている。地域住民をもっぱら撫育の対象とみるのは、伝統的な生活を送る現地の住民に対する露骨な蔑視であり、根拠のない優越観が誇示されている。帝国と植民地という構図の中でうまれた景観といえる。現在からみると、侵略的で植民地主義的な言説に思えるが、当時としてはごく普通の文であった。

楽土の国防

一九三八年、従来の各種婦人団体を統一し日満単一の婦人団体である「満洲国防婦人会」が生まれた。民族協和の象徴であるだけでなく、日中戦争の全面化を受けて、その名の通り、国防のためのものであった。『満洲グラフ』でも国防婦人会の襷《たすき》をかけた満洲婦人姿が多く提示されるようになり、防空訓練の模様や慰問の姿を描いた記事がふえた。ロシア女性の姿もその中にあるが、反共のシンボルとして表象されている。たとえば、第九巻第八号の「防共戦士を祀る世界最初の碑」と題した一九四一年の記事（図４）を見てみよう。

図４　防共戦士を祀る碑の除幕式
左：右側の建物は中央寺院
右：白系露人の国防婦人会行進
（同誌 85 号、1941 年 8 月）

世界最初の防共戦士の碑は去る六月八日、聖鐘鳴り響く哈爾濱《ハルビン》中央寺院の前で静かにその幕をとりはらった。高さ十二米、全花崗岩造り、ギリシャ正教式の荘厳な碑はサボール〔中央寺院〕としっくり調和した設計である。防共戦線の華と散った若き英雄ナターロフの葬式後間もなく、白系露人事務局キスリーツィン将軍が思ひつき、当時の特務機関長秦将軍〔秦彦三郎〕をはじめ各地の民族から支持と寄附を得て建設の話が進み昨年十一月七日起工式を挙げたもの。

防共戦士の碑は四年間存続したが一九四五年ソ連軍のハルビン入城とともに撤去された。現在そこにはソ連軍兵士の追悼碑が建っている。ミハイル・アレクサンドロヴィチ・ナターロフとは横道河子林間警察学校を卒業した普通の若者であったが、一九三九年、ノモンハンで満洲国軍の一員として参戦し八月二七日にソ連軍に殺された（ヒサムジノフ、二〇〇一）。革命や内戦を知らずソ連と闘う明確な目的をもてない若い亡命ロシア人のために、彼はヒーローにまつりあげられたのだ。

「防共戦士を祀る世界最初の碑」と題した記事には、満洲国防婦人会露人部の市中行進が載っている。『満洲グラフ』が国防婦人の表象として白系ロシア女性を提示するのは、反共性をアピールするためであった。「赤化防止」は以前から『満洲グラフ』の関心事であり、たとえば第七巻第二号の「白系露人の皇軍慰問」と題した一九三九年の記事には以下のように書いてあった。

赤い祖国から追はれて、王道の満洲国に平和な日々を送ってゐる新京の白系露人たちは、防共の第一線に奮闘中の皇軍勇士に感謝の心をこめた新春のプレゼントを贈らうと去る十二月十二日早朝から白系の麗人を多数動員して慰問袋数十箇を作り、同日午後十二時関東軍報道班を訪問、現地へ送付の手続きを行った。

満洲国にとって強大国・ソ連は長大な国境を接する仮想敵国であり、ソ連にイデオロギー的に敵対する白系ロシア女性は対ソ・反共政策をアピールする重要な要員であった。

三　民族協和

虚構の満洲女性

「民族協和」という概念は、満洲国の建国宣言にあるように「漢族、満族、蒙族、日本及、朝鮮の各族」の「五族」で代表されることが多い。ロシア人はポスターなどでは時局により五族の中に入る程度である。しかし、『満洲グラフ』の中では、民族協和は女性で表象されることが多く、その場合、ロシア女性がほとんど常に主要民族の一員として加わっている。

たとえば、「民族協和の国」と題した一九四〇年の記事がそうである。


満洲国がその特異性を最も明瞭に発揮すべき分野に、民族の問題がある。皮膚の色、言葉、習性、風俗、生活様式――あらゆるものが全然異なった形式で表現されて居ながら、しかも総てが渾然と融合して少しもちぐはぐでない社会を作り上げて行かうとしてゐる所に世界の注視があり、満洲の独自性がある。（中略）新満洲国建国までの永い歴史にあって、これらの諸民族は有形無形の相克をくりかへして来たのである。（中略）満、漢の相克に加へて、ロシアの南下があり、朝鮮半島人の移住が開始され、そして日本の生命線擁護が必然的に起って来た。諸民族の軋轢は日と共に激成され、満洲が東洋のバルカンとしての様相を備へて来たのが、建国前の満洲の相だった。

新満洲の建国は、かうした民族的な桎梏に大きな光をなげ与えた。（中略）東洋固有の文化大系に立つ王道思想を建国の理想とし、之を実践しようとする国家であってみれば、混沌として東西思想の渦中にあって独自の世界観を確立せねばならぬ。

かうした「力」だけではない、「法」のみで律し得ない、魂に根を下した国家経営――そこに満洲国の特殊性が生まれて来るのだ（第八巻第一号）。


多民族が相克を繰り返す「東洋のバルカン」状況を克服し、在満諸民族の協和を具現するために、西欧帝国主義のような武力による覇道ではない東洋古来の王道思想を「建国の理想」とし、国家経営も、

図５　五族の女性。右から２人目は李香蘭（同誌 66 号、1940 年１月）

西洋のような法ではなく、「魂」によるものとしている。しかし、後述するように、実際には満洲の地に大和魂を移植しようとするものであった。

本文に添えられた写真（図５）には「満洲女性」が写っている。右には和服を着た日本人、その次は旗袍《チーパオ》（満洲人の伝統服）を着用した満人（満洲国時代に日本人が用いた呼称で、主に漢人を指す）、中央にいるのが洋服姿のロシア人、四番目がモンゴル人、五番目は白いチョゴリを着た朝鮮人である。五人は横並びに立っているようであるが、よく見ると右二人は少し前景に、左二人は少し後景に位置している。中央に位置するのは、ロシア女性である。当時のポスターなどでは、中央のポジションは洋服を着た日本人男性が占め、民族服を着用した他の四民族はその左右に位置しているものが多い。人口的にはロシア人は多くないのだが、文化的な存在感の強さが中央に押し上げたといえる。あるいはサイズ的には三番手とも読めるが、いずれにせよ主要五族の一角を占めている。

この写真をよく見ると、旗袍《チーパオ》姿の女性は李香蘭《りこうらん》で、彼女だけが四人とは違う所を見ていることが分かる。李香蘭というのは芸名で山口淑子《よしこ》という本名を持つれっきとした日本人である。しかし、当時は、そのことを隠して満映で中国人スターとして活躍していた。満洲国崩壊後、彼女は中華民国の軍事法廷にかけられ「漢奸」（売国奴）として死刑になるところであったが、日本人であることが証明され、国外追放罪ですみ、日本に帰国することができたといわれている。しかし、筆者の満洲引揚者（九二歳）に対する聞き取り調査によると、当時在満日本人の間では彼女が日本人であることは知れ渡っていたという。当時の新聞を調べてみると果たして戦前から、彼女は多民族の顔を持つ女優であると書かれてあった。「満系の娘」だけでなく、朝鮮では「朝鮮娘」という噂も飛んでいたという。李香蘭自身はインタビューの中で、「満系の皆様は私を満洲娘と思ってください、日本の方々には山口淑子としておつき合ひしますし」「朝鮮娘の李香蘭と思って戴けるのもありがたいです」（『朝日新聞満洲版』一九四一年三月一九日）と語っていた。彼女は時と場所に応じてさまざまな民族を表象する存在であったのだ。図5でとりあげられている写真では、彼女は満洲人とも漢人ともつかない中国人を演じている。現実世界でも満人は圧倒的多数の漢族に同化され、風俗習慣の差異はほとんどわからなくなっていた「満系の娘」を演じた日本人は、山口淑子だけではなかった。数年前、筆者は朝日新聞大阪本社で当時朝日新聞が撮影した満洲関連の秘蔵写真を調査させていただいた。その時に旗袍《チーパオ》を着た女性の白黒写真が目についた。写真の裏には一九三三年の受領印と「ミス満洲」の書き込みがあった。筆者はその何日か前に島根県にある「祐生出会いの館」で満洲ポスターの調査をしていた際に、それとそっくりのものを見ていた。それはカラーポスターで（カバー、扉絵参照）、そこで女性が着用していた旗袍は、黄色が地色で、立襟や打合せの所に赤・白・青・黒の縞のトリミングがほどこされていたことから、満洲国旗を連想させ、印象に残っていたのだった。あまりにも似ていたので、そのことを「写真が語る戦争」という特集を当時担当していた永井靖二記者に話したところ、そのポスターと写真が記事になった。それだけではなかった。後日、朝日新聞にかかってきた電話により、ミス満洲が大島八重美という日本人であったことが判明したのである。その間の事情に関しては、小倉いづみや貴志俊彦が書いている。大島八重美の従妹の証言によれば彼女は「普段は洋服で生活していた。当時は満洲人を下に見ていたから、本当はこういう服は着ませんでした」という（小倉、二〇〇九。貴志、二〇一〇）。

山口淑子も大島八重美も本人が望んで満洲女性になったのではない。新満洲建設は日本人が核になるべきだとの、写真を撮る側の強い思いが、このような写真となって具現したのではないだろうか。

枢軸民族

「満洲国建国宣言」によれば、民族協和は、「漢族、満族、蒙族及日本、朝鮮の各族」ならびに、その他の諸民族が平等の立場で共存・共栄できる理想を現実のものにするための理念であるはずであった。ところが、実際はどうだったのか。一九四〇年の『満洲グラフ』により見てみよう。

写真には神社が写っている。三人の日本男性が神社に向かって拝礼している。「迎年祈世」と題して、次のようなキャプションが書かれている（図6）。

　大陸にがっちり鍬《くわ》を打ち下した清浄なかたまりがこゝにある。祖国日本の発展を移し成した溌剌の魂がここにある。

　民族協和の国、新満洲――その枢軸をなすものは、日本人であり、大和魂である。その発展が、小さい島国にとらはれてゐて、興亜の大業が成しとげられる筈はあるまい。
北満の広野に孜々《しし》として励みつつある開拓民の姿を、そしてそこに着々と築き上げられて行く大陸日本の実相を、端的に表現して曰く、――「清冽」そして「朴訥《ぼくとつ》」（第八巻第一号、一九四〇年一月）。

図 6　民族協和の国（同誌 66 号、1940 年 1 月）

キャプションには「祖国日本」「新満洲――その枢軸」「大和魂」などの単語が躍っている。満洲は無主の地ではなく多民族が住む土地であるが、図 6 に登場するのは、神社と日本人男性だけである。「大陸日本」や「興亜の大業」のフレーズがちりばめられたこのページには女性は登場しない。日本人は、満洲に行って「日系満洲国人」（山本、二〇〇七）になるのではなく、満洲に日本を移植し、「大陸日本」を建設しようとしていたのだ。

日本国籍の在満日本人を満洲国建設事業の枢軸にすえたので、満洲国ではついに、憲法も国籍法も制定することはできなかった。日本人が外国人でありながら、枢軸民族であること、すなわち国籍を制定した場合の二重国籍の問題をうまく処理することができなかったのである。国民であるならば五族は対等であるはずであるが、日本人を頂点とする序列があり、一体感を共有できるような国民を創ることができなかった。たとえば、家や親族の問題が持ち上がった時の民事法令には、日本人と朝鮮人には日本帝国内のそれが属人的に延長され、それ以外の漢・満・蒙・回族には満洲の「親族継承法」が制定された（貴志・松重・松村、二〇一二）。日本人は皇軍（天皇が統率する軍隊）に入るが他の民族はほとんど満洲国軍に所属した（朝鮮出身の朝鮮人は一九四三年までは満洲国軍に入り、一九四四年から原則として日本軍に入った）。中見立夫が指摘したように、日本は、満洲国は建国したものの、「満洲国国民」を創成することはできず、漢人と満洲人を差異化して識別することにも失敗している（中見、二〇〇二）。たとえば、満洲国の国語は「満（洲）語」といわれたが、公文書は満洲語ではなく、漢語で書かれていた。

日満当局は漢人と満洲人を区別できずに「満人」という言葉を使い、満洲国人として一体感を共有できる国民としてのアイデンティティを示すこともできなかった。その現れが、日本人がなりすました旗《チー》袍《パオ》姿の「満洲娘」であったといえる。それは実在の満洲女性ではなく、虚構の満洲国婦人であり、満洲国を日本の分国として価値づける幻想を具現していた。

白いアジア人

「民族協和の国」と題した写真でロシア女性が真ん中の位置を占めていたことはすでに指摘した。これが単なる偶然でないことは、民族協和の記事ではほとんどすべてにロシア人が登場していることからも確かめられる。

たとえば第二巻第二号の「四民和楽」と題した一九三四年の記事は次のように主要民族を描いている。

満洲国の人口はまだ三千万しかないが、日本の二倍余りもある広いお国だけに、種々雑多の民族が住んでゐる。先づ、普通満洲国人といはれてゐる二千数百万の漢人（支那から移住した人たち）をはじめ約百万の朝鮮人、廿五万の日本人、十万のロシア人、それに満洲土着の蒙古人、満洲旗人（清朝時代、八旗に属した者の総称）等がゐる。

この記事には六枚の写真があり、満人、蒙古人、日本人、朝鮮人、ロシア人が写っているが、ロシア人はそのうちの四枚に登場する。満洲国に占める人口の割合からすると、彼らの露出度は高い。

さらに、第九巻第六号「満芸劇団組織さる」と題した一九四一年の記事は、「満洲演芸協会では去る五月、日・満・鮮・蒙・露の各民族の演芸家数十名を以て、民族親善を目的とする満芸劇団を組織した」ことを紹介し、写真には五族のうち日系教師鳳久子、満系演芸家馬英華、白系演劇家シャバルヂナが取り上げられている。

第一〇巻第一号の「多彩な民族　学芸の花」と題した一九四二年の記事でも、「新京特別市教育会では建国十周年の佳年を慶祝する民族学芸会を去る八月一七日協和会館で開催し、歌に舞踊に劇に多彩な民族学芸の花を咲かせた」として、写真では「楽土満洲」という劇に出演した日、満、蒙、露の学生が写っている。

このように、ロシア人は民族協和を表象する多くの写真に登場する。日満当局は興亜、大東亜をスローガンとして掲げていた。ヨーロッパの人間であるロシア人と東亜の枠組みは矛盾しないのだろうか。このことを考えるヒントが一九四〇年『満洲グラフ』にある。

ロシア人を指して「白色のアジア人」と呼ぶ。（中略）トルコ族は勿論、ツングース・タタールの血液も彼らの中には、流れてゐる。だから私は、彼らを混血スラヴ族と呼ばうと思ふ。（中略）三河《さんが》に於てツングース・タタール族等の血液が、スラヴの体内で今後どういふ成長を遂げるだろうか？次代を背負ふ子供達を眺めながら、私は感慨なきを得なかった（第八巻第九号）。

ロシアはアジアとヨーロッパの中間にあり、ロシア人は、ヨーロッパ性とアジア性の両方を具有した存在であった。しかも、ロシア史には約二世紀半続いた「タタールのくびき」といわれるモンゴルの属国時代があり、ヨーロッパの諺に「ロシア人を一皮剥げば、タタール人があらわれる」という表現があるように、ロシア人とモンゴル系民族の混血も進んだ。この両義性を日本は巧みに利用したといえる。

おわりに

『満洲グラフ』は満洲国建国運動に参加して、カメラにより新興の満洲国や国民、新しい満洲女性の表象を示そうとした。他国である中国の一部を奪取し別個の国とした占領を日本の正義の現われと編集部は認識した。それは、「十萬同胞の熱血」であがなった聖地に民族協和と王道楽土の国を実現するという理想を信じたからであろう。しかし、日本当局が推進した民族協和は、実際には満洲固有の生活習慣を野蛮とし、満洲に日本の神社を建設し、「大陸日本」をそこに作ろうとする試みであった。『満洲グラフ』が「颯爽！大陸に働く女性」で表象した新満洲娘は在満日本人であった。人口の圧倒的多数を占める中国人の女性はそこに提示されず、愛路工作の対象としての文明の光が及ばない世界として表象された。

他方、日本がアジアの盟主を自負するのはいち早く近代化を成し遂げたからであり、その点では、満洲を最初に実質的植民地とした帝政ロシアに遅れをとっていた。西欧性と近代性を体現する亡命ロシア女性が、『満洲グラフ』には多く登場する。そこには、白人やヨーロッパ文明への日本人の優越感と劣等感を同時に読み取ることができる。またここで描かれている白系ロシア女性には日本人の自画像が反映されている。

西洋の近代文明と東洋の精神文化をブレンドさせた東亜の文明を築こうとする試みが、大陸に日本の分国を建設することでしかなく、一九四五年の満洲国崩壊を待たずしてこの目論みは破綻していたことをカメラアイはとらえていたのではないだろうか。写真雑誌に集った才能ある有意の人材たちが新満洲女性の表象を示しえなかったのは、満洲国が虚像であったからにほかならない。カメラアイはその虚構性をとらえていたといえよう。

※本章は、『セーヴェル』（第二九号、二〇一三年）に掲載した拙稿「新興満洲国女性の表象形成と亡命ロシア女性――『満洲グラフ』より」を加筆修正したものである。

第六章　『満洲日報』にみる〈踊る女〉
――満洲国建国とモダンガール――

林　葉子

はじめに――〈踊る女〉の越境

満洲国建国前後の『満洲日報』に目を通せば、〈踊る女〉をめぐる記事の多さに気づく。当時の満洲の諸都市では、まるで誰もが〈踊る女〉に心を奪われていたかの如くである。

新設されたダンスホールは人々の注目の的であったが（永井、一九九九）、ダンスホールばかりが〈踊る女〉の舞台ではない。華やかな洋装のダンサーばかりが〈踊る女〉だったわけでもない。「良家の子女」も、満鉄の関係者による婦人団体の女性たちも、遊廓で三味線を弾いていた芸妓も、カフェーの女給も、満洲の諸都市で舞い踊っていた時期が、確かにあった。しかし、やがて〈踊る女〉は危険視されるようになり、「エロ」の卑小なイメージへと囲い込まれてゆく。本稿は、その〈踊る女〉の表象の変化をたどることにより、〈踊る女〉に翻弄された満洲国建国前後の日本人社会そのものを描き出そうとするものである。本稿で史料として用いる『満洲日報』は、一九〇七年一一月に創刊された南満洲鉄道株式会社の機関紙『満洲日日新聞』の後継紙であり、満洲では最も影響力の強い新聞であった（李相哲、二〇〇〇）。

本稿の結論を先取りしていえば、〈踊る女〉が危険視されたのは、彼女たちが越境する存在であったからである。彼女たちは、さまざまな境界線を軽々と飛び越え、それらの境界線そのものを曖昧にする存在であった。国境を越え、日本の「内地」のみならず、植民地台湾や植民地朝鮮、中国の各地からも、〈踊る女〉たちが満洲国へと移動した。そして〈踊り〉は「家庭」の女も「花柳界」の女も同時に魅了して、ともに踊らせ、両者を隔てる〈母／娼婦〉の境界を曖昧にした。また、満洲国の〈踊る女〉は、日本人社会だけに留まる者ではなく、その性的な魅力を通じて、民族を越えた「交流」をする「国際的」な存在だと見なされていた。

そのような彼女たちを危険視するダンス排撃運動は、〈踊る女〉が越えてゆく境界を躍起になって強化しようとし、「内地」と「外地」、「家庭」と「花柳界」とを、あくまで異なる領域として、上下関係に据え置こうとしたのである。ダンス排撃運動の担い手が理想として掲げたのは「国粋」だった。〈踊る女〉は、その越境性が危険視され、「日本美」の外側へと追放されることになった。

こうした経緯をたどって見えてくるものは、満洲国が掲げた「五族協和」のスローガンからは遠くかけ離れていった日本人社会の内実である。建国から僅か一年足らずの間に、人々は「ダンス熱」とダンス排撃運動とに右往左往させられて、急速に排外性を強めていくことになった。本稿では、一九三二年と一九三三年の『満洲日報』の記事にその人々の姿をたどり、満洲の日本人社会が、どのような論理によって内閉していったのかという点に着目しながら、〈踊る女〉の表象が意味するものを分析してみたい。

一　「満洲景気」と「ダンス熱」

一九三二年の『満洲日報』には、満洲国の建国にともなう「満洲景気」に刺激され、満洲国へと大挙して移動する女性たちについての記事が、数多く掲載されている。満洲事変の時には「戦時の中心地」だった奉天駅でも「雪崩込む娘子軍」によって「列車の到着毎にホームは美しい花を咲かせ」（『満洲日報』一九三二年三月二九日号、以下引用は『満洲日報』より）、「満洲景気」に憧れた既婚女性や、女学生や、娼妓や、女給が「女家出人」となって、大連署にはその捜索願が数多く提出された。旅館の女中やカフェーの女給になるための就職斡旋願の手紙を、警察署に届けた女性もいた（一九三二年二月一七日号）。

彼女たちの満洲への移動の動機はさまざまである。『満洲日報』には、女給になろうとする者についての記事が多い。しかし、満洲国建国直後の一九三二年三月には、女給になろうとして「洪水」のように満洲へと押し寄せる女性たちを、女給として収容するだけの数のカフェーはなく、結局「国境を超越し、人種を度外視して『一身』を投出すのでなくては、その日の糧にさへ困る」（一九三二年三月四日号）のだということ、つまり、彼女たちは結果的に日本人以外の客をも相手する娼婦になってゆくのだろうと予測する記事もある。同年の年末頃の奉天では、女給の数は満洲事変前の約三倍程度にまで増えているにもかかわらず、女給や女中になれば生計を立てられる状況になっているとも報じられている（一九三二年一二月二〇日号）。満洲の外部から満洲国へと移動する女性たちばかりではなく、日本軍の動きにあわせて満洲国内を移動する女性たちもいて、それらの人々も、もともとは女給志望者が多かったようである。

ダンサー志望の女性の渡満についての記事も目立つ。一九三二年四月頃から許可された新設のダンスホールで働こうとする者もいれば、一時的に渡満し、ダンスの興行を行おうとする者もいた。すでに日本の「内地」において流行していたダンスによって、満洲国で一儲けしようというねらいである。

ダンスの流行は、満洲の花柳界の在り方そのものを変化させた。旧来の遊廓や料理店は、客をダンスホールに奪われまいとして、自らの内にダンスの要素を取り込もうとした。「花柳界のダンス化」計画である（一九三二年三月一三日号）。すでに満洲国の建国前から「淋れ行く花柳界に早く見切りをつけて女給を志願する芸妓或は宿屋の女中など志願する者の種類も色々ありますが、ダンスホールでも許可されたら又ダンサー志願者がうんと増加する」と予想されており（一九三二年一月二七日号）、大連の三業組合では「新時代の客」のために、芸妓にダンスを仕込もうとした（一九三二年二月一六日号）。芸妓の方でも、三味線や唄の技術を磨いたり客に気を遣ったりするお座敷勤めよりも気楽なものとして、このダンス化の流れを歓迎したようである（一九三三年二月一二日号）。「満洲景気」が最初に及んだのは花柳界であり（一九三二年三月四日号）、新京の花柳界は「異常な活況」を呈していたが、その新京でもまた、ダンスホールの登場により、料理店、カフェー、ダンスホールをとりまく「卍巴のエロ闘争」が激化したとして「新京エロ戦線異状あり」と報告されている（一九三二年六月二八日号）。

ダンスホールやカフェーは、旧式の遊廓や料理店にとっての強力なライバルであり、その近代的な「エロ」の隆盛は、花柳界にとっての脅威であった（一九三二年四月二〇日号）。遊廓や料理店は、ダンスホールやカフェーを模倣し、自らも近代化することによって生き残りを図ろうとした。しかし、新旧の両者が完全に混じり合うことは、関東庁と大連署の方針において、注意深く避けられている。大連では、逢坂町遊廓「快楽」のダンスホールが大連署によって使用禁止にされた後、「営利的ダンスホール」であるところの東亜会館、ペロケ、ローヤル、ボンベイの計四軒が許可されることになり、一度は使用禁止になった「快楽」のダンスホールの再開も、併せて許可されることになった（一九三二年三月一七日号、同年四月一九日号）。そのような遊廓のダンスホールでは「ダンス芸妓」が舞い踊った（一九三二年六月二八日号）。しかし「営利的ダンスホール」への芸妓の入場は禁じられることになり、そうすることによって「営利的ダンスホール」と花柳界の「変態的ダンスホール」との境界が、関東庁と大連署によって維持されていたのである。花柳界の大連三業組合においても、ダンスホールの建設計画をめぐって組合内での争いがおこり、花柳界におけるダンスの位置づけについては、当事者の間でも、なかなか意見がまとまらない状態であった。『満洲日報』は、この大連三業組合におけるダンス推進派と反対派との対立について、繰り返し報じている。

ダンスが「エロ」であることを強調する記事が数多く見られる一方で、「舞台芸術」と位置づけられることもあった。「舞台芸術」で「大阪名物」だと自称する河合ダンスは、踊り子と女性のジャズバンド等によって組織された計三二人の一座で、一九三二年四月二四日に「うらる丸」で大連に入港し、出演する常磐座のスタッフだけでなく「連鎖街カフェーの女給軍に華々しく出迎へられ」て上陸した（一九三二年四月二五日号）。『満洲日報』に掲載されたその河合ダンスの広告は、乳房を見せた女性のイラストや、太ももを露にしたまま開脚して微笑む女性たちの写真などを用いて性的なイメージを打ち出しながらも、それが「一家揃って楽しめるダンス」であり、「万人向き」であり、「寸分も卑猥なエログロ気分がない」催しだと説明している（一九三二年四月二五日号、同年四月二六日号）。

小唄界もまた、ダンスの時代にあわせて「新民謡舞踊」を作り出した。『満洲日報』主催の懸賞募集の「大連シャンソン」「大連行進曲」にあわせて、女性たちが、時に着物で、時に洋装で踊る姿が報じられている（一九三二年一一月二七日号）。

ダンスという行為が、一方で花柳界に近しいものとして「エロ」の気分を醸し出しながらも、他方で「エロ」とは一線を画す「舞台芸術」や、「エロ」の〈不健全さ〉とはむしろ対極にある〈健全〉な「運動」の一種として、家庭内に持ち込まれていたということは重要な点である。『満洲日報』のある記事によれば、大連在住の写真館主の娘は「仕舞《しまい》のお稽古」に熱心であったが、やがて両親と一緒に「ダンスのお稽古」に励むようになった。

毎晩お夕はんが済んでから先生に来て頂いて父と母と私と三人で練習しています。（中略）社交的な意味ではじめたわけぢやありませんからホールなんかにはちつともまいりません。（中略）仕舞は気分が落ち着いていいんですけれど、運動という点から申しますと、とてもダンスには及びません（一九三二年五月五日号）。

ここでは、ダンスは「健康のための運動」だと意味づけられている。さらにダンスを行うことは、家族団らんの機会でもあるとされている。人々が抱くダンスのイメージには、そのような「運動」としての〈健全さ〉と、前述の「エロ」としての〈不健全さ〉とが混在する二重性があり、ダンスホールを取り締まる警察も、この二重性を強く意識していた。大連の警務局長は、次のように発言している。

エロだって多少は知ってゐるさ。ダンスホールもよからう、併しホールだけは清らかなものにしたいね、享楽丈《だけ》を求めると云ふ行き方は駄目だと思ふ。（中略）とにかくダンスホールを運動の場所と解釈してゐてくれると好いのだがなあ（一九三二年一月二七日号）。

このように、解釈次第で「エロ」ともなり、〈健全〉な家庭の「運動」の機会ともなるダンスは、階層を問わずに、人々の暮らしの中に浸透していった。そしてダンスが行われる場そのものが、さまざまな階層の人々の混在する場となっていった。たとえば、旅順で、凱旋艦隊の慰安のために開かれた歓迎舞踏会では「ゲイシャガール、ウエーターガール」に混じって「某々夫人令嬢」が参加し、「華やかなムードにスッカリ同化されステップを踏み出したので少壮士官連大喜び」という状況になり、参会者たちは皆、深夜まで「踊りぬいた」とされている（一九三二年四月七日号）。しかしそのようにダンスは、異領域にカテゴライズされた人々をも混在させていく性質を持つがゆえに危険視され、その〈健全性〉をめぐる解釈次第では、取締りの対象となるリスクと、常に隣り合わせであった。

二　〈踊る女〉とは誰か

「ダンス熱」とは、狭義には、ダンスホールの活況を意味しているが、その「ダンス熱」時代の満洲で〈踊り〉に熱中していたのは、職業的なダンサーや、ダンスホールに通いつめた人々ばかりではない。むしろ本稿で注目したいのは、ダンスホールの外にみられた〈踊る女〉の表象である。

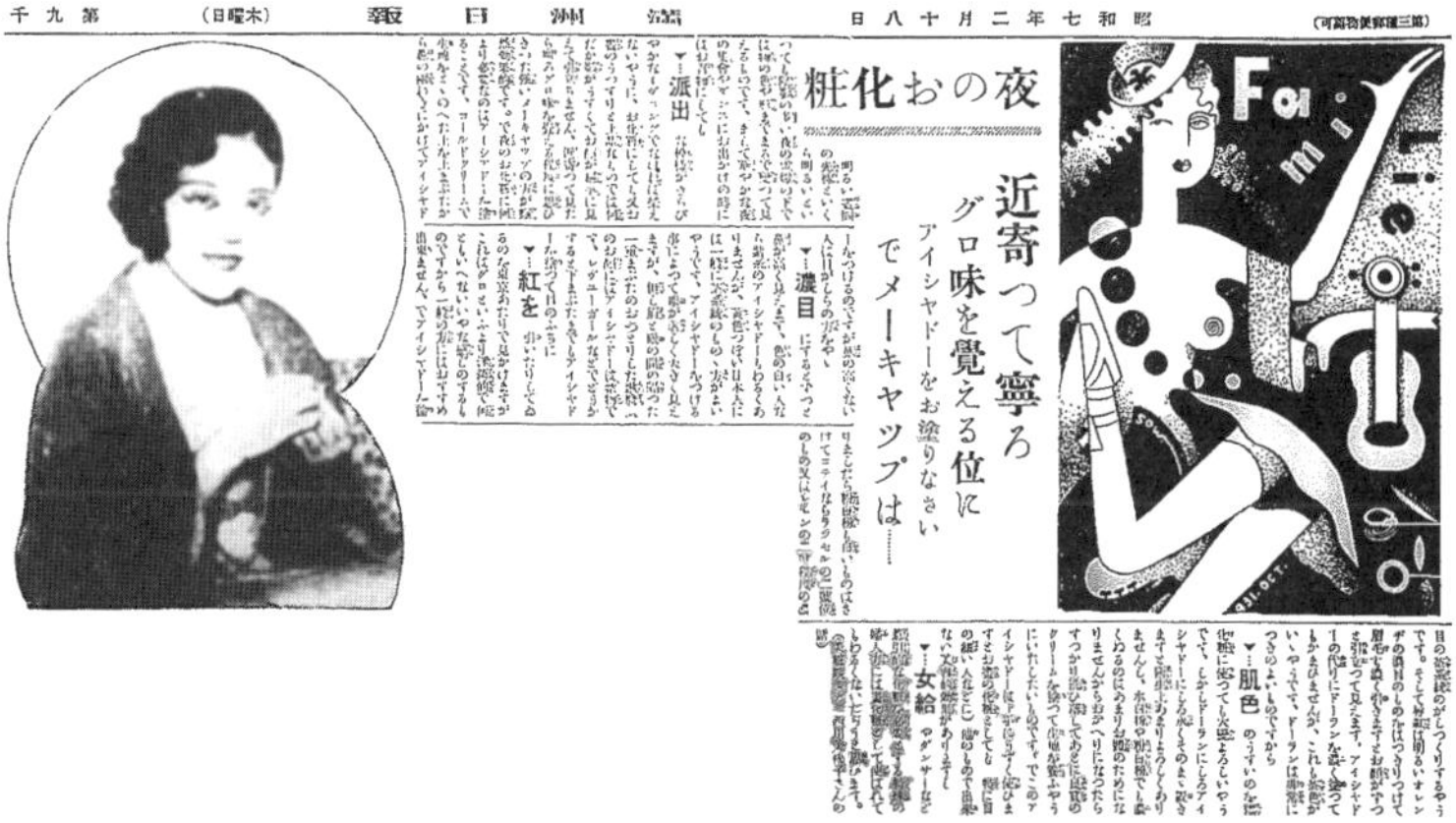
昭和七年二月十八日（木曜日）　満洲日報

夜のお化粧

近寄って寧ろグロ味を覚える位に
アイシャドーをお塗りなさい
でメーキャップは……

図1　家庭欄の「夜のお化粧」と〈踊る女〉のイラスト
（『満洲日報』1932年2月18日号）

通常、旧来の花柳界や「エロ」に関わる記事は、当時の新聞の「家庭欄」には登場しない。それらは社会問題、あるいは経済問題として、「家庭欄」の外に位置づけられるのが一般的である。もしも芸妓が例外的に「家庭欄」で論じられるとしたら、それは人生相談のコーナーの話題の一つであり、家庭の外の悪者として批判的に言及される場合である。たとえば「二人の子供があり乍ら芸妓に狂ふ不身持の夫」に悩む妻からの相談の中に、芸妓は間接的に登場する（一九三二年一一月六日号）。そのように〈母／娼婦〉の棲み分けは、新聞記事の紙面の中でも見られるのが普通である。

しかし、〈踊る女〉の表象は、そのような棲み分けの境界を越えて「家庭欄」の中心に登場する。図1の右のイラストは「家庭欄」のロゴマークであるが、そこには、半裸の女性が描かれ、ドイツ語で「家庭」を意味するFamilieという語が記されている（この女性の帽子に描かれた黒い鷲も、同じくドイツの政府旗の紋によく似ている）。この女性のイラストは、口紅に強調された唇と、一糸まとわぬ乳房と、太ももを露にしながら蹴り上げた

図2　東ラッキーバーの女給募集の広告

（『満洲日報』1932年4月22日号）

足が印象的で、その姿から、〈踊る女〉を描いたものであることは明らかである。

また、この日の「家庭欄」の記事は「夜のお化粧」がテーマで、「家庭」の女たちに「近寄って寧ろグロ味を覚える位にアイシャドーをお塗りなさい」と助言するものであった。この記事は、ドーランを使用することも同時に提案している。さらにこの「夜のお化粧」は、「女給やダンサーなど惹引的な化粧を必要とする特殊の婦人方には昼化粧として使はれてもわるくない」とも言及されており、「家庭」の女たちと、女給やダンサーたちとの境界は、きわめて曖昧なものになっているのである。そもそも、満洲の女給の七、八割は子どものいる既婚女性だったとされており（一九三二年二月二五日号）、「家庭」の女としての顔を実際に持っていたのであるから、〈母／娼婦〉の境界が本来的に持っていた曖昧さが、化粧法についての記事に露呈しただけだと見ることもできよう。

たしかに、女給に向けられた当時の世間の目は一般に冷たく、前述のように、女給志望者は娼婦の予備軍だと捉えられていた。しかし、図2の女給募集の広告からもわかるように、女給を志望する女性たち自身は、女給になることを、娼婦になる道筋としてではなく、むしろ「家庭」的な女へ近づいていく手段として夢見ている。図2は、いわば、女給の出世すごろくであり、「近代女性」と自負する女給志願者たちは、いつかその職場で「紳士」と出会って「玉ノコシ」に乗り、「令夫人」となったのちに「子宝」に恵まれ、軍国の母となることを最終的な栄光のゴールだと考えているのである。そして、この広告を出した「東ラッキーバー」の「開店御披露」の広告には、和装で踊る女性のイラストが描かれている（図3）。女給が働く「バー」もまた、〈踊る女〉の舞台であった。

図3　東ラッキーバーの開店披露広告

（『満洲日報』1932年4月27日号）

「家庭」の女にとっての〈踊り〉は、ただ憧れて遠くから眺めるものではなく、彼女たち自身が主体的に取り組むイベントでもあった。新国家・満洲国の「誕生の光輝ある春を記念する」行事として一九三二年五月に開催された大連市の「五月まつり」は「一般女性」が中心となった〈踊り〉の祭典である（一九三二年四月二二日号）。「各女学校、小学校、婦人団体では昨今五月祭舞踊のために連日非常な意気ごみで猛練習を続け」ており（一九三二年五月八日号）、『満洲日報』主催の婦人団体では、新しく「われらの飛機満洲號の歌」とそれに合わせた舞踊をつくって講習会を行った（一九三二年五月一日号、同年五月三日号）。この「五月まつり」は、女性であれば「若きも老いたるも」参加できるイベントであるとして、『満洲日報』は、特に「ほとんど年中声をはりあげて歌つたり踊つたりする機会のない家庭婦人たち」に参加を呼びかけている。この「五月まつり」と前後して、『満洲日報』には、前述の逢坂遊廓「快楽」のダンスホールの許可についての記事や、河合ダンスの興行の広告等が掲載されており、この時期の満洲在住の女は誰もが例外なく〈踊る女〉であったかのようである。

一九三二年頃の満洲における〈踊る女〉の表象は、このように、年齢や階層等の属性に縛られていない点に最大の特徴がある。彼女たちは、時には国籍や民族性さえ超越しうる存在だとイメージされていた。ダンサーについての記事には、ジャズにも言及しているものが多いが、当時の満洲で流行した〈踊り〉はアメリカ文化の単純な模倣ではなく、多文化的なものである。奉天にダンスホールが新設された際に集められたダンサーは「日仏露の国際的花」であった（一九三二年四月二四日号）。前述の河合ダンスはジャズバンドを擁する一座だが、演目の中にはロシアのアンナ・パヴロワの代表作「瀕死の白鳥」が含まれており、「ギリシヤ彫刻集」のような「総合構成美の極致」と自画自賛する演目もあった。小唄界の「大連シャンソン」のように、フランス文化のイメージが打ち出されたこともあるし、〈踊る女〉にドイツ人女性のイメージが重ねられることもあった。そのように多文化的で越境的な「国際」性を誇りに思うダンサーたちは、自らのことを「日満社交機関の楔」と表現していた（一九三二年二月一六日号）。

図4　淋病薬「リベール」の広告
（『満洲日報』1932年7月15日号）

しかし、〈踊る女〉の「国際」性は、常に肯定的なイメージとして捉えられていたわけではない。時に「エロ」的な存在と見なされる〈踊る女〉たちは、国籍や民族の壁を越えて、性行為をともなう「交流」をし、その結果として日本人社会に害をもたらすのではないかと警戒されていた。淋病薬「リベール」の広告（図4）は、大きく『満洲日報』の一面を占めて、きわめて目立つ形で掲載されていたのであるが、そこには断髪のモダンガールが裸で踊るイラストが描かれており、効能書きとして「異国人種より伝染したる病毒は極めて猛毒性を有し頑固なるが故に在来の治淋薬にては寸効なし、この場合特製リベールは物凄くこの猛毒性淋菌を殺滅す」〔傍点執筆者〕と記されてあった。そのような形で〈踊る女〉は、異民族からの「猛毒」を媒介し「日本人」を脅かしていく存在として、忌避されるべき対象とみなされることもあったのである。

三　ダンス排撃運動と「国粋」の強調

一九三三年二月になると、『満洲日報』では、満洲が「ダンス狂時代」を迎えたことが強調され、同時に、ダンス排撃運動が満洲の広い地域に急速に拡大したと報じられている。そのような動きは、国際連盟脱退へと向かう日本が、満洲国建国をめぐって国際社会で孤立を深め、排外性を強めていく過程と重なっている。

一九三三年二月一三日の『満洲日報』は、「（ダンス）反対の急先鋒」であった「教化団体聯盟」が「止めよダンス」「建国の大精神に還れ」と書いたポスターを街中にはり、ビラをまきはじめたことを報じている。「教化団体聯盟」とは、在郷軍人聯合分会、大連青年団、修養団など、六二の団体から成る聯盟である。在郷軍人聯合分会の会合では、ダンス撲滅のために「日本刀で斬り込んでやる」と奮起する若い男性もいた。

ダンスは一種のスポーツだという意見を掲載していたこともある『満洲日報』は、ダンス排撃運動が始まると、今度は即座に、性的な誘惑の「危険」を伴うダンスによらずともスポーツや社交上の礼儀を習得する機会は他にもある、という彌生高等女学校長の意見を紙面に掲載し、同年二月一九日の社説では、満洲におけるダンス流行は「人心の弛緩」の現れであるとして、ダンス排撃運動を全面的に支持する主張を展開した。

ダンス排撃運動においては、当時「内地」でも流行語となっていた「非常時」という言葉が前面に押し出され、ダンスを排斥すべき理由として、第一に「非常時」における「謹慎」の必要性が強調された。ダンス排撃運動は、その中心地となった大連から、新京、奉天、安東へと広がっていった。大連では、満洲法政学院の学生たちが中心となって、「ダンス排撃運動本部」が校内に設置され（一九三三年二月一七日号）、同年二月二二日、「満洲浄化ダンス排撃演説会」が、大連市敷島町の青年会館ホールで開かれた。そこで掲げられた標語は、「正視せよ・非常時日本　弾圧せよ・亡国的痴戯」である。この排撃運動の結果として、大連の各ダンスホールの客足が劇的に減ったことが報じられている。奉天では、市民の中からダンス反対論が盛んになり、同年三月一二日には、奉天の明星ダンスホールで、学生がダンス排撃の演説をして憲兵に逮捕されている（一九三三年三月一五日号）。

大連のダンスホールは、排撃運動への対策として、各ホールで申し合わせをして一斉に営業時間を三〇分短縮することで「謹慎」の意を表した（一九三三年二月一七日号）。また、それらのダンスホールの一つである大連会館は、ダンス排撃運動が始まった直後に、広告の中で「名誉の戦傷病勇士を皆様お見送り致しませう」と呼びかけたり（一九三三年二月二六日号）、三月三日の広告で「桃のお節句　御家族御同伴にて御来館を待ち上〔ママ〕げます」と家庭的イメージを打ち出したりして、ダンスが「痴戯」であるとの批判をかわそうとした。

急速に吹き荒れたダンスホールへの逆風に乗じて、即座にダンスホール叩きを始めたのは、ダンスホールに客を奪われていたカフェー業界である。カフェー業者の組合は、ダンス排撃運動が始まった直後に、ダンスホールでの酒類販売を禁止するよう請願する予定だと発表した。その背景には、女給がダンスホールで踊ることはカフェー取締方針によって固く禁じられているにも関わらず、ダンスホールでは酒類の販売（「ダンスホールのカフェー化」）が認められており、結果的にカフェー側が客を奪われているという事情があった（一九三三年二月一八日号）。

また、「カフェー界の革命児」と自称する「東ラッキーバー」は、ダンス排撃運動の開始から間もない同年二月二二日に、自らを「国粋バー」と位置づけ、以下のような広告を出している。

国際聯盟脱退に処する東ラッキーバーの対策　国粋を讃美せよ　ダンス用レコードを排せ（中略）ダンス絶対廃止論高潮する輿論（に）順応し、ここに女給は国粋礼儀をモットーとし和服の床しさを讃美すると共に洋装を捨て現在カフェーの生命とまでにダンス讃美者の要求するダンスレコードを断然廃止し国粋を旨とし非常時に於ける国民の声に従ひカフェー界の革命児の取る可き道を辿る次第であります

もともとダンスホールとカフェーとは競合しあう面が多く、ともにモダンガールが働く「エロ」的な業界だと見なされていた。それゆえに、カフェー業者たちは、ダンス排撃運動が始まると、自分たちの店もダンスホールと一緒くたに攻撃されるのではないかと恐れたに違いない。そのカフェー業者が、ダ

ンスホールとの差異化を図るために打ち出したのが「国粋」であった点は興味深い。そしてその「国粋」の具体的内容は、右の広告に見られるように「和服の床しさを讃美すると共に洋装を捨て」ることであった。ここでは、女たちの衣装が和装か洋装かという点が、重要なポイントとなっているのである。

ダンス排撃運動が飛び火した安東において、反ダンス派の領事が「ダンスなんて日本人がやるものではない」と発言したことに現れているように（一九三三年二月二一日号）、ダンス排撃運動が拘泥したのは、「エロ」でもなく舞踊という行為そのものでもなく、「日本人」らしさの問題としての「国粋」だったといえるだろう。安東青年同志会が出したダンス排撃の声明は、「個人主義」的な欧州のダンスを「皇国に植ゑしこと」は「遺憾」であり、自分たちが望むのは「明朗にして健全なる東洋的民衆新舞踊」だと主張するものであった（一九三三年三月七日号）。〈踊る女〉たちが、西洋と東洋の境界を掻き乱して「日本人」のアイデンティティを揺るがすことに、こうした人々は、我慢ならなかったのである。

ここで再度確認しておきたいことは、ダンス排撃運動は「エロ」そのものを排斥しようとしたわけではないという点である。ダンス排撃運動が行われている最中にも、大連の花柳界の稼ぎ高が激増していることを報じる記事は見られるし（一九三三年三月六日号）、昭和製鋼所が新設される鞍山に遊廓が新築される計画も発表されているが（一九三三年二月二〇日号）、それらをダンス反対派が問題化する動きは報じられていない。「熱河討伐」に向かう兵隊を「慰安」する目的で彼らに随伴するカフェーの女給について、『満洲日報』は、彼女らを批判するのではなく、むしろその「勇敢」さを好意的に描いている（一九三三年三月一〇日号）。また、ダンス排撃運動は、舞踊そのものを排除しようとしたわけでもなかった。大連の鉄道工場では、従来のダンスに代わって、「非常時に適応しい力強い『産業踊り』」が、新たに作り出されることになった（一九三三年三月二七日号）。

図5　性病を媒介する存在として危険視される洋装の〈踊る女〉
（『満洲日報』1934年6月29日号）

ダンス排撃運動が排除したかったのは、「エロ」でも舞踊でもなく、〈踊る女〉の越境性である。それゆえに、ダンス排撃運動の後にもダンスホールはなくならないが、〈踊る女〉たちは、娼婦というカテゴリーへと次第に囲い込まれてゆくのである。図5に見られるように、洋装の〈踊る女〉は、花柳界の和装の芸妓以上に、「花柳病」と呼ばれた性病を媒介する存在として危険視されていく。そして、ダンサーたちに対しては、「舞台芸術」の担い手への憧れや敬意などではなく、「嬌笑隊」「エロ隊」（一九三六年一二月二三日号）への剥き出しの性欲と蔑みの眼差しが向けられるようになっていったのである。

おわりに――内閉する日本人社会

ここまでにたどってきた〈踊る女〉のイメージの揺らぎは、彼女たちの捉えどころのなさに戸惑う満洲の日本人社会の動揺を反映したものである。既存の枠からはみ出していくモダンガールたちは、皆、ここでいう〈踊る女〉であった。彼女たちは、ダンスホールの内にさえ留まっておらず、さまざまな境界を踏み越えていった。その流動性と越境性こそが、むしろ〈踊る女〉の本質だったと言ってよい。人と人とを隔てる境界線に実体がないことに気づいた者ならば、誰もが〈踊る女〉になりえたのである。人妻のアイシャドーと女給のアイシャドーの間には、さして違いなど存在しない。「日本人」とそれ以外の境界もまた、いったん恋に落ちた後では意味をなさないのであった。

一九三二年の満洲国建国にともなう「満洲景気」は、モダンガールたちに新たな居場所を用意し、満洲国へと一斉に押し寄せた彼女たちの躍動する身体に人々は魅せられ、諸都市は活気づいた。彼女たちは、旧来の花柳界の存在意義を脅かし、お座敷文化を変容させ、遊廓と家庭の境界を揺るがした。

しかし、そのように急激にもたらされた活気と変化とに、満洲の日本人の多くは耐えられなかったのである。満洲国は「五族協和」の理想を掲げたが、満洲の日本人社会は「五族」どころか、「日本人」の中の異質な存在を受け容れることさえ難しく、満洲国の建国から一年も経たないうちに「国粋」の壁の内に立てこもった。

ダンス排撃運動が恐れたのは、〈踊る女〉たちがもたらしつつあった社会的変化のみならず、彼女たちの身体性であっただろう。公娼制度下の娼妓が既にそうであったように、〈踊る女〉たちの身体を管理するには、彼女たちを「娼婦」にカテゴライズし、「エロ」に囲い込む必要があった。〈踊る女〉の躍動的な身体が持っていたかもしれない新しい「交流」の可能性は狭く閉ざされてゆき、そのように囲い込もうとする社会の側もまた、「国粋」の名のもとに自らを閉ざしていったのである。

第七章　小説表象としての農村ロシア人女性
――日本人作家の眼を通して――

伊賀上菜穂

はじめに

日本人のロシア人観の中で戦前から現在に至るまで揺らがないものに、「美しいロシア人女性」というものがある。このイメージは一九一七年のロシア革命後に祖国を追われた亡命（白系）ロシア人にも付せられ、さまざまな日本人作家、特に男性作家たちが、恋愛や性の対象としての亡命ロシア人女性を自作品に登場させてきた。作品の舞台がハルビン（哈爾濱）や上海に移ると、ロシア人女性の表象は一層なまめかしさを増す。「国際都市ハルビンの金髪風俗女性」（生田、二〇一二）というイメージは、一九二〇年代から満洲国時代（一九三二〜一九四五）にかけて絵葉書やポスター、観光案内書などによって喧伝され、また当時の男性たちが実際に性風俗を体験する中で増強されていった。

その一方で亡命ロシア人には常に、「ソ連のスパイ」という疑いも向けられてきた。満洲国が存在した時代の日本語文学（日本国内外において日本語で書かれたり和訳されたりした文学）を分析した小泉京美は、一九三〇年代前半、つまり満洲国「建国」の時期に書かれた小説の中に、「美しき女スパイ」の物語、すなわち困窮の中で生活のためにやむを得ずソ連のスパイとなる「桃色のエミグラント」女性

（桃色とは白と赤の混合の意味）の物語が多いことを指摘している（小泉、二〇一二）。

こうした亡命ロシア人女性像は、基本的に都市の住民をイメージして形成されたものである。しかし満洲には農村に住むロシア人も少なくなかった。黒澤忠夫は一九四三年に刊行した『白系露人』という本の中で、一九四一年に満洲国に住んでいた「エミグラント」（白系ロシア人または無国籍ロシア人。ロシア民族以外も含む）約六万五〇〇〇人の内訳を示している（黒澤、一九四三）。それによれば、満洲国内の白系ロシア人の半分以上はハルビンに、また約二〇〇〇人はその他の都市に住んでいたが、それ以外の約二万五〇〇〇人は「農、牧、林に孜《いそ》し」む人々であった（以下、引用文中のルビは引用者による）。

満洲国において一般の日本人が農村ロシア人に接する機会は多くなかった。だがいくつかのロシア人農村は、日本の開拓団が寒冷地に適応するためのモデルとして、また満洲国の国是である「五族協和」の体現例として、満洲のみならず日本国内の各種メディアでも取り上げられてきた。中でも有名だったのが、三河《さんが》地方のコサック（カザーク）村と、ハルビンと牡丹江《ぼたんこう》（市）の間にあったロマノフカ村である（阪本編、二〇一三。目次裏の地図参照）。三河地方の位置は現在の内蒙古自治区北西部、ロマノフカ村のそれは現在の黒龍江省に当たる。両地域についてはそれぞれ一九三九年と一九四一年に、満洲映画協会（満映）が啓民映画を作成・公開している。

生田美智子が指摘するように、「平和郷ロマノフカ村の勤労農民」というイメージは「ハルビンの金髪風俗女性」の対極に位置するものとして、日本人の亡命ロシア人イメージの一翼を担ってきた（生田、二〇一二）。小泉もまた、満洲国の諸体制が確立していく中で、文学作品の中の亡命ロシア人の表象が「桃色のエミグラント」から「平和郷を築いたロシア人移民」へと移行していったと分析している（小泉、二〇一二)。

それでは満洲国時代に日本人作家たちが書いた小説の中で、農村のロシア人女性たちはどのように描かれてきたのだろうか。彼女たちが勤労農民の鑑としてだけではなく、「美しいロシア人女性」として見られることはあったのだろうか。ハルビンの女性たちのように、日本人の恋愛や欲望の対象とされることはあったのだろうか。

以下では満洲国時代に日本人(男性)作家が発表してきた小説のうち、満洲国のロシア人農村を舞台とする作品を紹介し、彼らが描いたロシア人農村および農村ロシア人女性の特徴について考察する。なお亡命ロシア人にはロシア民族以外の旧ロシア帝国住民も含まれるが、本稿で紹介する作品に登場する農村住民は全て、ロシア民族を中心とするスラヴ系の人々である。

一　日本人が書いた満洲農村ロシア人小説

農村ロシア人小説の範囲

日本人の間でよく知られていた三河《さんが》地方やロマノフカ村は、住民の多くが農耕や牧畜、狩猟などで生計を立てる典型的な純農村地帯であった。

満洲国北西部(内モンゴル)に位置した三河地方は同国内随一のコサックの集住地で、その人口は六〇〇〇～一万人に上った。コサックとは帝政ロシアで特殊な軍務身分を形成していた人々のことである。三河地方の住民の多くは、ソ連との国境線をなすアルグン川の対岸地方から移住してきたザバイカル・コサックだった。彼らはロシア革命後にこの地に逃亡した後も、故郷で培ったザバイカル農法、つまり穀物農耕と牧畜を組み合わせた営農を展開し、満洲国内でも有数の穀倉地帯を築き上げていた。ハルビンと牡丹江（市）の間にあったロマノフカ村は、ロシア極東から逃亡してきた古儀式派教徒によって一九三六年に創設された村である。古儀式派はロシア正教の一派であるが、その信徒は一七世紀にロシアで実施された教会典礼改革を認めず、二〇世紀初頭に至るまで国家や主流教会に異端として弾圧されてきた。ロマノフカ村の人口は時期によって異なるが、一九四五年頃には二〇〇人程度になっていた。住民らは農耕だけでなく狩猟にも従事し、日本人の間でも「虎狩りをする人々」として知られていた（本書第二章も参照）。

三河地方とロマノフカ村の名前は、当時日本人作家が書いた小説の中にもときどき登場する。しかし日本人作家たちは純農村地帯だけではなく、駅や町に近い村や、都市近郊に住む農業従事者も描いてきた。当時、駅や町に近い村では、農業専従者とその他の職業人（駅員、店員、教員など）が混住していた。また新京（長春）やハルビンなどの大都市近郊でも、生活のために家畜や家禽を飼う人々がいた。さらに流動性を特徴とする亡命ロシア人社会では、帝政時代の身分や職業と移住地での生活スタイルが一致しないケースも多かった。小説に登場する農業従事者の中には、かつては軍人や駅員だった人々も含まれている。

このように、日本人作家が発表してきた小説にはさまざまなタイプのロシア人農村（集落）が登場するものの、フィクションとして書かれたものを純農村とそれ以外のものとに峻別するのは難しい。ただし大都市近郊集落を舞台とする作品、たとえば木畑卯一の『丘の子供たち』（『北窗《ほくそう》』第四巻、第二、第五号、一九四二）や吉野治夫の『イワンの家』（浅見淵編『廟会』竹村書房、一九四〇）などは、居住地域や登場人物の来歴から考えて、都市の貧困層を描いた小説に分類するべきだと考える。

そこで本稿では便宜上、ロシア人農村およびロシア人農業従事者が登場する小説のうち、大都市近郊集落を舞台とするもの以外はすべて、「農村ロシア人小説」として考察の対象とした。

作家と作品

日本人作家が満洲の農村ロシア人を描き始めるのは、一九四〇年に入ってからのことである。それは一九三二年に「建国」された満洲国が十周年を迎え、その基盤が確立しつつある時代であった。一九三六年に広田弘毅内閣が打ち出した満蒙開拓政策「二〇ヵ年一〇〇万戸送出計画」も、一九四一年には第一期が完了し、一九四二年からは第二期に移行した。しかしながら一九四〇年代前半は日中戦争に続いて太平洋戦争も勃発し、年々戦時色が深まっていく時期でもあった。満洲においても日本国内と同様に、さまざまな局面で国家による統制が強化されていった。

このような時代の流れは、満洲国をめぐる文学の世界にも反映されている。満洲国では一九四〇年代前半に日本人作家による文学活動が最盛期を迎えるものの、一九四一年には「芸文指導要綱」が出され、文学作品に対する規制も強化されていった。日本国内では一九三九年に、開拓地を対象とする文学の振興を目的として「大陸開拓文芸懇話会」が設立されていたが、この会は一九四二年に体制翼賛会の下部組織である「日本文学報国会」に編入されて、「大陸開拓文学委員会」に改名された。

こうした時代に登場した農村ロシア人文学は、満洲文壇に属する満洲在住の作家たちによっても、また日本国内に軸足を置く大陸開拓文芸懇話会系の作家によっても書かれてきた。具体的には、満洲在住作家では北村謙次郎と長谷川濬《しゅん》、川原與惣右衛門《よそえもん》が、懇話会関係者では湯浅克衛《かつえ》と大瀧重直が、それぞれ作品を発表している。その内容は当時の国策に沿ったものが多いが、扱う地域やテーマは多様であり、在満作家と懇話会系作家という分類できれいに線引きすることもできない。ここではまず、各作家とその作品を簡単に紹介しよう。

最初に挙げた北村謙次郎は、満洲文芸界を代表する作家の一人である。彼は新京で刊行されていた文芸誌『満洲浪曼《ろまん》』の中心人物であった。彼は自らの代表作である『春聯《しゅんれん》』（新潮社、一九四二）に、ハイラル（海拉爾）近郊のロシア人牧場と三河地方を登場させている。ハイラルは満洲国北西部のホロンバイル（呼倫貝爾）地方（二八〇頁の地図参照）に位置しており、三河地方に最も近い都市である。北村はこの小説の中で、一九三二年にこの地で勃発した蘇炳文《そへいぶん》の軍事蜂起、いわゆる「ホロンバイル事件」について書いている。

次に挙げた長谷川濬はロシア通の人物で、ニコライ・バイコフの『偉大なる王』の紹介者・翻訳者として知られている。彼は一九四二年の三河地方滞在経験に基づいて、満洲国内の文芸雑誌に『早春』（『芸文』第一巻、第八号、一九四二）、『或るマクシムの手記』（『北窗』第四巻、第五号、一九四二）、『野火』（『作文』第五五輯、一九四二）、『耕地』（『北窗』第五巻、第三号、一九四三）という短編作品を発表した（『野火』は筆者未見）。このうち『耕地』以外の作品は日記調の随筆であり、『耕地』も滞在記風の私小説である（『野火』については未確認）。

もう一人の満洲在住者、川原與惣右衛門は、安東新聞の記者をしながら小説を発表してきた人である。彼はハルビンの文芸雑誌『北窗』に短編小説『結婚式』（第四巻、第五号、一九四二）を、また日本国際観光局満洲支部の月刊誌『観光東亜』に短編小説『支配人物語』（第一〇巻、第一号、一九四三）を発表している。両作品には具体的な地名が挙げられていないものの、『結婚式』は満洲国内のコサック村（三河地方かどうかは不明）を、「支配人物語」は作者が住む安東（朝鮮国境付近）の村を舞台とするようだ。

大陸開拓文芸懇話会の関係者の一人である湯浅克衛は、朝鮮で育ち、朝鮮と移民について書き続けた作家である。彼は懇話会の活動に参加し、第二次千振《ちぶり》郷移民を扱った『先駆移民』（新潮社、一九三九）や、朝鮮におけるダム建設で故郷を失った人々を描いた『鴨緑江』（晴南社、一九四四）などを発表してきた。満洲のロシア人については、ロマノフカ村を舞台とする短編小説『白系露人村』（『白系露人村』金星堂、一九四四）を書いている。これは主人公が同村を視察するという形をとった訪問記で、おそらく作者自身の体験を反映している。

最後の大瀧重直は、第一回大陸開拓文学賞（一九四三年）の受賞者である。この賞は懇話会の後身である大陸開拓文学委員会が準備し、日本文学報国会の主催で授与された。大瀧は日本で島木健作に師事した後、一九三八年から満洲等の農村地域を訪問・調査した。彼には『満洲農村紀行』（東亜開拓社、一九四二）をはじめとして、農村に関する著作が多い。

大瀧の小説でロシア人農村が重要な舞台となるのは、「満洲開拓叢書」の一冊として刊行された『光と土』（満洲移住協会、一九四二）と、大陸開拓文学賞を受賞した『解氷期』（海南書房、一九四三）である。『光と土』はロマノフカ村をモデルとしているが、『解氷期』では地名が伏せられている。なお大瀧は一九八三年に、三河地方を主要舞台とする中編小説『ホロンバイル日記』（国書刊行会）を発表しているが、本稿では一九四五年までの作品を対象としているため、今回は取り上げない。

満洲農村ロシア人小説の特徴

日本人作家たちが満洲国を舞台に小説を書くとき、もっとも頻繁に作品に登場させた現地民族は、同国の人口の大部分を占めていた中国人（漢人）であった。当時、中国人が主要な登場人物となる作品は「満人もの」と呼ばれ、一つのジャンルを確立していたが、作中の中国人の表象をめぐっては日本人の間でもいくつかの議論がなされてきた。

一九三〇年代後半に秋原勝二と青木実の間で行われた議論では、秋原が「満人」を「『日本人』としての『自己』の延長」として書くことを批判したのに対し、青木は他者と自己とを区別することで「異民族の類型的な描写」に終始することを問題視した（菊地、二〇〇〇）。しかし建国イデオロギー（「王道主義文学理論」）を重視する理論家らは、そもそもリアリズムを重視していなかったという。彼らにとっては「現実の創造」というロマンチシズムこそが、目指す道だったからである（尹、二〇一〇）。

これらの議論を念頭に置いて満洲国時代後期に日本人が書いたロシア人小説を見ると、竹内正一ら在満作家が都市や都市近郊に住むロシア人を描いた作品では、おおむねリアリズムが重視されている（竹内の『氷花』（作文発行所、一九三八）や『復活祭』（満鉄社員会、一九四二）など）。彼らは隣人として日々接するロシア人の性格やその貧窮ぶりを、よく知っていたのである。

それに対して農村ロシア人を書いた諸作品では、作家の実体験に基づく長谷川の『耕地』や川原の『支配人物語』を例外として、建国ロマンチシズムの傾向がひじょうに強い。北村の『春聯』は満洲国建国当時を描いた「建国神話」小説であると同時に、日本人が主導するロシア人の農村移住計画を扱っている。湯浅の『白系露人村』は日本人の満蒙開拓政策を背景とした開拓地訪問そのものを描き、大瀧の『光と土』や『解氷期』では、白系露人事務局や協和会の職員が主人公となって、五族協和の物語が展開する。

　そもそも今回紹介した農村ロシア人小説は、町に近い雰囲気をたたえた『支配人物語』以外は全て、程度の差はあれ生活の再建に成功した（しつつある）村を舞台としている。つまり作中の住民の生活は相対的に安定している。これは貧困に苦しむ人々を主題とする都市ロシア人小説と大きく異なる点である。

　ロシア人農村を扱った作品の中でも、中国人作家の疑遅《ぎち》が書いた短編小説『雁は南へ』（大内隆雄訳『蒲公英』三和書房、一九四〇）では、ロシア人たちは互いに助け合うこともなく、主人公一家を極貧状態へと追いやっていく（ただし小説の舞台は都市近郊農村のようである）。日本人作家がロシア人農村を貧困地域として描かなかったのは、彼らが農村の現実をよく知らない上に、「生活再建の開拓モデル」という国策イメージに依拠していたからであろう。

二　小説の中のロシア人農村と女性（作品紹介）

農村ロシア人女性への関心

　満洲国時代に日本語で刊行された小説の中には、亡命ロシア人作家の和訳作品もある。これらの作品は日本人作家のロシア人像形成に一定の影響を与えたと思われるが、本稿では基本的にこれらの作品を取り上げない。その理由は紙幅の問題にあるばかりではない。筆者が把握するかぎりでは、亡命ロシア人作家の小説には、ニコライ・バイコフを例外として農村を舞台とする作品が少ない上に、農村女性を主要登場人物として描いたものがほとんどないのである。

厳密に言えば亡命ロシア人小説の中にも、農村あるいは密林を舞台としつつも女性が重要な役割を担う作品がある。ニコライ・バイコフの『牝虎《めとら》』（満洲日日新聞東京支社出版部、一九四三）や、ボリス・ユーリスキーの『ミロン・シャバノフの最期』（川端康成ほか編『満洲国各民族創作選集』第二巻、創元社、一九四四）、ヴィクトリア・ヤンコフスカヤの『神もなく掟もなし』（山田清三郎編『日満露在満作家短篇選集』春陽堂、一九四〇）などがその例である。しかしこれらの作品で重要な役割を担うロシア人女性は、農民ではない。彼女たちは都市の出身者、あるいは農民階層に属さない人物として描かれているのである。

これに対して満蒙開拓政策の影響を受けていた日本人作家は、ロシア人農村だけではなく農村ロシア人女性にも大きな注意を払ってきた。いや彼らはむしろ、農村男性よりも農村女性を描くことを好んでいたようだ。本節では前節で紹介した日本人作家の農村ロシア人小説のうち、農村女性の描き方に特徴がある作品を選び、彼女たちに注目しながらその内容を紹介する。具体的には北村の『春聯《しゅんれん》』、長谷川の『耕地』、川原の『結婚式』と『支配人物語』、湯浅の『白系露人村』、そして大瀧の『光と土』と『解氷期』を取り上げる。

北村謙次郎の『春聯』

北村謙次郎の『春聯』は、川端康成がその序文の中で「建国十年間の満洲文学のおそらく最高の収穫」と激賞したことで知られる作品である。北村は新京界隈を舞台とする多くの短編小説を書いてきたが、『春聯』の舞台は新京の近郊地区である寛城子《かんじょうし》と、そこから遠く離れたホロンバイル地方の間を行き来する。小説は寛城子に暮らす日本人兄弟の隣に、元国境警察隊分遣隊長の小野が転居してきたところから始まる。小野は兄弟に、自らが体験した蘇炳文《そへいぶん》の軍事蜂起（ホロンバイル事件）の顛末を語る。

一九三二年の事件当時、ハイラルで勤務していた小野は蘇炳文軍に追撃されたが、ハイラル郊外で牧場を経営していたロシア人のピョートル・プ（ブ）リホーヂコフ夫妻に匿われて命拾いした。小野はこのとき見た農村ロシア人の生き方に感銘を受け、ピョートルの恩に報いるためにも、満洲国内に散住している貧しい亡命ロシア人を集めて開拓村を建設しようと決意する。この話を聞いた兄弟のうち弟の貞造もロシア人入植の手助けをしようと決意し、小野とともに開拓地へと旅立っていく。

この作品で重要な役割を果たすのは、ロシア人娘のナターシャである。彼女は精神薄弱で言葉も不自由である。彼女は実父かもしれないユダヤ人商人に虐待されて育ったが、ユダヤ人が殺害された後に小野に保護され、牧場経営者のピョートルに預けられる。その後小野は蘇炳文軍に追われたときに、夢遊病のナターシャの歌声に導かれてピョートルのもとへたどり着くのである。

図１　北村謙次郎『春聯』表紙
（内容とはあまり関係のない中国人女性が描かれている）

日本軍がホロンバイル地方を平定した後、小野はナターシャとその夫グレゴリー（ピョートル家の下男）の希望を聞き入れ、彼女たちをハルビンに連れて行く。しかしグレゴリーは都会の生活になじめず、肺を病んで死んでしまう。一人になったナターシャは傷心の中でハイラルのピョートル家に戻る決意をする。彼女を見送った小野は、ロシア人は農村に住まねば幸せになれないのだと考え、これまで以上にロシア人の移民事業に専念する。

北村は小説の中で農村ロシア人と都市のロシア人とを比較し、農村ロシア人の生活を一つの理想として描いている。ただし北村自身はロシア人農村を訪問したことがないらしく、その描写には曖昧な点が多い。作品の中で小野は三河地方を何度か視察しているが、コサックに関する具体的な描写はほとんどなく、牧場経営者のピョートルについてもコサックなのかどうかは言及されない。

長谷川濬の『耕地』

長谷川濬《しゅん》の私小説的短編小説『耕地』は、戦前ではおそらく唯一、三河地方を正面から扱った作品である。長谷川は一九三七年から満洲映画協会（満映）に勤めていたが、一九四二年に小説を書くために仕事を辞め、当時満映の理事長だった甘粕正彦大尉の協力で協和会嘱託となって、三河地方に数ヵ月間滞在した（大島、二〇一二）。

『耕地』の主人公である槇《まき》も、長谷川自身と同じく都会の文学青年である。彼は五月半ばに三河地方を訪れ、K（協和会）事務所で紹介されたコサックのミハイルとともに、彼らの耕地へと出かける。耕地では小麦の播種が行われ、人々はトラクターや牛、馬を使っての作業に忙しい。だが「都会の利便を享受し、その中に漫然と生きて来た」槇は時間をつぶす以外は何もできず、焦りと孤独感にさいなまれる。

そのような中で彼が唯一親近感を覚えるのは、ミハイルの姪のマルーシャである。夜、食事の片づけをするマルーシャの寂しげな横顔を見て、槇は思わず「マルーシヤ！寂しいかね？」と口走る。するとマルーシャは「あ！寂しいだよ」とつぶやいて、彼女の家族を襲った悲劇を語る。彼女の父は三年前にソ連国境付近に乾草を買いに行き、そのままソ連の秘密警察に拉致されて殺されたのである。

話を聞いた槇は眠れず、マルーシャたち三河コサックが置かれた運命について考える。しかし翌朝、槇は自らの父の死を知らせる電報を受け取り、訪問三日目にして三河地方を去っていく。この小説の終わり方は唐突だが、これは長谷川が実際に三河地方で父の死を知り、急遽帰国したことを反映しているという（大島、二〇一二）。

川原與惣右衛門の『結婚式』と『支配人物語』

川原與惣右衛門《よそえもん》が書く農村ロシア人小説は、本稿で紹介する他の作品とは異なり、日本人が登場しないか、登場しても政治性な立場が強調されない。その内容は純ロシア的で（特に『結婚式』）、仮に小説の舞台が満洲ではなく帝政時代のロシアであったとしてもあまり違和感がないものである。

『結婚式』の内容は幸福感に満ちている。小説の舞台となるのは、同じ日に三件の結婚式が重なった村である。主人公の娘ジーナは、自分たちの披露宴に客が来てくれるかどうかを心配し、自分たちと他のペアをあれこれ比較している。彼女の友人である村長の娘カーチャはハルビンで洋裁を学ぶ気取り屋で、恋愛や結婚のばかばかしさをジーナに吹き込む。ジーナは都会慣れしたカーチャとのおしゃべりに魅了されるが、しばらく村を留守にしていた許婚が戻ってくると、カーチャのことを忘れるほど有頂天になる。結婚式当日、ジーナたちのところには村長を含む大勢の客が来る（実は村長は順番に全ての披露宴に出るつもりだ）。彼女は大喜びで、これまで風采が上がらないと不満だった花婿の無口さも気にならない。

次に紹介する『支配人物語』では、ロシア人村の購買組合（村で経営している日用雑貨店）で起こっ

図２　湯浅克衛『白系露人村』表紙

（ここに描かれた男性は古儀式派教徒というよりコサックに近い）

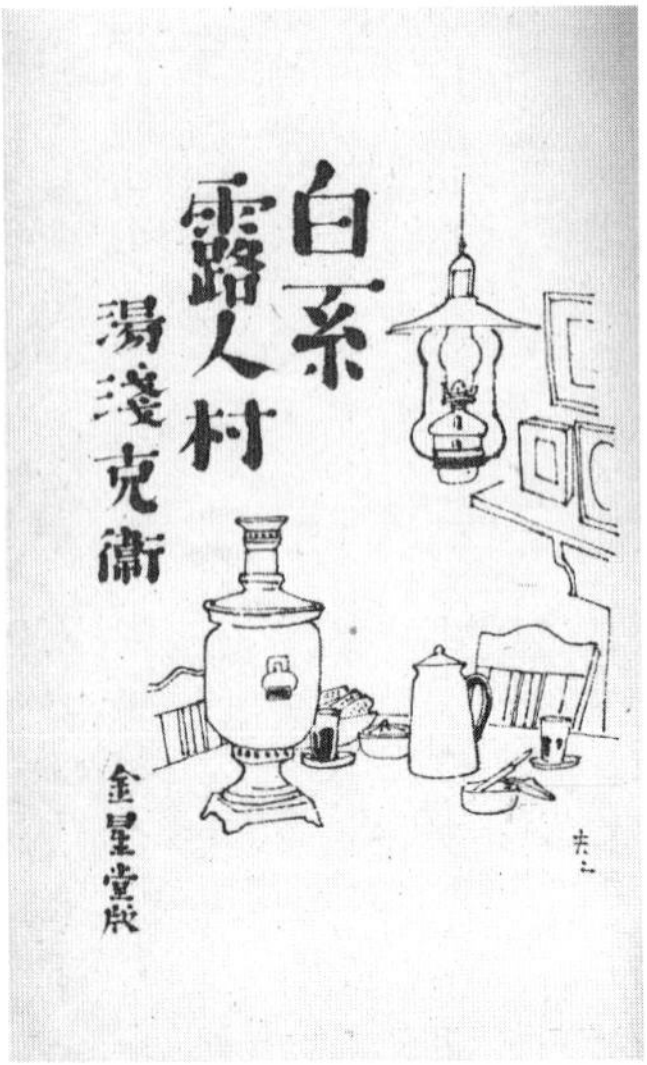

図３　同内表紙

た、支配人の雇用をめぐる騒動が描かれている。主人公の日本人「わたくし」（作家自身）は酒乱で評判の悪いロシア人の男性支配人を解雇する。その後新たな「男の統率者」を探すも、一人は女性蔑視が過ぎて雇えず、もう一人は神経質で仕事が続かない。窮余の策として店を売り子の娘たち三人に任せたところ、意外とうまくいって驚く。そして娘の一人が結婚して店をやめるのを機に、彼女の叔母を支配人として雇ったことで問題は解決する。

　ロシア人社会をユーモラスに切り取って見せる両作品は、チェーホフの初期の小品を思わせる。当時ロシア文学は日本人の間でよく読まれていたため、川原が文豪の作風を模した可能性は高い。

湯浅克衛の『白系露人村』

湯浅克衛《かつえ》の『白系露人村』は、一九四四年に刊行された作者の短編小説集の題名にもなっているが、その文学性はけっして高くない。主人公の「町田」は作者自身と思われる日本人男性で、「北鉄接収」（一九三五年に満洲国が旧中東鉄道（北満鉄路）全線の利権をソ連から買収したこと）のことを調査している。彼は神経痛を押して牡丹江駅から横道河子《おうどうかし》駅へ向かう途中、南満洲鉄道株式会社（満鉄）に勤める知人と偶然再会し、急遽ロマノフカ村を案内してもらうことになる。一行は日本語を話せる村の女性、エレーナの助けを借りながら、村や家を観察し、村に学校がないことや、ロシア人には東洋の血が濃く流れていること、日本人の衣食住をもう一度大陸で編成し直さねばならないことなどを語り合う。

本作の印象的な登場人物であるエレーナは、実在の人物である。彼女は樺太（サハリン）で生まれ、日本で育った人で、ロマノフカ村に視察に来る日本人たちの通訳をしたり、白系露人事務局や満鉄との連絡役をしたりしていた。町田はエレーナと気さくに語り合うが、それ以外では知人の案内で見学した家の住民を除き、村人とはほとんど接触しない。彼は「エレーナだけが目立つて近代人に見えるほど「鄙《ひな》び」た雰囲気の住民たちが、「町田達の一行へも何の関心も示してゐないやうに」野良へ行き来する姿を眺め、帰っていくのである。

大瀧重直の『光と土』

ロマノフカ村については当時多くの論文や訪問記が書かれてきた。しかし戦前に日本人が同村を舞台にして書いた小説としては、湯浅の『白系露人村』と大瀧重直の『光と土』が唯一のものだと思われる。ただし『白系露人村』が実際の経験に基づいた訪問記であるのに対して、『光と土』はフィクションであり、しかも村人の視点で話が展開する。その上『光と土』の中には、ロマノフカ村という名前は出てこず、舞台となる村は「大道河子」付近の「ピョートル村」と呼ばれている。これは横道河子付近にあったロマノフカ村にちなんだものであろう。

　小説の内容もロマノフカ村の来歴をなぞっている。ソ連極東から満洲へと逃亡してきた農民、ルカとボリギンは、国境を越えるときに家族や仲間たちと離ればなれになってしまう。二人は家族と再会したときに備え、新しい土地で家づくりを進めている。彼らは大道河子の白系露人事務局の山澤事務局長から情報を得て、はぐれた妻や仲間たちを見つけ出し、新しい村の再建に着手する。「ピョートル村」という名前も山澤の提案で決まったものである。村には教会や学校が建てられ、新しい世代も生まれていく。彼らを指導する山澤もまた、ロシア人と接することで、日本人は大陸でどのように生きていくべきかを考える。

　大瀧が描いたピョートル村はロマノフカ村とよく似ているが、一致しない点もある。それは作中のロシア人農民たちが煙草を吸ったり、文学作品や近代西洋絵画を好んだりする点だ。これらは全て、古い戒律を守るロマノフカ村の古儀式派教徒が拒絶するものである。小説の中の近代的なロシア人農民の姿は、むしろ大瀧が『満洲農村紀行』の中で紹介する薩爾図《さると》駅（ハルビンとチチハル（斉斉哈爾）の間）付近の村のものに近い。同書によれば、彼がこの村で出会ったロシア人酪農家は元軍人で英語も話せる知識人で、その娘もハルビンの女学校を卒業していた。大瀧はロマノフカ村住民の勤勉さに、文芸に親しむ薩爾図の人々の生活、あるいは都市の知識人の生き方を接ぐことで、日本人の農村開拓モデルとなりうる晴耕雨読の理想的生活を描いてみせたのだ。

大瀧重直の『解氷期』

大瀧のもう一つの作品である『解氷期』にも、薩爾図のロシア人村を思わせる村が登場する。大陸開拓文学賞を受賞したこの作品は、大瀧の他の小説と同じく、理想に燃えた日本人が他民族を指導していくという、国策に沿った内容を持っている。主人公の影山は協和会県本部事務長で、県内の中国人やロシア人の村を指導している。

『解氷期』の一部は一九四二年刊行の『中央公論』六月号に掲載されたが、このときは影山の部下の中国人、劉森《りゅうしん》をめぐるエピソードが中心で、ロシア人は従順で知的な民族として色づけ程度に登場するだけだった。しかし翌年にこの作品が単行本として刊行されたときは、内容も大幅に拡大されて、匪賊の襲来や僻地での発病、戦死した親友の未亡人に影山がよせる想い、彼女と別の親友との結婚、日本人開拓団が抱える問題などが盛り込まれた。ロシア人の話題も拡張されて、ロシア人女性と非ロシア人男性（中国人、日本人）との結婚問題が、作中の大きなテーマの一つとなっている。

図４　大瀧重直『解氷期』表紙

『解氷期』の中のロシア人村は、薩爾図の村と同じく、いまだロシア人が駅長を務める駅の周辺に開けた集落である。住民たちの中には農業に従事する者もいれば、店を構えたり、駅で勤務したりする者もいる。小説には重要な役割を担う二人のロシア人娘が登場する。一人は駅長の娘でハルビンの女学校を卒業したイエレーナ、もう一人は「ハルビンによいバタを出してゐる牛飼ひの家」の娘、マリーヤである。彼女たちは影山が教える協和会の日本語教室に通っている。二人の生活レベルに大きな差は感じられない。

二人のうち酪農家の娘のマリーヤは、影山の部下の村野と交際している。マリーヤは村野との結婚を考え始め、鉄路警護隊長である岡田のロシア人妻、百合子のところに来て、村野の日本の家族のことを尋ねる。これによって二人の仲は影山の知るところとなるのだが、影山も、そしてロシア人の妻を持つ岡田も、二人の結婚には懐疑的である。最終的に村野とマリーヤは結婚しない。村野は影山から休暇をもらって日本に帰ったとき、故郷の両親の苦労を目の当たりにし、未亡人となった兄嫁と結婚して家業の農業を継ぐという道を選ぶ。その話を聞いて影山は安堵する。

その後影山は鉄路倶楽部で開かれた復活祭《パスハ》（キリストの復活を祝う春の祭。いわゆるイースター）のパーティーに呼ばれ、駅長の娘のイエレーナに誘われて彼女とダンスをする。彼はこのとき、貧しいロシア人の女性が自分たちを経済的に支えてくれる相手を求めて、次々と同棲相手を変えていくという「挿話」を思い出し、「この国は、イエレーナに、そのやうにむごい運命を負はせることはない。あらせてはならぬ」と考える。

三　農村ロシア人女性の表象

素朴で純真な女性たち

日本人作家たちが描く農村ロシア人は、よく言えば素朴で善良、悪く言えば凡庸で面白味がない。この性格設定は特に女性に当てはまる。男性の場合、『春聯《しゅんれん》』のヒロインであるナターシャの夫や『支配人物語』の中の男性たちのように、粗暴さや偏屈さが強調されることもあるのだが、女性の場合はマイナス部分の描写が少ないのである。

彼女たちは都市の住民とは異なり、虚無的、退廃的、冷笑的な態度とは無縁であり、その心は純真である。彼女たちの多くは単純で扱いやすい人物として描かれる。むろん中には例外もある。『結婚式』に登場する村長の娘のカーチャは、農村の娘としては珍しく疑り深く、結婚を軽蔑し男性を非難する。だが彼女は都会化した女性の代表であり、単純な思考回路を持つ主人公のジーナとは対照的に扱われている。

概して日本人の作中人物は、若いロシア人女性に対して好意ないし同情を抱いている。彼女たちの造形にはいくつかのパターンが観察される。それは、理想化された農民像としての「良妻」、「亡国の民」の過酷な運命を体現する「薄幸の娘」、そして日本人男性の注意を引きつける外見を備えた若い女性である。以下ではこの三つの女性像を具体的に紹介することで、日本人男性と農村ロシア人女性との関係を分析していこう。

理想の良妻たち

第一節で触れた建国ロマンチシズムは、建国神話を描いた北村の『春聯』や、ロマノフカ村の建設過程をなぞった大瀧の『光と土』に顕著に表れている。これらの作品には理想化されたロシア人が登場する。ロシア人男性は日本人との信頼関係を築き、彼の妻は夫を優しく支えている。彼らの姿はロシア人というより、もはや理想化された日本人の自画像である。

『春聯』の中で、蘇炳文《そへいぶん》軍に追われる小野を匿った牧場経営者のピョートルは、自らの身を危険にさらしてまで小野たちを助けようとする。彼は秘密を守るために、使用人たちを一時的に解雇しさえする。ピョートルの妻も夫に負けず劣らず献身的だ。彼女は食糧危機の中で、自分のぶんのパンを小野たちにまわすと言い張り、夫を困らせる。当時の日本人はロシア人女性の自由なふるまいを、男性に譲歩することを知らない「欠点」だとみなすことがあったが、『春聯』ではそのイメージをうまく利用して彼女の態度を肯定的に描いている。

『光と土』では夫との再会を果たした妻たちが、流浪の中で亡くした子どもを想って涙しつつも、村の再建に尽力する夫を支えていく。控えめで忍耐強く、いざというときには勇敢に行動するその姿は、まさに日本人男性にとっての理想の妻である。

しかしこの作品には、良妻賢母を貫けなかった人物も登場する。それは夫を亡くした後で生活のために再婚した母親である。彼女は息子に顔向けできず、彼の結婚式にも現れない。当時亡命ロシア人の間ではこのような家族離散の悲劇がよく聞かれた。作者は再婚した女性を表立っては非難しない。しかし母を想って悲嘆に暮れる息子を描くことで、彼女の選択に非があったことを示している。

薄幸の娘たち

北村の『春聯』と長谷川の『耕地』では、亡命ロシア人の過酷な運命を若い娘たちが代表している。『春聯』のヒロインであるナターシャは虐待されて育った上に、やっとつかんだ幸せも夫の病死で失ってしまう。精神薄弱気味というナターシャの性格設定は不自然なものに感じられるのだが、北村作品を分析した韓玲玲《はんりんりん》はそれを作家が長年追求してきた女性像であると述べ、彼のいくつかの作品に類似した女性たちが登場することを指摘している（韓、二〇一三）。北村はナターシャを通して、常人以上に運命に翻弄されやすい、弱くはかない少女を描こうとしたのだろう。

北村のナターシャ像が計算されたものであるのに対し、リアリズム小説である長谷川の『耕地』では、亡命ロシア人の悲哀を代表する娘マルーシャも健康で力強い典型的なコサック女性である。彼女はよく働き、男たちに乱暴な口も利く。しかし彼女はその快活さの裏に、父を亡くした寂しさや辛さを隠している。そのコントラストは亡命ロシア人の悲劇的な運命をより鮮明に印象づける。

前述したようにマルーシャと槇《まき》との間に生まれた心の交流は、電報で父の死を知った槇が三河地方を去ることであっけなく終了する。この終わり方は、コサックたちの厳しい現実を目の当りにした槇、すなわち長谷川が、理想論ではどうにもならない彼らの過酷な世界から退場するしかなかったことを思わせる。槇は結局、マルーシャを不幸から救うことはできない。同じことは小野とナターシャの関係にも当てはまる。両作品、特に北村の『春聯』は、日本人と亡命ロシア人の関係を友好的に描いた作品に見えながらも、亡命ロシア人の置かれた運命の暗さと、それを対岸から眺めるしかない日本人との間の断絶を示すものとなっている。

農村女性の外見

作品に登場する日本人男性たちは娘たちに同情しつつも、彼女たちの外見や発達した身体に注目し、惹きつけられている。ただし登場する女性たちは美人とは限らない。もっとも、作品中であえてそのことを明言するのは、男性たちが単に外見だけで女性に好意を持ったわけではないこと、つまり彼らが風俗女性を選ぶような目で女性を見ているわけではないことを強調するためであろう。

長谷川が『耕地』の中で描くマルーシャは、「亜麻色の髪がプラトク〔スカーフ〕からはみ出て、目の青い、そばかすの多い、鼻の上向きな、あまり美人ではない」娘である。彼女は声も荒く、男のような歩き方をする。しかし彼女の唇は美しい。そして夜、一人で立ち働く彼女を見ていると、「素足のふくらはぎに娘らしい仕草がうごめいて、マルーシヤの動く處だけが妙に浮き上つて色つぽく見える」のだ。

『春聯』のナターシャも、最初は毛皮商ユンケルマンの虐待のせいで「痩せた色艶のよくない」「萎《しな》びた娘」であった。だがピョートルに預けられてからは、徐々に魅力的な娘になっていく。

ロシア人女性の身体に格別の関心を示すのは、『解氷期』の主人公の影山だ。彼は協和会県本部事務長を務める真面目な人物だが、ことあるごとにロシアの少女や娘たちの「白い頸筋」や、「女らしい肢体」に注意を向ける。

しかし日本人の登場人物が彼女たちに向ける好意や同情、興味関心が、恋愛感情に変わることはほとんどない。そもそも今回取り上げた作品に登場する主人公格の日本人の大半は既婚者で、協和会や白系露人事務局に勤めていたり、建国英雄だったりと、真面目な人物が多いのである。美しくなったナターシャに魅了されるのは彼女の未来の夫となるグレゴリーであって、小野は彼女に父性的な愛情を向けるだけだ。『耕地』の槙もマルーシャに、都会に残してきた妻の面影を見ている。『解氷期』の影山も、ロシア人少女が見せる早熟さに自分の小さな娘が影響されることを心配し、彼女たちの美しさが加齢とともに急激に衰えることなどを考えている。

許容される結婚、成立しない結婚

こうして作中のほとんどの日本人男性が農村ロシア人女性から一定の距離をとる中、唯一『解氷期』には農村のロシア人娘と日本人青年の恋愛が描かれている。ただしそれが成就しないことは、すでに見てきたとおりである。しかし本作には、鉄路警護隊長の岡田とロシア人妻の百合子という夫婦も登場する。世間ではこの結婚が原因で岡田は出世できないと噂されているが、影山はこの結婚を許容している。

『解氷期』において岡田夫妻の結婚が認められながら、マリーヤと村野の結婚が成立しないものとして描かれたのはなぜだろうか。それは両者の間にいくつかの相違点があるからだと思われる。

第一に、百合子は上流階層の出身である。彼女は「もとの白衛軍の連隊長であつたある大佐の三女」で、岡田は満洲国建国前にチタの日本領事館（おそらく出張所のこと）にいたとき、彼女と結ばれた。第二に、岡田は彼女とその家族に恩義がある。岡田はあるとき彼らに生命を助けられてソ連（ロシア）から出国できたのだ（本書には具体的な説明はないが、史実に基づけば日本軍がシベリアから撤退する一九二〇年代初頭の可能性が高い）。そして最後に、岡田家では「血液の異なつた者との結婚にありがちな、妥協で報ひるといふやうなことは少しも見られ」ない。岡田がロシア風にふるまうことがないのに対し、百合子は日本名を名乗り、流暢な日本語を操って、ロシア風に夫と手を組んで歩くこともない。

このようにいくつかの条件が重なって初めて、「血液の異なつた者との結婚」が許容されるのだが、そのうち特に重要なのは、百合子が日本人の規範を身につけていることだと思われる。そして影山はそのことを、彼女の育ちの良さと結び付けている。影山はマリーヤと村野の交際を知ったとき、「たゞ彼等〔亡命ロシア人〕のうちの小数《ママ》のものが、その家庭が、少し以前まで物心双方に恵まれてゐたために、まだその美的な精神を失ふことなく維持してゐた」が、「それを一般に当てはめることは危険」だと考える。岡田は影山に、日本の青年は最初異民族を珍しがって「それ等がみんなよく見える」のだが、時とともに各民族の問題点が目につくようになると告げ、影山はその話に納得する。

村野に恋をしたマリーヤも、満洲のロシア人農民としては裕福な家の娘のようだ。それでも大瀧はマリーヤと村野の結婚を描くことはなかった。普通のロシア人の娘であるマリーヤと、協和会で働く村野の間には、血の違いを越えることを必然と思わせるような、壮大な物語が用意されていなかったのである。

おわりに

以上、満洲国時代に日本人作家が書いた小説の中で、日本人男性が農村女性に寄せる好意と同情が恋愛としては成就しない様子を見てきた。これらの小説の中で日本人と農村ロシア人の恋愛が書かれなかった理由はいくつか考えられる。すなわち、日本人男性とロシア人女性の「恋愛」がハルビンのロシア人風俗女性との肉体関係を連想させる中で、「純真な農村」のイメージと恋愛とを結びつけることが困難だったということ、また「指導民族」である日本人男性とロシア人農村女性では「釣り合わない」という感覚が日本人側にあったこと、そして同じく日本人側に、民族間結婚の増加に対する懸念があったことである。

これらの理由に加えてもう一つ考慮しなければならないのは、一九四〇年代の文学統制の影響である。この時期にはハルビンのロシア人が登場する作品でも、恋愛や性に触れたものが少ないことから、このテーマに対する政治的な抑圧があったことが想定される。

最後の点について確かな解答を得るためには、満洲国時代に日本人が書いた小説のうちで、都市のロシア人やその他の民族が登場する作品の内容を調査する必要があるのだが、筆者はまだその段階に達していない。ただ戦後になるとすぐ、「美しいロシア人女性」や「女スパイ」をテーマとした小説が登場してくる（たとえば椡澤《くるみさわ》龍吉が一九四九年に雑誌『大衆文芸』に発表した『ハルピンの女諜者』など）。この事実を思えば、おそらくこれらのテーマは一九三〇年代以降も、日本人の心をとらえ続けていたと考えてよいだろう。

これに対して満洲の農村ロシア人女性の姿は、一部の例外を除いて戦後の日本語文学からは消えてしまった。満蒙開拓政策とリンクした農村ロシア人への関心は、日本人開拓民の悲劇的最期とともに失われていった。なかにし礼の自伝的小説『赤い月』（新潮社、二〇〇一）に登場するロマノフカ村在住の女性が、史実とは異なり都市の知識階層出身として描かれていること、そして彼女が日本人の愛人でありソ連のスパイであることは、戦前に形成された純真な農村ロシア人女性像の消滅と、「美しき女スパイ」像の強固さを物語っている。

第八章　『私の鶯』に写った李香蘭の神話と現実

メリニコワ　イリーナ
（内山ヴァルーエフ紀子訳）

はじめに

本章では、女優で歌手の李香蘭《りこうらん》（本名・山口淑子《よしこ》）によって作り出されたスクリーンの中の新しい満洲女性像について論じてみたいと思う。数奇な運命を生き、神秘に包まれ、日本、満洲、香港、米国等多くの国々の映画にその軌跡を残した彼女については、既に多くの研究論文や回想記が書かれている。山口淑子の映画作品を最も包括的に分析しているのは四方田犬彦である（四方田、二〇〇〇、二〇〇一、二〇一〇）。表情豊かな美しい顔と優しい声の若い女優・李香蘭は、多くの民族文化が接し合う環境に暮らし、言語の才能にも恵まれていた。そんな彼女は、映画によりさまざまな民族の娘像を作り出し、植民地政策の有益性を観客に信じ込ませようとする日本帝国主義のプロパガンダに利用された。こうしたことは学術研究・評論においてすでに明らかにされている。そういった主張を再びここで繰り返すつもりはなく、筆者は李香蘭神話を幾らか違った側面から見ていきたい。本稿では、李香蘭がスクリーンで演じた日本占領下の満洲国や中国の女性の役に、「満洲女性」としての彼女自身についての真実が反映されていたかどうかを考察してみたい。

一九四三年、在満ロシア人アーティストたちが出演したユニークな日本映画が製作された。『私の鶯《うぐいす》』というタイトルを持つこの作品は、『ハルビンの歌姫』と呼ばれることもある。この映画の中で山口淑子は、ロシア人アーティストに育てられた鶯のような甘い歌声を持つ日本人の娘を演じている。『私の鶯』という作品はしかし、戦時中の日本で公開されることはなく、その完成したプリントは終戦直後の混乱のなかで失われたものだと長年考えられてきた。七〇分に及ぶ『私の鶯』（一六ミリプリント）が大阪で見つかったのは、その製作から四〇年以上も経った一九八四年のことである。それから間もなく映画評論家で映画史家の佐藤忠男により、『私の鶯』に関する最初の研究が発表され、日本における一般公開が始められた（佐藤、一九八五）。やがて、「満映」と共同で本作品を製作していた「東宝」が、九九分に及ぶ『私の鶯』のプリントを所有していたにもかかわらず、長い間このことについて黙していた事実が明らかになった。一九九〇年にこの九九分版のプリントは「日本映画傑作全集」シリーズのビデオとして発売された。

映画『私の鶯』が、日本映画史と日本統治下の満洲における文化政策の研究にとって、そして、アジアにおける亡命ロシア人の研究にとって、貴重な資料であることは言うまでもない。これは国際都市ハルビンにおけるロシア人の歴史を視覚的に伝える稀有な作品であり、ハルビンが育んだ誇るべき音楽家やアーティストの姿を目にする機会を私たちに与えてくれる。

しかし、この映画でさらに興味深いのは、日本人の両親から生まれた女優・山口淑子が自らの映画キャリアにおいて初めて、日本の女性を演じているという点である。『私の鶯』に出演するまで、日本人である彼女が演じてきたのは、もっぱら中国や台湾の娘たちであった。これに対して、『私の鶯』の主人公を演じるにあたって、女優・山口淑子は、満洲で生まれ育った一人の日本人女性としての自らの体験を存分に活かし、彼女自身を思わせるキャラクターをスクリーン上に投影している。映画『私の鶯』における山口淑子は自分自身（アーティストのキャリアを歩んだ満洲生まれの日本人女性）を演じていると言っても過言ではない。

一　李香蘭神話

山口淑子は一九二〇年に奉天近郊に生まれ、幼年期を撫順で過ごし、その地の日本人小学校で学んだ。実父・山口文雄は撫順炭鉱の日本人従業員たちや、後には南満洲鉄道株式会社の社員たちに、中国語を教えていた。父は淑子に幼い頃から中国語を学ばせ、二言語話者に育つようあらゆる手を尽くした。中国の家族間では固い友情の証として互いの子供を養子縁組する習慣が広く普及しており、多くの中国人有力者たちと親交を持っていた山口淑子の父は、自らの娘を中国人の家庭に預けることもあった。北京のミッションスクールで学んでいた頃も山口淑子は中国人の家族のもとで暮らしていたのである。このことは、彼女が将来、映画で中国人女性の役を見事に演じることを可能にしただけでなく、終戦にいたるまで中国人名・李香蘭で出演することを可能にした。さらに、幼い頃から多岐にわたる多文化を経験してきたことは、歌手・女優、国際ジャーナリスト、「外交官」の妻、政治家、国会議員といった、山口淑子の国際的なキャリアを決定づけることになった。彼女の文化的素養における「ロシア的なるもの」もまた、彼女のその後のキャリアに独自の影響を与えてきた。

奉天（現瀋陽）の小学校時代、淑子はロシア出身の同級生、リューバ（リュボーフィの愛称）・モノソワ＝グリニェツという少女と親しくしていた。リューバの父は満洲と中国にあるソ連系機関に関わりのある人物であったようだが、彼の職務について筆者ははっきりと把握できていない。一九三三年、リューバ・グリニェツの家族は奉天で菓子店を営んでおり、淑子は彼らから、ロシア人の先生のもとで歌を習うことを勧められた（声楽のレッスンは肺を発達させ、弱い体を鍛えるための手段であった）。山口淑子によると、彼女に歌を教えたのは、かつてサンクト・ペテルブルグ帝立劇場の舞台で歌っていた「マダム・ポドレソフ」という女性歌手であったが（山口・藤原、一九九〇）、残念ながら、このマダム・ポドレソフという女性についても、詳しい経歴を確認することはできなかった。本論文における主な議論は、山口淑子の自伝に基づいて行っていくが、そうするにあたって十分に考慮しなければならないのは、山口淑子が自らの全生涯を通して自身にまつわる神話の構築に自ら貢献し続けてきた点である。

淑子に声楽を教えていた女性教師は、奉天の「ヤマトホテル」で毎年コンサートを開催しており、一九三三年秋、一三歳になった淑子も同会場で歌手デビューをすることとなった。淑子はすぐに人目を引き、早速「満洲新歌曲」というラジオ番組の出演者に抜擢された。このとき、彼女が中国語に堪能であることが効を奏した。満洲国民の新しい文化的統合の誕生を宣言する「満洲新歌曲」は、満洲で生活する人々の大半が最も容易に理解できる言語（中国語）で歌われることが望ましかったからである。それと同時に、歌い手たちはプロデューサーの話す日本語を理解できなければならなかった。そして、日本語と中国語を同等に操ることが出来た山口淑子は、上の条件を完全に満たしていたのである。かくして李香蘭という名の満洲出身の若い女性歌手の神話（その「エキゾチック」な容貌で日本国内のファンを虜にしていた一人の若い中国人女性が、実は日本人であったことを秘し隠すことでなりたっていたスター神話）が生まれ、山口淑子の民族的属性は謎のヴェールに包まれた。

一九三八年、喜劇映画『蜜月快車』の主題歌を歌うことが決まっていた一八歳の淑子・李香蘭は、創立されて間もない満洲映画協会（通称「満映」）を訪れていた。当初は曲の録音だけを行う予定だったが、まもなく彼女は映画の撮影依頼を受け、自らのデビュー作となる『蜜月快車』（一九三八）において主役を演じることとなった。この後、李香蘭による映画出演は一九四四年まで途切れることなく続き、六年の間にアジアのさまざまな撮影所で作られた李香蘭主演の映画は計一八本に上った。そして、これらの作品で主役を演じていた女優のことを、観客は中国人女性だと思い込んでいたのである。

一九四五年、終戦を上海で迎えた山口淑子は幼少期の友人リューバ・グリニェッツとの再会を果たす。山口自身によると、奉天で平凡な亡命生活を送っていたリューバとその両親は、一九三三年に菓子店を捨て、忽然と街から姿を消した。上海で再会した際、リューバの父は自らがソ連の情報機関の職員であることを淑子に明かした。成人したリューバもまた、通訳・秘書として父とともに働いていた。このことを根拠づけるのは、日本帝国上海軍報道部の一員で、上海の日本占領地域で上映される外国映画の選別と検閲に携わっていた辻久一の証言である。彼は自身の回想録の中で、上海のソ連領事館からソビエト作品の上映許可を求める粘り強い要請があったこと、更にはこの交渉の通訳にあたったのがグリニェッツ親子であったことを記している（辻、一九九八）。

終戦まもなく山口淑子は中国当局に逮捕され、李香蘭の名で日本のプロパガンダ映画に出演していたが故に、敵に協力した中国人女性として死刑の脅威にさらされる。この時もリューバ・グリニェッツは幼なじみの淑子の運命にとって重要な役割を果たした。李香蘭が実際には日本人の山口淑子であり中国人ではないことを証明する戸籍謄本を、リューバはソ連の外交ルートを通じて、淑子の両親が住んでいた北京から上海へと送り届けることに成功したのである（山口淑子、二〇〇四）。死刑は減刑され、一九四六年三月、山口淑子は日本に帰国し、そこで歌手・女優としてのキャリアを続けることとなった。

戦後も、満洲と中国を舞台とする日本の映画は生産され続けた。李香蘭の名前と彼女が出演したプロパガンダ映画は表面的には忘れ去られてしまったが、一九五八年にいたるまで山口淑子は日本で数多くの戦争映画に出演し、山口自身の経歴を想起させる歌手やアーティストの役に起用され続けた。『暁の脱走』（一九五〇）や『上海の女』（一九五二）といった映画が、戦時中に形成された山口淑子・李香蘭のスターイメージを活用していることは明白である。

今日、山口淑子・李香蘭神話は書籍やドキュメンタリー映画、漫画、コンピューターゲーム、テレビ放送や演劇公演を通して新たなイメージを生み出し、神話そのものが一人歩きし、「自らの人生」を歩み続けている。

一九八〇年代に、忘却の彼方から姿を現した、ハルビンの亡命ロシア人たちについての映画『私の鶯』は、上記の神話との関係性のなかで理解される場合が多い。ところが、『私の鶯』には、アジア民衆の感情を害する他の李香蘭作品と大きく異なる点が存在する。映画『私の鶯』において物語の主軸を成しているのは、満洲に住むロシア人アーティストと、彼らによる芸術活動の公的な支持者・後援者として描かれる日本人の関係であり、ハルビンに住む中国人や満洲人の生活は全く描写の対象となっていない。『私の鶯』に描かれる登場人物の多くはロシア人であり、これは戦時中の日本で作られていた映画では、極めて珍しいことであった。『私の鶯』は、依然として日本帝国の大陸進出に貢献する国策映画ではあったが、その特異な物語設定は、この作品のプロパガンダ的な性質よりも、音楽的な娯楽性を前景化するものであった。ロシア人アーティストによる音楽公演を背景に繰り広げられるのは、現地の女性と日本人男性の間に生まれる典型的なラブ・ロマンスではなく、多文化的スター誕生の感動的な物語である。

映画『私の鶯』が描く新しい満洲の女性・アーティストの姿は、如何なるものだったのか。そして、この「新しい女性」は、アジアとヨーロッパの文化、クラシックとポピュラー音楽、日本と日本以外の大衆文化とのあいだの相互関係を、どのように受け止めていたのだろうか。また、『私の鶯』で描かれる女性歌手・満里子は、李香蘭が演じる他の「歌うヒロイン」たちとどのように異なっていたのだろうか。李香蘭に絶大な人気をもたらした所謂「大陸三部作」、すなわち『白蘭の歌』『支那の夜』『熱砂の誓い』との比較を通して考えてみたい。

二　満洲の歌う女たち――大陸三部作分析

戦時下の日本において、映画を通して満洲及び中国のイメージを形成することは、極めて重要な政治的課題であった。日本のリーダーシップのもとに統合されたアジアにおける新たな秩序の有益性は、映画を通して日本とその統治下に置かれた領土の観客たちに伝達される必要があった。そして、上記の政治的メッセージを表現するのに極めて有効的だったのが、メロドラマという映画ジャンルであった。「親善映画」という名称のもとで作られていた「大陸シリーズ」のメロドラマにおいて、日本人と他のアジア民族間における和平調和を象徴しているのは、日本人男性と地元の娘の間に育まれる恋愛関係である。「異民族間で繰り広げられるメロドラマ」において、中国出身の娘を魅了するのは日本人男性であり、このような関係性は、言うまでもなく、日本が高いモラルと進んだ文化によってアジアを魅了することを象徴している。

大陸三部作の第一作『白蘭の歌』（一九三九）の中で、日本人の鉄道技師（長谷川一夫）は、満洲出身の富農の娘（李香蘭）と愛し合っていたが、互いの考えに隔たりが生じ、二人は政治的に反目し合う。そして、満洲の鉄道建設現場が攻撃されたとき、二人とも鉄道を守ろうとして、命を落とす。大陸三部作において、李香蘭のヒロインが満洲を代表する女性として描かれているのは、実はこの『白蘭の歌』においてのみである。他の大陸映画二本において、李香蘭は上海出身、あるいは北京出身の中国人女性を演じている。李香蘭が扮する大陸三部作のヒロインたちはしかし、三人とも美しい容姿を持ち、叙情歌を見事に歌い上げ、日本人の男性に恋をする。

『支那の夜』のポスター

『白蘭の歌』の次に製作された『支那の夜』（一九四〇）は三部作の中でも最も人気が高い。この作品は貨物船の日本人船員と中国人の娘が結ばれるというハッピーエンドで終わる。『支那の夜』では、再び長谷川一夫が主役を、李香蘭が相手役を務めているが、『白蘭の歌』から一変して、『支那の夜』においては政治闘争のテーマは全く反映されていない。メロドラマと活劇ジャンル（中国人ギャングたちが日本の貨物船を襲撃する場面など）を巧みに交えながら、若い中国人女性が上海に住む日本人男性によって再教育されるプロセスが描かれる。ヒロインの李香蘭は上海爆撃の際に家と両親を失い、はじめはつっぱった態度をとることで周りの日本人を怒らせる。映画の冒頭で小さな薄汚れた泥棒娘として描かれる彼女はしかし、長谷川一夫が演じる日本人男性の思いやりある忍耐強い態度を受けて、日本人の妻となるにふさわしいやさしく愛情ある娘へと変化を遂げる。

三作目の映画『熱砂の誓い』（一九四〇年）で物語の舞台となっているのは、大都市北京と、満洲とおぼしき大陸の荒地である。李香蘭が演じるヒロインの李芳梅は都会を離れ、愛する男性（日本人の土木技師）を追って、ダムと道路の建設が進んでいる中国の奥地へやってくる。日本で声楽を学んでいた彼女は、歌手のキャリアを断念し、建設現場で日本人技師の通訳・助手となる決意をする。ヒロインはただ愛する男性の仕事に支障がでぬようにと、貨車へ身投げして我が身を犠牲にしようとさえする。事故にあった李香蘭のヒロインは不具の身となるが生きながらえ、日本人技師は彼女を妻にする。

『熱砂の誓い』の一場面

中国人のヒロインが日本で声楽を学んでいたという物語設定は、特に注目すべきものである。主人公の李芳梅が日本で声楽と音楽の教育を受けていることは、中国人である彼女が日本から文化的知識や思想的影響を受けていることのメタファーとして機能している。大陸映画の二作目『支那の夜』においても、李香蘭のヒロインが歌を披露する場面は、彼女による日本文化の積極的な摂取・享受を象徴している。『支那の夜』の主題歌は、婚礼前に花嫁衣装に身を包んだヒロインによって歌われるが、彼女にこの曲を教えたのは三浦とし子という日本人の娘である。三浦とし子もやはりヒロインと同じ日本人船員の男性を愛し、彼との結婚を望んでいたが、気高くも彼を中国人の娘（李香蘭）に譲り、恋敵との友好関係まで結ぶ。実際、大陸三部作において、李香蘭が演じている満洲や中国の娘ヒロインたちはみな、エキゾティックで「中国的な」歌ばかりを歌っている。それにも関わらず、映画のなかでそれらの歌は、日本人に教えてもらった曲として提示されている。

三 『私の鶯』分析

『私の鶯』において、物語の中心的な位置を占めているのは、やはり音楽と声楽の教育プロセスである。日本人のヒロインを演じている李香蘭が、音楽と声楽の術をロシア人の教師から学びとるという物語の基礎になったのは。日本の著名な作家、大佛《おさらぎ》次郎（一八九七～一九七三）の中編小説『ハルビンの歌姫』である。大佛の筆による小説は今日現存しないが、それを基に島津保次郎監督が脚色したシナリオは、「原作大佛次郎」と記されたうえで、雑誌『日本映画』（一九四三年八号）に掲載された。そのシナリオの内容は多少の変化を伴いつつも、映画『私の鶯』の基となった。

革命後の一九一七年、ロシアを去った帝立劇場の歌手や音楽家たちが、ロシア極東と中国・満洲の国境地帯を、バス歌手のドミトリー・パーニンを座長として客演に訪れ、日本人・隅田の屋敷にやってくる。歓待を受けた礼の印に、ロシア人アーティストたちは作曲家グリンカのロマンス曲を演奏し、隅田の幼い娘である満里子に象徴的にロシア音楽の世界を紹介する。ところが屋敷は中国人匪賊たちに襲撃され、客人と隅田たちは慌てて逃げなければならなくなる。銃撃で隅田の妻は亡くなり、隅田自身も重症を負う。満里子を養女にしたロシア人のオペラ歌手ドミトリー・パーニンは、自分の小さな一座とともに中国全土で公演しながら、満里子を育てる。

一九三一年になると、既に一五歳に成長した満里子の姿があった。パーニンは実の両親のことを満里子に話さずに彼女に声楽を教えていた。パーニンを助けるため、満里子は街で花を売っていた。パーニンに「私の鶯ちゃん」と呼ばれていた満里子は、庭園の夏のステージに立ち、「私の鶯」という歌をロシア語で披露しデビューする。

仕事に困っていたパーニンは、ハルビンを発ち、多くのロシア人アーティストたちが移住していた上海へ旅立つことを決意する。ところが、「中国人ギャングたち」による襲撃により列車の運行が止まってしまう（「中国人ギャングたちの襲撃」とは、すなわち一九三一年九月一八日におきた「満洲事変」のことである）。この事件に続く満洲国の建国（一九三二年三月一日）は、亡命ロシア人が幸福と安定した法的待遇を得るチャンスとして描かれている。

混乱の最中にハルビンの日本人住民たちは自警団を結成し、バリケードを築き、女性と子供たちを安全な場所に集める。この「最も安全な場所」に、歌手パーニンは自分の養女・満里子を連れてやってくる。自警団の中に、満里子は、知り合いの若い日本人の芸術家・上野を見つける。そして、若い二人の間には互いへの好意が芽生える。一方、パーニンは病に倒れ、満里子は彼を看病しながら、キャバレーなどで歌うことで生計を支える。このように寄り添って生きる二人をみつけた真里子の実父・隅田は、二人を引き離すようなことはしない。既に強い絆で結ばれているパーニンと真里子の親子関係を邪魔しまいと、隅田はあえて満里子を引き取ろうとしないのである。

住民たちによる日本軍の盛大な出迎え（日本軍は一九三二年二月五日にハルビン到来）の後、ロシア人アーティストたちによる歓迎の夕べが行われ、シャンパングラスの音が鳴る中で、満里子は「新しき夜」という歌を歌う。このようにして、音楽家による芸術活動が滞っていたハルビンでは日本による軍事介入を機に再びクラシックオペラが開花する。

『私の鶯』の一場面

『ファウスト』公演の時に、メフィストフェレス役のパーニンが発作で倒れ、満里子の実父・隅田が再び姿を現す。パーニンは真里子に「神々の国」日本へ行くようにと一言だけ言い残し、息を引き取る。ヒロインはあどけない新人ではなく、成熟した歌手となり、パーニンの墓前で再び、あのロマンス曲「私の鶯」を歌う。墓石に施された写真には、「歌手・ドミトリー・イヴァノヴィチ・パーニン、安らかにお眠りください、親愛なるパパへ」という碑文が見受けられる。

映画『私の鶯』には、恋愛路線がわずかしか示されておらず、「大陸三部作」と違って、この作品は真の意味での「異民族間に繰り広げられるメロドラマ」には仕上がっていない。むしろ、ここで我々が向き合っているのは、養父が養女を実の家族である父親と、結婚を控えた婚約者に委ねる物語、つまりヒロインが真なる文化的アイデンティティを回復する物語である。

「大陸三部作」において、李香蘭が演じるヒロインたちは、日本人男性と結ばれることによって新しい文化的アイデンティティを獲得している。中国の娘たちは実父のもとを去り、日本人の家族の中へ入っていく。大陸三部作に描かれる中国人の家族において、母親の存在は一貫してプレゼンスが薄い。李香蘭が演じる中国人のヒロインには、母がいないか、父の影に隠れて見えなくなっているかである。このことは当時の社会におけるジェンダー（社会的・文化的性差）の階層性を反映している。他方で、映画における母の姿の欠如は、娘たちが社会において母親たちとは全く違った役割を果たし始めているということ、そして、それ故に娘たちにとっては、もはや母親たちがジェンダーに基づいた行動の規範とはなっていないということを意味しているとも考えられる。たとえば、三部作の最後の映画、『熱砂の誓い』において、李香蘭が演じるヒロインは日本人男性を愛する女性であるだけではなく、彼の助手・通訳でもあり、二つの文化の間に立つ媒介者である。彼女は中国の近代化を促す日本の政策を支持し、自分の父親にもその有効性を訴えようとする。

大陸三部作における李香蘭の父親たちは皆、娘の人格形成において重要な役割を果たしており、娘に敬愛され、幸福で何不自由ない暮らしを作り出すことのできる人物として描かれている。映画『私の鶯』の中でこの役割を果たしているのは、養父のロシア人歌手・パーニンである。大陸三部作と『私の鶯』において、李香蘭は父親の後継者としての役割を引き受けているようだ。つまり、彼女は娘ではなく、「長男」の役目を受け継いでいるのだ。もっとも、上記の四作品において、地元住民の中に肯定的な男性像を見いだすのは極めて困難である。大陸三部作や『私の鶯』に描かれる地元の男性のなかに「新しい満洲の息子」となるべき登場人物は見当たらない。上記の作品に描かれるのは、盗賊団に身を置く満洲人と中国人だけである。

『私の鶯』における若いロシア人男性の不在は、満里子がロシア人の養父のもとから新しいロシア人の家族のもとへ、夫のもとへと移行する機会を奪っている。帝国建設の物語は、満洲において若い家族の家長になれるのは日本人だけであることを前提としている。

隅田の娘・満里子（李香蘭）と彼女の婚約者になる若い日本人男性・上野（松本光男主演）は、二人とも満洲が育んだ若い芸術家である。そんな二人はハルビンに溢れていた西洋文化の最良の要素を取り入れつつも、町に日本軍が入ってくると一瞬にして日本人としての自らのアイデンティティを回復する。

この意味で特に興味深いのは、「ハルビンの女性歌手・満里子」という、満洲の新しい女性像である。満里子は文化的コスモポリタニズムと多言語使用を特徴とする女性であり、はっきりした民族的特性を持たない。彼女はロシア特有の湯沸かし器であるサモワールを見事に使いこなし、朝食にはバターを塗ったパンを食べるが、日本人と一緒にいる時は、いとも簡単に日本語に切り替え、おにぎりをほおばる。日本語とロシア語を同じくらい流暢に操るヒロインは、日本人としての民族性を維持しながらも、ロシア人の女性を思わせる行動（家庭での音楽の演奏、慈善音楽会への出演）を自らの生活に積極的に取り入れる。そんな彼女は、結婚への願望よりも、自らステージに立つことへの意欲が強い、満洲の新しい女性である。

日本人や中国人の女性社会と比べて、満洲に暮らすロシア人女性の間では、経済的な自立を獲得するために自ら働いて稼ぎを得ることがより広く普及していた。中国や満洲へ亡命していた子連れのロシア人は、自らの子供へ音楽や舞踏の稽古を積極的に習わせ、子供が将来的には音楽家やダンサー、歌手になることを強く促していた。ロシアからの亡命者がアジアで生活費を確保するためには、西洋の芸術をアジアに伝達するのが一番手っ取り早いことを、ロシア人の親たちは自らの経験からよく分かっていたのである。

ロシア人亡命者の親たちが特に意欲的だったのは子供の言語教育に対してであり、外国語の習得はしばしば、速記とタイプライティングの学習と合わせて行われた。他の民族の教養ある中流階級の娘たちと同様に、ロシア人の娘たちはよくタイピストや秘書として国際的な商工業会社に就職していた。ところが映画『私の鶯』において、アーティスト以外の何らかの活動をしているロシア人女性は登場しない。スクリーン上に描かれる女性の職種と活動範囲は、彼女たちの民族的属性によって定められていたようである。ロシア人女性は歌い踊り、満洲人・中国人の女性たちは美しく歌うだけでなく、秘書や通訳として働き、日本人男性の妻となる。

四　誰も見たことがない映画

周知の通り、一九三七年に中国で大規模な軍事行動が始まってからは（日中戦争）、一九四五年までの間、日本映画は政府と軍隊、とりわけ日本帝国軍情報部の監督下にあった。一九三九年一〇月一日には、プロパガンダ目的で映画を利用するために映画法が制定され、映画の制作及び配給のために政府の許可を受けることが不可欠となった。映画は、日本帝国の魅力的なイメージと、国民の理想的なふるまいをモデル化する最も重要な手段となった。映画が上記の役割を果たす上で、特に重要な働きを担っていたのが音楽である。音楽は、それを耳にする者の心を解きほぐし、人々の団結と国家の支配を促進させる万能の言語であるとみなされていた。一九四〇年代において、映画作品は主題歌と併せて製作される場合が多く、それらの主題歌は後にレコードとして販売されることが一般的であった。日本映画で使われていた主題歌は、西洋における音楽にインスパイアされていたものが多かったが、そこには現地のエスニックの伝統も組み込まれていた。その組み合わせは、日本帝国内で生活する植民地住民の多くにとって、極めて目新しい音律として受容されていた。矛盾するようだが、日本帝国の支配下に置かれていた植民地に暮らす観客は、日本映画の鑑賞を通して、西洋の大衆文化（その音楽と歌謡）と接触することが出来たのである。

特に満洲では、音楽による文化的啓蒙プロジェクトは近代化プロジェクトの一部であった。交響楽団やオペラ、オペレッタを作り出すことは、立派な技術的装備のされた映画撮影所や道路や水道の整備された住居を建設することと同様に、国家のプライドにかかわることであり、日本が西洋の植民地領有国に劣っておらず、自らが先頭に立って全アジアを牽引できることを裏づける論拠であった（岩野、一九九九）。

西欧文明に起源を持つクラシック音楽の普及が、国家建設プロジェクトの一環として、満洲で極めて積極的に行われていた背景には、ハルビンが持つ音楽的な潜在能力があった。満洲に暮らすあらゆる民族の音楽家（日本人、朝鮮人、中国人）は皆、ロシア出身者を師とし、亡命ロシア人に音楽を学んでいたのである。ハルビンを含む満洲全域で生活する亡命ロシア人にとって、教会の音楽と同様に、民謡やロマンス曲など俗世の音楽の演奏は、ロシア人としてのセルフ・アイデンティティの形成を促し、コミュニティ間の団結を強める重大な働きを担っていた。音楽の演奏はまた、多くの亡命者たちを金銭的に支える事業であった。亡命ロシア人によって多様な音楽活動が繰り広げられていた満洲では、音楽事業を国家政策として押し進めるための条件が実に都合良く揃っていたのである。

一九三四年には既に、満洲国のロシア人住民を統合する目的で「満洲帝国白系露人事務局」という特別機関が設立されていた。この組織を通して、日本の軍人がロシア人居住者の生活をコントロールすることが現実になった。この組織は厳しい思想統制を行うと同時に、満洲帝国の住民になったロシア人の文化・教育活動を援助していた。

一九三一年から発行されていた親日派の露字新聞『ハルビンスコエ・ヴレーミャ（ハルビンの時間）』は、この政策をよく反映している。『ハルビンスコエ・ヴレーミャ』紙において、我々は今日にいたるまで映画『私の鶯』の研究者たちを悩ませてきた多くの問題に対する答えを見出すことができる。同紙による継続的な宣伝により、『私の鶯』の製作は都市の文化的イベントとなった。一九四三年二月から一二月までに、『ハルビンスコエ・ヴレーミャ』紙は定期的に撮影の進行に関するニュースや、映画関係者へのインタビュー、群衆シーンの出演希望者募集の広告を掲載した。その報道によると、『私の鶯』の撮影が始まったのは一九四三年二月のことで、最初に撮影されたのは一九三二年二月五日のハルビンへの日本軍到来を描く、群衆役のエキストラを大勢起用したシーンであった。当時のハルビンでは、日本軍到来の一一周年記念を祝す盛大なパレードが行われており、上記のシーンが撮影されたのは、このイベントの開催時においてであった。冬のシーンは野外で撮影され、ロシア人俳優を使った場面の撮影は同年の六月まで行われた。新聞によると、映画は一九四三年九月までに完成することになっていたが、夏に監督を含む撮影班が日本へ帰国したために、これは実現されなかった。撮影は八月から一〇月まで続き、秋になってから、オペラ、慈善音楽会、キャバレーでの群衆によるミュージカルシーンが撮影されたようである。

映画の製作過程は、ロシア系の住民を統合し、彼らに日本が推進する政治的・文化的な政策を宣伝する働きを担っていたばかりではなく、彼らの歴史そのものを新しく書き換える手段をなしていた。『私の鶯』には、ハルビン交響楽団の団員たちによって実際に上演されていたオペラ劇が再演されている。一九四一年春に鉄道会館のコンサートホールの舞台で初めて上演されたオペラは、シャルル・グノー作の『ファウスト』であったが、この作品は映画『私の鶯』のなかでも上演されている。『ファウスト』と同様にハルビンで上演されていたオペラ『スペードの女王』（一九四一年の五月上演）の公演もやはり映画『私の鶯』に収められている。これらの亡命ロシア人によるオペラ劇は、実際は一九四〇年代に入ってから上演されていたが、映画『私の鶯』において、それらは一九三二年の日本軍到来を機に始まった事業として描かれている。満洲におけるオペラの開花は、日本による満洲への軍事介入と直接結びつけられ、亡命ロシア人アーティストによる活躍は、日本が満洲で進める文化政策の成果の現れとして位置づけられる。このようにして、映画『私の鶯』は、満洲において亡命ロシア人が独自に築き上げて来た文化史の再解釈に加担している。

映画の中で、ロシア人歌手パーニンは養女・真里子の成長を見届けて死んでいったが、このような物語の運びはさまざまな解釈を持ちうる。つまりそれは、孤児の教育と音楽のコスモポリタニズムについての人間愛に満ちた話にも、植民地の文化資源が帝国に受容される物語にも解釈できるのだ。しかしながら、満里子を演じる李香蘭自身にとって、この物語は、ロシア人の女性教師にクラシックの声楽の指導をうけたという個人的な経験と深く関係している。そして、これは『私の鶯』の製作に携わった他の数多くの映画人にも当てはまることである。

『私の鶯』の製作者である左翼系の映画評論家、岩崎昶《あきら》は、一九二〇年代の末にプロレタリア映画同盟の精力的な活動家として、ソ連の文化政策の多大な影響を受けていた。『私の鶯』の監督を務めた島津保次郎は、若い頃に松竹映画撮影所付属の映画研究所（松竹キネマ研究所）で学んでいた。この研究所で教鞭をとっていたのは、ロシアの演劇伝統から多くのことを吸収し、コンスタンチン・スタニスラフスキーの下で研修を受けたこともある日本演劇の批評家・改革者、小山内薫であった。また、『私の鶯』で作曲家として活躍した、ジャズミュージシャンで編曲家である服部良一も、若い頃にはロシア出身の指揮者及び音楽家であるエマヌイル・メッテルの弟子であった（服部、一九八二）。メッテルは、一九一七年以降にハルビンを訪れ、中東鉄道のオーケストラを第一級の楽団に育て上げた後、一九二五年に日本へ移り、交響楽の発展に多大な影響を及ぼした。

『私の鶯』が製作された頃の満洲では、米国のジャズ音楽が禁止されており、インスピレーションを探し求めていた作曲家の服部良一がジャズの代わりに関心を注いだのは、ロシアのロマンス曲であった。一九世紀中頃のロシアで形成された音楽ジャンルとしてのロマンス曲は、恋愛を好んでモティーフとする叙情的な詩に音楽が付けられ、伴奏にあわせて独唱者が歌う声楽作品であった。革命後のソ連ではしかし、このジャンルの人気は激減し、代わって好まれるようになったのは、政治色のある威勢のいい合唱歌であった。ロマンス曲は亡命ロシア人のジャンルとみなされ、一九二〇年代から四〇年代にかけてこれらの曲をヨーロッパやアジアで披露していた亡命ロシア人アーティストは世界的な人気を博していた。

映画の中で満里子は歌を三曲披露するが、その内の二曲「ペルシアの小鳥」と「私の鶯」はジャンル的にロシアのロマンス曲に最も近い。特に、服部良一の「私の鶯」（日本語歌詞はサトウハチロー作）は、明らかにアレクサンドル・アリャービエフ（一七八七〜一八五一）の有名なロマンス曲「鶯」の影響を受けて書かれたものである。

映画全体に甘い郷愁の色調を醸し出しているロマンス曲「私の鶯」は、李香蘭によってロシア語で歌われる。この曲には以下のような歌詞が含まれている。

「哀しき心が歌うのは、私の鶯が私に歌った在りし日の歌」

この言葉にこめられた思いは、パーニンの墓前で哀しむ満里子の気持ちにも十分あてはまる。このような心情はまた、自分がかつて歌った「ロシア皇帝のための歌」を亡命後も忘れることができないでいたパーニンや、映画『私の鶯』の製作者たち、さらには戦時下の芸術そのものにまで、あてはまるものであったのかもしれない。

映画『私の鶯』とそこに描かれる女性歌手・満里子の姿は、いったい誰のために創りだされたのであろうか。『ハルビンスコエ・ヴレーミヤ』紙には想定された映画の観客についての情報が掲載されており、なかでも特に興味深いのは、一九四三年四月九日に映画監督と日本人俳優たちに対して行われたインタビューの内容である。このインタビューでは、映画の予定上映時間（一二〇分）と、予定されるプリント数が示されている。プリント数は合計百で、その内、三二プリントは日本語版で二〇プリントは満洲の映画館用とされていた。では、残りの四八プリントは一体どうなっていたのか。インタビューでは、映画の上映が「南洋の国々」でも予定されていたことが語られている。

満洲の映画館で上映するためのプリントが、果たして何語で作られていたのかは、現在不明である。それは、中国語を話す観客の人口を考慮した中国語版であったかもしれないし、亡命ロシア人を観客として想定したロシア語版であったのかもしれない。あるいは、中国語ともロシア語とも異なる、全く別の言語への翻訳がなされたプリントも存在していたのかもしれない。映画『私の鶯』は、日本帝国全土、及びアジア以外の国々での配給を想定して作られていた可能性が高いのである。この作品への関心を持ち得たであろう亡命ロシア人は、ドイツにもイタリアにも数多く居住していたのだ。

『私の鶯』において、満洲と中国は事実上、先住民抜きで描かれている。映画の中にいるのは日本人たちとロシア人たちだけである。会話はほとんどロシア語で、日本語の会話が出てくるのは、日本人の登場人物が日本人同士で話すほんのわずかなシーンだけである。映画の観客として想定されていたのは、第一に、一九四〇年代の初め頃には概算約七万人はいたという満洲のロシア人住民であったと推測してみるのは、自然なことであろう。

映画製作会社「満映」の理事長・甘粕正彦は、関東軍上層部と日本の諜報機関とに非常に密接に関係していた。迫りくる大きな出来事の前に満洲に暮らすロシア人住民の情緒を安定させ、「西洋文化を保護する日本」を想起させる映画の製作依頼が甘粕に下っていた可能性は十分にありうる。

一九四四年初め頃には多くの者たちが、日本に敗北が待ち受けていることを理解していた。映画『私の鶯』は、ロシア人亡命者たちに接近するための、また、彼らを介して将来の勝者たち、西洋文化の担い手たちに接近するための架け橋として、作られたものであったのかもしれない。

映画の中では、数多くの曲目が演奏されている。それらは、ロシア人音楽家たちと踊り手の集団がキャバレーに出演するシーン（バラライカ演奏団、弦楽四重奏、民族舞踊）や、オペラの上演、ロシア民謡のステージ演奏などといった場面において描かれている。ハルビンの亡命ロシア人の創造力を体現するこういった場面は全て、それ自体が興味深いものであり、満里子の成長と教育の筋道を示すものである。一人の女性歌手を育て上げた特異な文化的背景を知ることで、映画『私の鶯』を観る者は、ロシア系の満洲国民たちが国家全体の発展のために果たした文化的貢献の度合いを思い知ることとなる。

『私の鶯』はこういったことを全くドキュメンタリー的なシーンによって映し出していただけでなく、悲しげで哀調を帯びたムードをも醸し出している。映画の作者たちは、目の前で変わっていくハルビンを自分たちの映画の中に納めたのであった。実際、映画撮影当時において、多くのアーティストたちは既に町をあとにし、才能あるロシア人たちは上海へと去り、ロシア人亡命者たちの第一世代は生活のシーンからいなくなっていた。『私の鶯』の製作者たちはこのことを理解し、心から惜しんでいたのである。

多くの人々が中国における戦争の先行きが思わしくないことを理解し、ノスタルジックな気分を満洲のロシア人住民たちから、日本人たちの方へと移し換えていた。日本の植民地プロジェクトも終焉へと向かっていたからである。映画『私の鶯』の最終バージョンが編集されたのは、まさにこの時期においてであったことは極めて重要である。

おわりに

本章の初めに戻って、映画『私の鶯』の中に女優・山口淑子自身の自伝的・私的な特徴を見いだすことは可能であるのかという質問を課すとするならば、もちろん、肯定する答えが出るであろう。この映画は、満洲に新たな女性歌手が生まれる過程を描き、映画主人公の多民族的かつ多文化的な性格を強調することで、スターの総体的なイメージが人為的に作り出されるものであることを明示し、それを問題化している。映画のなかで輝かしい出世を果たす満里子と同様に、映画のなかで彼女を演じた李香蘭のイメージもまた、意図的に創りだされたものであった。我々は、『私の鶯』における李香蘭のイメージを創出した人たちが有していた明確な意図について、はっきりと知る術はないが、映画の中ではアーティストたちの権力への従属、戦時下の芸術のもろさ、女性歌手や女優にはプロデューサーが必要であることが繰り返し強調されている。

師としての父と、父の仕事の後継者としての娘の関係さえも、実際のところ女優・山口淑子にとっては私的なテーマであった。淑子の将来の多くを決定していたのは、彼女の父の関心事、知識、そして人脈であった。同じことが淑子のロシア人の女友達のリューバについても言える。リューバが子供の頃から得てきた優れた中国語の知識を父は利用し、重要な国際的な交渉において娘を通訳にしたのであった。国際的な舞台において公的あるいは私的な仲介者として女性が果たす役割は山口淑子によって試され、『私の鶯』の中で彼女が演じたヒロイン・満里子の姿に投影されていた。『私の鶯』の製作過程を考察することで見えてくる満洲の「新しい女性」とは、父親に強く依存し、しばしば父親に「利用」される娘たちである。そういった彼女たちの姿は、傀儡国家満洲そのものを体現しているようである。

現代の満洲研究者が指摘しているように、二〇世紀に幾つもの帝国の利害衝突の舞台となった満洲は、多くの人々の想像においては、あいかわらず「何もない場所」であり、あらゆる見解を有し、異なる立ち位置からこの地域を眺める人々は、この「何もない」場所・空間をそれぞれの主観的な追憶によって埋め尽くしている（玉野井、二〇〇八）。今日に至るまで、アメリカやオーストラリア、イスラエル、ポーランド、ロシアやウクライナなど、世界中で「満洲」が回想され続けている。女優・山口淑子（あるいは李香蘭）の映画の中に作り出されたイメージは、満洲の女性たちに関する共有可能な記憶の断片を内包しており、これらのイメージが持ちうる解釈は、無限なまでに多様である。

第三部　記憶を通して

第九章　日本人女性の満洲体験
――日本、中国、ロシアのはざまで――

生田美智子

はじめに

本稿では、満洲で暮らした日本人女性に対する聞き取り調査の内容を整理・文章化し、女たちの満洲体験を再現しようと思う。筆者が録音した聞き取りテープを生のままおこしただけでなく、文献資料との照合を行い、読みやすいように時間軸にそった物語形式に編集した。それは、ステレオタイプなマスの歴史ではなく、顔の見える個人の歴史を描く試みでもある。

満洲で暮らした日本人女性が話題になる時、集団自決や残留婦人などの言葉とともに、引揚げや残留の筆舌に尽くしがたい悲惨な体験が語られる場合が多い。ソ連軍侵攻による逃避行で始まり日本への帰還で終わる悲劇の物語では、非常事態の中で運命に翻弄された存在に焦点があたり、それ以前の満洲生活者としての側面は軽視されてきたように思う。本章では悲惨な体験を次世代の人間として重く受け止め、重大なこととして認識したうえで、満洲で人間として、女性としてどのような生活を送ったかに光をあてようと思う。それにより文献資料には書かれていないこと、ならびに、非日常の物語ではすくえないことを浮びあがらせたい。

その際、次のことに留意したい。第一は、住環境がまるで異なる都市と農村を一律に述べることはできない。第二は、どのようなアイデンティティの女性として、満洲で生きたかによっても運命が異なるので、家族関係、職種や経歴などに注目する。第三は渡満した時期ならびに在満期間の長短に着目する。

以上の理由から本章では、三つの異なる住環境を取り上げる。すなわち、満洲建国以前からの国際都市ハルビン、ソ連との国境地帯に位置し陸軍が拠点を置いていた佳木斯《ジャムス》、満洲における天理教の海外布教の拠点・旧天理村である。

紙数が限られているので、満洲で生まれ育った在満二三年の職業婦人、恋愛結婚で渡満したモダン家庭婦人、シベリアに抑留された従軍看護婦、終戦後四五年後に帰還を果たした中国残留婦人に限定せざるを得なかった。その内三人の物語は知られていないが、一人は自著も出している加藤淑子《としこ》である。満洲時代に母としての日常生活を送った人は高齢化し、体験を語れる人は限定されている。余人をもって代えがたいので、筆者のインタビューを基礎に加藤の自著からの情報も加味した。四人のうち二人の女性の物語は舞台がハルビンである。その理由は、多民族接触の有無、異文化に対する蔑視と憧れなどを見るにはハルビンが最適だからである。なお、証言者のお名前、ならびに証言部分に登場する方々のお名前についてはすべて敬称を省略させていただいた。また、証言者の苗字は結婚後変わるので、一貫している名前で呼ばせていただく。

一　ハルビン

かつてハルビンにはロシア正教会聖堂が二〇ヵ所以上存在していた。その多くは文化大革命の時に破壊されたり、倉庫などに転用されたりしたが、現在でも聖母守護教会は聖堂として利用されている。ここから想像できるようにハルビンはロシア人が建設した街である。一八九六年の露清密約で、ロシア帝国が中国を横断する中東鉄道の建設と経営の権利を獲得した時、その拠点となったのがハルビンである。以来、ハルビンは、中東鉄道の城下街として繁栄する。ロシア人だけでなく多くの民族が国や地域を越えて中東鉄道関連の仕事を求めて入植し、ハルビンは多民族が共存する国際都市となる。ロシア革命によりロシア帝国が滅亡してからは亡命ロシア人が大量に流入し、さらに一九二四年、中ソ国交回復後中東鉄道が中ソ合弁企業になってからは、ソ連人も数多く流入した。

日本女性がハルビンにやって来たのは、ロシア帝国が中東鉄道建設に着工したのとほぼ同じ頃のことである。以来、ハルビンの日本社会は、第二次世界大戦後満洲から引き揚げるまで、五つの時期に分けることができる。第一は草創期で一八九八年のハルビン開基から日露戦争開戦まで（一九〇四）。第二は「第一次勢力伸長期」で、一九〇五年の日露戦争終了から日本軍のシベリア出兵撤兵まで（一九二二年）。第三は「勢力沈滞期」で、日本軍のシベリア出兵撤兵から一九三二年の日本軍のハルビン入城まで。第四は「第二次勢力伸長期で」一九三二年の満洲国建国から一九四五年の満洲国崩壊までの満洲国時代。第五は「難民期」で一九四五年のいわゆるアジア太平洋戦争終戦から引き揚げまでである（上田、二〇〇七）。

満洲育ちの職業婦人・山田（旧姓山内）久代

久代は一九二二年ハルビンで生まれた。「支那満洲哈爾濱ディアゴナリナヤ街にて出生」と記した出生届けが在ハルビンの日本総領事館に提出された。日本人としての届け出で、日本国籍である。

満洲事変前のハルビンではバザール（市場）の買い物はロシア語で行われ、そこでは中国人もロシア語で商売をしていた。お金もルーブルだった。物心ついた頃は日本円が流通していたが、みんなそれをロシアのお金の単位であるルーブルと呼んでいた。この頃ハルビンではロシア人が一番いばっており、街の看板もロシア語だった。

一九二九年、七歳で南満洲鉄道株式会社がつくった「ハルビン日本尋常高等小学校」に入学した。当時は全校生徒が三〇〇人位で日本人はそれほど他民族を圧倒する存在ではなかった。小学校では、四年生からロシア語と中国語の特別授業があり、生徒はそのどちらかを選択した。それ以外は日本と同じカリキュラムだ。ロシア語のワシーリイ先生は生徒を可愛がり、よく遊んでくれた。

両親に「ハルビンは外国だ」と言われて育った。満鉄が所有していたのは南満洲の長春（日露戦争の結果、中東鉄道の路線のうち旅順口―長春間の南部支線が日本に譲渡）までで、北満洲にあるハルビンの鉄道は中ソ経営の中東鉄道（北満鉄道）のものだった。南満洲の満鉄沿線では鉄道附属地にできた日本人街に日本人がまとまって住んでいたが、ハルビンではロシア人、中国人、日本人がごちゃ混ぜに住んでいた。ロシア人がつくった街なので、建物はマンション形式の三、四階建てで、トイレも水洗だった。両親から、外国で暮らしているのだから「日本人として恥ずかしいことをするな」「日《ひ》の本《もと》の子なる誇りを持て」と常に言われて育ったので、日本人は優秀だと思っていた。家にはロシア女性が時間給で手伝いにきており、二時間で、掃除と洗濯をしてもらった。父の会社にもロシア人が働いており、中国人のコックやボーイもいた。社宅はペチカ（ロシア式暖炉）つきだった。

一九三一年、久代が小児結核にかかったので、父をハルビンに残し、一家全員で日本に帰ってきた。満洲事変がおこるのはその一ヵ月後のことである。

一九三三年一〇月、一人でハルビンに残っていた父が匪賊に拉致される事件が起きる。出張でアムール川を航行中、匪賊に船が占拠されたのだ。匪賊とは紅匪、つまり共産匪で今の中国の義勇軍だ。その知らせが会社から日本にいる母に届き、母は子供を広島の伯母に預けて一人でハルビンに帰った。会社が身代金を支払って、翌年二月、父は釈放された。

一九三四年、久代はハルビンに戻った。満洲事変後、ハルビンでは日本人が急増し、中国人も日本人には日本語で物を売るようになっていた。古くからハルビンに住んでいる日本人は、「事変前と事変後の日本人は人種が違う」と言っていた。一旗あげようとハルビンにやって来て、日本人というだけで威張ったり、中国人をいじめたりする人が目立つようになった。

一九三五年、小学校を卒業すると、創立されたばかりの「ハルビン日本高等女学校」（後の富士高等女学校）の二期生として入学する。校舎はまだなく、ウクライナ会館を借りていた。女学校の音楽会は「東支《とうし》鉄道《てつどう》倶楽部《クラブ》」（中東鉄道クラブ）のホールをかりて開催した。ロシア人が建設した鉄道倶楽部は立派な建物だ。ハルビン交響楽団が演奏する野外コンサートもすばらしかった。スンガリー川（松花江のロシア名）には船着き場があり白い二階建ての遊覧船やヨットが行ったり来たりしていた。夏には川向うの太陽島に行ってロシア人の別荘を借りた。貸別荘は一シーズンいくらで貸してくれるのだ。

ロシア系デパートとして知られていた秋林《チューリン》百貨店では洋服の生地を買った。事変前は上海経由のパリ製の生地を買っていたが、事変後は日本製を買うようになった。仕立てはロシア人マダムに頼んだ。ハルビン銀座と言われるキタイスカヤ（中央大街）には帽子屋が六、七軒もあり、季節ごとに、友達と一軒一軒試着して歩いた。ドライフルーツやコンポートなどの西洋のお菓子は秋林百貨店で買い、パンやソーセージは街角の食料品店でも買った。おしゃれな喫茶店としては「マルス」や「ビクトリア」が有名だが、日本からも森永のキャンディストアなどが進出していた。

山田久代（筆者撮影）

「モデルンホテル」（一九一三年創業のヨーロッパスタイルの高級ホテル）へはハルビン交響楽団のオーケストラを聴きにいった。ロシア人とは、クリスマスに自宅に招待されたり、復活祭の卵や手作りのクッキーやケーキをもらったりと交流があったが、中国人とはあまりなかった。ロシア人の子供とはロシア語で遊んだ。

辻馬車の「イズヴォーシク」（御者）は元伯爵の亡命ロシア人だ。病気になるとロシア人の小児科医者のところに連れて行かれた。久代は日本の登喜和百貨店の最上階にある食堂でお子様ランチを食べるのが楽しみだった。ロシア系の秋林百貨店にもないメニューだ。ウチャストコワヤ（地段街）にある登喜和《ときわ》百貨店や丸商百貨店は日本資本のデパートで、お客も店員も日本人が多かった。当時、父は日本からお客が来ると、「ファンタジア」というロシア・キャバレーでロシア女性の「裸踊り」（ストリップのこと）を見せ、武蔵野という料亭で芸者を呼んで接待した。

中国人が売っている駄菓子は買わせてもらえなかった。彼らは手鼻をかんで、あたりかまわず拭くので、電信柱や玄関の柱は触ってはいけないと言われた。中国人と日本人の関係で面白いのは、ハルビン市の市長は中国人だが、副市長は必ず日本人で、同じ大きさの机に座っていたということだ。国の行事でも満洲国の皇帝が玉座に座ると、すぐ横に同じような屏風をたてて関東軍最高司令官が座るのだ。

一九三九年、久代は奉天（現瀋陽）にある「新京医科大学附属薬剤師養成所（一九四五年より薬学部）」に入学した。満洲国立で「日満男女共学」（日本人と満人が入れる男女共学）だった。学長は東京大学出身者で、日本の薬専と同じカリキュラムを採用していた。そのおかげで日本に引き揚げてから、満洲国薬剤師の免許を添えて厚生省に「日本の」薬剤師免許を申請したら、支給してもらうことができた。卒業までの三年間奉天に住んだが、通りの名前も浪速通とか千代田通とか日本式だった。「満洲の大都市のうち通りに外国の名前がついているのはハルビンだけだった」。

一九四〇年、ハルビンにある「満洲国赤十字病院」の調剤部に就職する。そこにはロシア人と中国人の通訳がいた。当時は配給制で、日本人には白米、中国人には高粱《コーリャン》やトウモロコシ、ロシア人には小麦が配給された。病院の昼食も日本人は白米、中国人は粉をこねたマントウ（饅頭）だった。中国人の薬剤師と一緒に食堂へ行って半分ずつ分け合って食べたが、そのうちにそういうことはしてはいけないと言われた。男の薬剤師が召集されると、当直の仕事が半端でなくなった。朝九時から仕事で、五時から当直に入るのだ。当直のときは夜、仮眠室で休むだけで次の日も朝九時からの通常勤務だった。院長は現役の軍医大佐で、夜中の二時でも三時でも往診に出かけていた。往診を依頼する患者は将校で、黒河あたりまで飛行機で往診に行ったりした。仕事が忙しく仮眠中もしばしば起こされ、久代はくたびれはてた。あまりに仕事がきついので母が心配し、二年ほどで病院をやめた。

その後しばらく家にいたが、友達の紹介で「関東軍防疫給水部」に就職した。七三一部隊だ。七三一部隊についてはハルビン交響楽団のロシア人バイオリストがスパイ嫌疑でつれて行かれたとか、とかく噂があった。しかし久代が勤めたのは、平房（ハルビン南方二四キロ）にある本部（細菌戦に使用する生物兵器の研究のために人体実験も行った）ではなく、ハルビンの陸軍病院の隣にある分室で、そこで水質検査を行った。

一九四五年八月一二日、勤務先の関東軍から七三一部隊は南に疎開すると言われ、ハルビンを出発した。貨車に荷物を積んで、平房から七三一専用列車で出発した。新京に着くまでに終戦になったが、同じ列車に乗ったままで安東から釜山に入った。こうして満洲国から朝鮮領域へ出たのだ。関東軍の上層部では敗戦になることは分かっていたようだ。釜山から貨物船を雇って下関まで行った。下関でみんなに幾分かのお金と物資が渡され、解散するので、どこへでも行けといわれた。

日本に到着したのは八月三〇日だった。まさか内地に戻るとは思っていなかったので、親戚の連絡先も何も持っていなかった。七三一部隊の直属の上司に、山田少尉という人がいて、日本で行く当てのない久代に「とりあえず僕の所へ来い」と言ってくれた。その後、広島の伯母と連絡がつき、そこでお正月を迎えた。

日本では引揚げ者と言われて、どこの馬の骨か分からない人間になってしまった。「私はあれとよく似た着物を持っていた」と言うと、「誰も見てないからなんとでも言えるわね」と言われた。

一九四七年、七三一部隊給水部の元上司だった山田元少尉と結婚して、翌年に長男が生まれる。薬剤師の夫が勤めていた名古屋の勝川にある薬局に久代も勤めた。子供が生まれてからしばらくは休職したが、薬剤師の夫と二人で山田薬局をたちあげ、ずっと働いた。

「ハルビンで生活できて幸せだった。日本の生活とは比べものにならない。立場が違うし、日常の生活圏が違った。ハルビンや奉天で学んだことが役にたち、薬剤師免許があったから今まで生きてこられた」。

モダン家庭婦人・加藤淑子

淑子《としこ》は一九一五年、呉服屋の長女として京都に生まれた。一九三四年、五歳年上の幸四郎に結婚を申し込まれた。しかし、彼は三二年春、ハルビンの日露協会学校（ハルビン学院）を卒業したものの、就職浪人だった。結婚に反対されたが、二人は親戚を説き伏せ、婚約にこぎつけた。幸四郎は渡満し、最初ハルビン特務機関に就職し、数ヵ月後に満鉄に入社した。三五年、淑子は結婚式をあげると、古都から新天地をめざして、夫と共にハルビンに旅立った。二〇歳の時のことである。

最初に間借したのはロシア人の未亡人マリア・ニコラーエヴナの家だった。以後淑子は頻繁に引っ越しを繰り返すことになるので最初に全体的な流れを記すことにする。一九三六年四月、ロシア人・ニコラエーヴナ宅からサハロフ宅に転居し、同年六月、淑子が一時日本へ里帰りする際ロシア人・ユシコフ家に引っ越した。淑子がハルビンに戻ると、三七年六月大和アパートに転居し、三八年二月、ハルビン市立病院で長男の幹雄を出産する。翌年八月、ロシア語話者・トホールの家に移り住み、三九年に、淑子は幹雄をつれて出産のため里帰りし、四〇年一月に京都で幸子を出産する。同年、淑子はハルビンに戻りロシア人・イワノフ宅に引っ越した。四一年六月、幸四郎に赤紙がきて、孫呉《そんご》部隊（アムール河畔の黒河より少し南）へ入隊したので、淑子は子供二人を連れて日本に引き揚げる。四二年九月、幸四郎がハルビンのロシア語教育隊へ配属され、一〇月、淑子は子供を連れてハルビンに戻り、軍官舎に住んだ。四三年一二月、ハルビン市立病院で登紀子が生まれる（のちに歌手として活躍）。四四年八月、幸四郎は奉天防衛司令部に転勤となり、一家は奉天に引っ越した。四五年六月、幸四郎が朝鮮済州島防衛部隊への移動命令を受け、遂に前線へ赴くことになり、淑子は子供を連れてハルビンに戻り、軍の官舎に入った。

左から加藤幸四郎、幸子、幹雄、登紀子、淑子

（1944 年。加藤幹雄氏提供）

　夫がロシアの専門家を養成する日露協会学校の卒業生であったうえ、職場が満鉄の白系露人係だったので、ハルビンでの生活はロシア人との交流が主調となった。家にはロシア人のメイドがいるので、到着した日からロシア語がきこえる日常生活がはじまった。イワノフ家にいた時には、お手伝いのフローシャにロシア料理の作り方を教えてもらった。朝食はパンにバター、コーヒー、昼食は午後二時から二時間かけて、ローストビーフやスープを食べ、食後は観劇やダンス、ゲームをする毎日だ。「ビクトリア」や「マルス」という喫茶店では、チョコレートやケーキにティを楽しみ、「モデルンホテル」のレストランではロシア料理を食べた。土曜日には鉄道クラブの舞踏会に夫婦で出かけた。音楽の都ハルビンには、「ハルビン交響楽団」があり、夏には野外音楽堂でコンサートが行われた。夫婦とも音楽がすきで、ハルビン交響楽団の演奏を聴きに鉄道クラブに通った。ヨットクラブで夫婦は生演奏でダンスに興じた。ハルビンにはヨーロッパの商店もたくさんあった。

ハルビンに住む亡命ロシア人は持ち家を貸して収入を得ている人が多かった。ロシア人宅は家具が立派でインテリアが素晴らしかった。彼らの暮らしの中心にはロシア正教があった。集まるのが好きで、ロシア正教関係のさまざまな祝日には客を招待し祝宴を開き、歌って踊った。夫婦はその祝宴の常連であった。夏にはロシア人が建設したヨットクラブの生演奏でダンスに興じ、ロシア人の別荘地で別荘を借り、ボート遊びをよくした。

夫は毎日のように友達を家に連れて帰ってきては、自由闊達に天下国家を論じていた。音楽家を目指す夫はロシア人に声楽をならい、「ロシア芸術研究会」を立ち上げた。淑子もロシア語のレッスンに通い、日常会話が可能になった。刺繍やピアノのレッスンも受け、さらに夫と二人で声楽のレッスンも受けた。

ロシア人との交流が基調の生活であったが、大和アパート時代は大家さんが中国人で入居者は全員日本人であった。中国人の御用聞きがやってくるなど、ロシア人宅とは異なる生活環境も経験した。また、奉天時代は日本式の家に住んだ。

長男幹雄がうまれてからはロシア人の女性に家事を手伝ってもらった。二人目の子供・幸子が出来た時は、子供をおぶってピアノのレッスンを受けた。六歳になると幹雄はハルビンの白梅小学校に入学した。夫の奉天転勤にともない奉天に引っ越した時には、バケツリレーの消火など防空訓練にもんぺ姿で参加した。幹雄は小学校に、幸子は幼稚園に通った。

八月九日、ソ連が参戦したことを知った淑子は今のうちにと思い、着物を一〇枚売って換金した。一五日に玉音放送が流れ、日本の敗戦を知った。淑子は子供たちを連れて、軍人家族の収容所となっていた星輝寮《せいきりょう》に入った。北方の開拓団などが、おびただしい数の難民としてハルビンに押し寄せてきた。彼らは人間とは思えない恰好をしていた。中国人は日本軍の官舎に侵入し、家の中のものを運びだした。ソ連兵の目をおおう略奪や婦女暴行、「男狩り」が続いた。淑子はこんな時こそ「生きていく力がためされる」と感じた。

ソ連兵の婦女暴行、略奪行為は後続部隊のソ連兵が憤慨する程凶暴なもので、日本人の間に抜きがたい反ソ感情を植え付けた。しかし淑子は長年のロシア人との付き合いがあるので、先発部隊のソ連兵の行為がロシア人全体の性格を特徴づけるものとは思わなかった。ロシア語の分かる淑子はロシア兵の応対を勤めることになったが、堂々とロシア語で物をいった。「畳の上は靴で歩いてはいけません」というと出て行った。みずからの立場を主張することにより、「お互いを尊重することから」相互信頼関係がはじまると確信していた。

洋裁の得意な淑子は古いシーツで人形を作ってソ連兵に売り、秋林百貨店でお針子として働いた。給料をもらった経験がない淑子は、自分の力で生活費を手にする喜びを感じた。ハルビンの街には在住日本人を上まわる八万八〇〇〇人の避難民が流れ込み、劣悪な環境のもと発疹チフスが流行した。星輝寮の給食制度が廃止となったのを機に淑子は寮を出て親戚の家に移り、ミシンで生計の途をたてた。中国人の市場で安い食料を手にいれるようになり、中国人との人間同士の交流が芽生えた。

四六年四月にソ連軍の撤退がはじまった。七月、日本への引揚げが開始された。洋裁の仕事が順調でハルビンに残留することを勧められた淑子は迷うが、自分に万一のことがあれば子供たちが路頭に迷う恐れがあることや、夫が日本に帰国するであろうことを考え、引揚げを決意する。一〇〇〇人ほどが無蓋車にのり、ハルビンを出発した。しばらくすると引揚げ汽車が沙曼屯《さまんとん》で停車した。親しくしていたロシア人・フローシャの家がある所だと気づいた淑子は、停車の間隙をぬって、長男（幹雄）と長女（幸子）を残し、幼い次女（登紀子）をおぶって会いに走った。食べ物を抱えたフローシャが淑子を送ってきて、みんなでささやかな別れの食事をした。

一〇月、佐世保に上陸、京都に帰った。淑子は洋裁店に勤め、生計をたてた。四七年、幸四郎が引揚げてきた。三月、幸四郎がレコード会社に入社、一家は東京に引っ越し、淑子は本格的に洋裁をはじめた。四九年、幸四郎の母が死去し、京都に引っ越した、淑子の洋裁で生計を立てる日々が続いた。五七年、夫婦でロシア料理店「スンガリー」を東京に開店する。事業を拡大し、支店を次々と開店した。一九九二年、幸四郎が八四歳で死去したが、淑子はロシア料理店を子供たちにまかせた今も凛として一家を束ねている。

二　佳木斯《ジャムス》

佳木斯はアムール川、ウスリー川、スンガリー川が合流するソ連との国境近くの三江《さんこう》平原に位置する軍事・交通上の重要拠点であった。一九三四年、満洲国行政機構の改革強化により三江省が新設され、佳木斯はその省都となった。周辺には日本人の開拓村である弥栄《いやさか》村や千振《ちぶり》村などがあり、日本人が数多く入植していた。

朝鮮との国境の街・図們《ともん》と佳木斯を結ぶ図佳線《とかせん》が一九三七年に開通したことにより朝鮮の諸港と緊密なルートができ、佳木斯は水陸兼備の貿易市場となった。さらに、一九四〇年に綏化《すいか》と佳木斯を結ぶ綏《すい》佳線《かせん》が開通したことでハルビンを経由し大連に至る満鉄の大動脈に接続されるようになるなど、満洲国の国策遂行の地域拠点であった。一九三七年には人口は五万余と称せられていたが、一九四一年には一五万人になった満洲新興都市である（廣岡、一九四一）。

シベリア抑留従軍看護婦・井上（旧姓平田）ともゑ

ともゑは一九二七年、兵庫県佐用郡石井村で生まれた。初等学校を卒業後、神戸市立医師会附属看護養成所を二年で卒業、石井村の村長の紹介で神戸の二宮医院で働きながら、看護婦免許をとった。ともゑが一七歳の時に、三番目の兄が南方で戦死し、白木の箱が送られてきたが、箱を開けて見ると、中には骨はなく、石ころが入っていた。兄の仇をうちたいと、姫路の師団司令部に行き、佳木斯《ジャムス》の第一陸軍病院の看護婦募集に応募し、採用となった。下関から船で玄界灘をこえ、釜山経由で汽車で佳木斯へ到着した。一九四四年七月に到着したが、その時点ですでに、ここには鉄砲も服もないと病院の人が言っていた。妙なことを言うと思っていたが、行って一年で終戦になった。

八月一日、陸軍看護婦を命ぜられ、配属されたのは、市郊外にある満洲国佳木斯第一陸軍病院で、部隊名は関東軍佳木斯第七九一部隊である。陸軍司令部前の赤レンガの合同宿舎に入った。第一陸軍病院には内科病棟、外科病棟、慢性伝染病棟と急性伝染病棟の合計四棟の病棟があった。二～四ヵ月毎に病棟をかわった。そこに軍医や衛生兵、看護婦を合わせてスタッフが二〇〇人ほどいた。そのうち、女性が、日赤救護看護婦（陸軍大臣からの派遣命令にもとづき、日赤が赤紙で召集）と陸軍看護婦（応募看護婦で軍に直属）、現地養成の見習看護婦、薬剤師、事務員、手伝人など、一〇〇人以上いた。

看護婦の制服は紺のギャザースカートで、ともゑ自身が制服にあこがれて看護婦になったほど恰好がよかった。仕事着も白で、凛々しい。ともゑは休みの日には酒保（スーパーのようなもの）に買い物にいった。その近くには「P屋（ピーヤ）」といわれる「女郎屋」があり、朝鮮人や中国人の「女郎」がいた。そこでは中国人の雑役係の男性があごで使われていた。P屋の入口には「むしろ」がカーテン代わりにぶら下がっているだけだった。外では「兵隊さん」がずらっと並んで順番を待っていた。時間までに帰らないといけないので、待っている人が「早よせ、早よせ」と言っていた。病院内でもP屋のことはよく話題になり、「この間行ってきた」とか言っていた。多い時には一日に五〇人位が列を作っていた。病院では淋病患者や梅毒患者が慢性伝染病棟に収容されていた。満人や朝鮮人はごみ集めなどの下働きをしていた。

日ソ開戦になると師団司令部が攻撃の対象となったが、病院は狙われなかった。しかし、何回もソ連から爆撃を受けるようになったので疎開することになり、荷物を背嚢《はいのう》に詰め、あとはすべて燃やした。村長夫人にもらった綸子《りんず》の羽織を燃やした時には涙が出た。内科や外科の入院患者を担架やトラックにのせて避難させた。最後に残ったのは伝染病患者だ。病気がうつるので他の患者と一緒にはできなかった。重症患者で護送しても助かる見込みがなかったので、上官の命令で看護婦が静脈注射をして安楽死させた。ソ連に殺されるくらいならと考え、そうしたのだ。師団と共に撤退する時に軍服が支給され、看護婦の制服を脱いで着替えさせられた。病院や軍事施設に火が放たれた。

　七九一部隊を乗せて船は師団司令部と共に松花江をさかのぼった。普段であれば二昼夜でハルビンに着くのだが、着いたのは満人部落の船着き場だった。そこから方正にたどり着いた。開拓団の人たちが立去った後の空き家に入った。

佳木斯《ジャムス》第一陸軍病院で
（1944年。後列左から2人目が井上ともゑ。同氏提供）

　ある日、全員集合させられ、終戦をつげられた。ソ連兵がやって来て武装解除された。

　八月末、出発命令が下り、乗船がはじまったが、女性部隊の直前で乗船中止となった。女性ばかり一五〇人を男性軍医一人が引率して方正へ歩いてむかった。横をソ連のジープが通りすぎていった。途中で一人の見習い看護婦が脇を通ったソ連兵のジープに引っ張り上げられ、拉致されたまま帰ってこなかった。あとで聞いた所では殺されたそうである。看護婦には、「辱めをうけるくらいならこれを飲みなさい」と青酸カリが渡されていた。ある時、前途を悲観したひとりの看護婦が青酸カリを飲んで自殺を図ったが、発見が早く一命をとりとめた。顔がバンバンにはれ、異様な匂いがするのを見て、ぞっとした。

方正でソ連軍の捕虜になり、女は七班に分けられ、ひとつの班には五～九人、多くて二〇人ほどがいた。九月下旬、船でハバロフスクに向かった。九月末、ハバロフスクに上陸。一〇月上旬、ソ連のライチハ（現ロシアアムール州のライチヒンスク）に送られた。着いた所は日本人ばかりの収容所で、総勢六〇〇人で女性は一五〇人ほどだった。男は石切りと木材の伐採に従事させられ、女は芋掘りや炊事を担当させられた。ともゑは炊事係になった。ライチハに七ヵ月ほどいた。

次に送られたのは、ザビタヤ（現ロシア・アムール州のザビチンスク）だった。日本人患者が収容されている病院で、五人ずつで四班になり、看護にあたった。ともゑは二〇人の女性を統括する役目をつとめた。冬場に人が死ぬと地面がカチカチで、埋葬することができないので天井裏にまとめておき、雪が解けるのを待って埋葬した。支給される食べ物は二センチ位の厚さの黒パンと、鮭、じゃがいもを炊いたものやコーリャンの「カーシャ」（かゆ）だ。一日に三回支給され、たまに鮭や人参、じゃがいもの入った「カーシャ」が与えられることもあった。ザビタヤには一年ほどいた。

最後に送られたのはナホトカ（日本海に面する港湾都市）だ。そこで引揚げ船を待つ間、一年ほど看護婦として働いた。病床五〇の帰還収容所で看護婦は五人だ。一日働くと、三日は休みで、六時間労働だった。ロシア人は「カマンンジール、イジー、シュダー」（班長、こっちへおいで）と言って大事にしてくれた。映画館やダンスホールにも連れて行ってもらった。日本に帰れることが分かっていたので、安心していた。「兵隊さん」ほどの苦労はせずにすんだ。一九四八年六月、二一歳の時、ナホトカから復員船で舞鶴に帰国した。

シベリア抑留者は帰国すると「ソ連帰りの赤」といわれた。ともゑも赤に染められて帰ってきたようなことを新聞に書かれた。シベリアからやっと生還できた引揚げ者をあらたな苦難が待ち受けていたのだ。二番目の兄が川崎重工の造船所にいたので、その紹介で造船所の診療所に勤めた。一年ほどそこで働き、その後、大阪の上本町にある病院に一年半ほど勤めた。ともゑは二回「マッカーサー司令部」（連合軍最高司令官総司令部）に呼ばれ、ソ連で何をしていたか思想調査をされた。二度目に呼ばれた時、同じく思想調査に呼ばれていたソ連帰りの夫と知りあい、結婚して大阪の住吉区に住んだ。ともゑは病院で働いていたが、子供ができてやめることにする。子供の手がはなれると、病院勤めを再開し、五七歳で退職したが、その後もさらに別の病院で七六歳まで働いた。夫は建設会社で運転手をしていたが、喧嘩をして頭を殴られ、脳外科に入院した。その後は糖尿病もわずらい九三年、八三歳で亡くなった。

三　旧天理村

旧天理村（以下、天理村と書く）は天理教信者の移民が一九三四年に満洲国に建設した開拓村であった。ハルビン郊外の阿城県にある開拓村で、現在も天里屯として地図上にその名称が残っている。満洲国建国後、開拓団派遣は、国防と日満一体化という重要な国策として大々的に推進され、多くの開拓団が満洲に入植した。天理村へは一九三四年に第一次移民団として四三家族二〇五名が入植し、一九四五年まで一一回にわたって七〇〇家族二六〇〇人が入植した。

天理教の移民団には次のような特徴があった。第一は天理教の信徒のみで構成されていたこと、第二は夫婦を基本単位として入植する家族移民であったこと、第三は通常の移民は同じ地域出身者で構成されることが多いが、全国各地から応募した信者から成る農業移民であったことである。入植目的は天理教の海外布教、すなわち、開拓すると同時に天理教を広めることであった。天理教は満洲の日本人だけでなく、地域住民も布教対象とした。中国人部落に出かけて「おたすけ」という医療救済行為で病人の体をさすったり、祈ったりして人命救助したので、天理教信者になる中国人もいた。天理教の学校では中国人の子供も学ぶことができ、また診療所では中国人の診察も受け入れた。しかし、村の周囲に壕を張り巡らし、五〇〇ボルトの電流が流れる鉄条網をはり、機関銃座がある土堤を築いていたことから判断すると、オープンな異民族交流ができる状況ではなかったようである。

残留婦人・田中信子の証言

信子は一九三〇年静岡県に生まれた。父は熱心な天理教の布教者で、一家は静岡県の山名大教会に住み込み、「おたすけ」を行っていた。満洲との関りは、渡満一ヵ月ほど前に、満洲がどんな所か訓練を受けた時から始まった。野生の馬、牛、豚がいて、人間を見ても恐がらず、花が咲き乱れる素晴らしい所だと教えられた。家も建ててあると言われたが、農業のやり方などは教わらなかった。

終戦のわずか二年前の一九四三年、父母に長女信子、次女貞子、三女三千代、四女愛子、弟勝一の家族全員七名で渡満した。天理村生琉里《ふるさと》地区に到着したのは八月一五日で、一三歳の時だ。教会で食事とお勤めをしてから、馬車で一九四二年に先遣隊が新しく開拓した一宇《いちう》開拓団地区へ向かった。そこは姚《よう》万慶《まんけい》という所でバスも自動車も通っていない。電気もなく、ランプの明りしかなかった。ふるえながら、軍隊から支給された毛布にくるまった。二人で一枚の毛布だ。家を用意しているという約束だったが、空いた家はなかった。中国人が住んでいたが、信子たちの目の前で軍人が銃をもって追い出した。ノミやシラミだらけの所で、信子はこんな所に来るのじゃなかったと思った。翌日から共同生活がはじまった。食料は高粱《コーリャン》やトウモロコシだけで、粟もなかった。それに大豆を混ぜたのが食事だった。開拓民を入植させようとしたのは、軍隊の後方支援が必要なためだった。開拓団と言っていたが、実際は現地人の住宅をとりあげるものだった。しかも現地の人は代わりの家を提供されることもなく、買いたたかれるだけなので、立ち退き要求に容易に応じなかった。

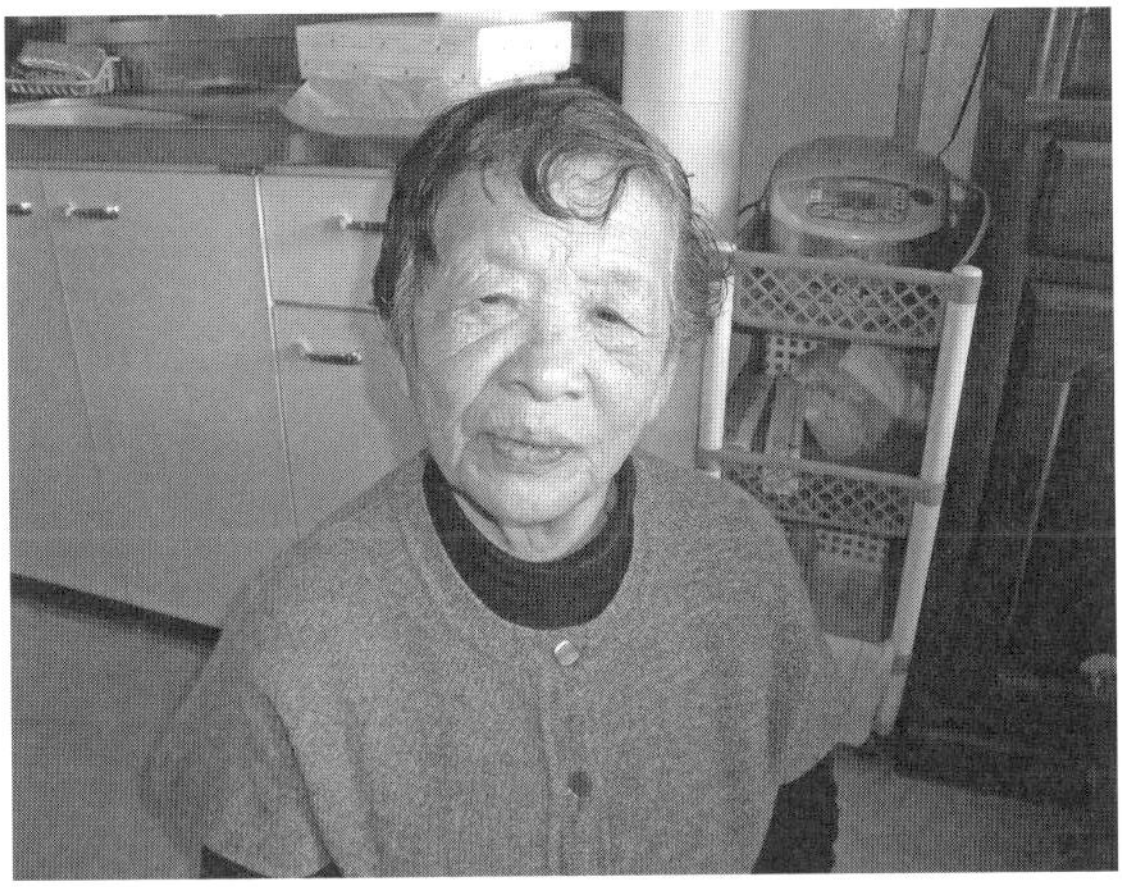

田中信子（筆者撮影）

一宇開拓団の壮年日本人男性は軍にとられ、残っているのは、老人や身体障害者ばかりだった。女が野良仕事や、馬や牛、ヤギの放牧をした。傷ついて軍隊から払いさげられた馬に器具をつけて耕した。働きづめの生活で、いいことは何もなかった。信子の父は、言葉が分からなかったが、中国人の家におたすけに出かけていた。

一九四五年八月一五日、二年たってようやく生活にも慣れた時、中国人に「お前たちは戦争に負けた」と言われた。それまでは軍隊が守ってくれたが、敗戦の時には中国人が鍬や鎌をもって押しかけ、「出ていけ、俺の家だ」といった。中国人に叩かれて殺された人も、首を切られた人もいた。信子も中国人に腰を叩かれ、その後遺症は今も残っている。

中国人部落の中に散在していた天理の新しい開拓部落（一九四三年入村）である一宇開拓団や大和開拓団の

人々が、母村である天理生琉里村《ふるさと》（一九三四年入村）地区に逃げこんだ。もともと母村には三〇〇人位が居住していたが、そこに二〇〇〇人ほどが合流し、さらに近くの岡山開拓団（近隣に位置する岡山県出身の開拓団。天理教とは関係ない）の日本人も逃げてきた。他の村から生琉里村へ逃げてきた者は住む家がないので、馬小屋や豚小屋に住んだ。暖を取るオンドルもなく、食物もなかった。一冬で約五〇〇人が死んだ。寒さと飢え、チフスの流行によるものだった。大きな穴を掘って、死体を高粱《コーリャン》の茎で編んだむしろに包んで洞穴にいれた。大勢の人が共同墓地に埋葬された。食事は一日二回のおかゆともいえないスープだった。飢え死にする人が続出した。天理村を出ると、鎌や鍬を持った中国人に殺された。天理村は周囲に壕と土堤を廻らし、その上には五〇〇ボルトの電流の通る鉄条網がはりめぐらされていたので、村の中にいると殺害されずにすんだ。

一九四六年二月に父が栄養失調で亡くなった。母は父がおたすけに通っていた家の中国人に妹の貞子（一二歳）をお手伝いとして預けた。母は栄養失調と心痛が重なったのか、四月に亡くなった。春になると八路軍（中国共産党指導下の軍隊）が来て殺害殺人や暴行を禁止してから治安がよくなり、日本人と中国人が互いに部落に出入りできるようになった。中国人が食べる物を持って来て売った。中国人の所で働ける人は働いた。両親を亡くした信子は昼間中国人の所で働いて、パンとスープと漬物をもらった。パンを腰に巻き付けて持って帰り、三人の弟や妹に与えた。仕事先の劉夫妻は親のない信子たちきょうだいを可愛がってくれた。

同年六月、信子が畑仕事から帰ると妹の愛子がいなくなっていた。劉家の嫁がきて食べ物をくれるというので愛子は城子《じょうし》にある中国人部落について行って帰ってこなかったのだ。近いうちに天理村が引き揚げることが分かっていたので、信子は中国語のできる人をつれて、弟の勝一をおぶって愛子を迎えにいった。愛子も勝一もお腹一杯食べられるので中国人部落から帰りたくないのか、高粱畑に隠れて出てこなかった。勝一は一人でオンドルの上にも上れないほどやせ細っていた。愛子と勝一は天理村には帰らないと言って泣いた。しかたなく信子は自分も残ることにして、三人も世話になるので泊めてもらうかわりに家の仕事を手伝った。

二ヵ月ほどして、一人残してきた妹三千代のことが心配で信子が天理村に戻ってみると、天理村は八月中旬に全員が日本に引き揚げていた。「とり残された」と思った信子はその場に泣き伏した。後から聞いた話では、妹の三千代も一緒に引き揚げていた。信子はしかたなしに城子の中国人部落へ帰って行った。

同年九月、日本人の去った後の天理村に、貧乏人から先に入居してもよくなった。劉家はそこに転居した。劉家にはハルビンに働きに出ている弟の文泰がおり、信子は文泰と結婚するように言われた。信子は一五歳だった。信子は、妹愛子と弟勝一が成人するまでは一緒に生活すると約束書を書いてもらったうえで結婚した。

信子は六〇歳で日本に帰るまで中国に四六年間いたが、日本籍のままだった。中国籍に転籍したところで「日本鬼子」と言われるので、母が生前に中国人に預けた妹の貞子も弟の勝一も籍を変えなかったのだ。中国人の所に預けられた貞子は一四歳で一六歳の中国人と結婚させられたが、何度も信子の所に逃げてきた。しかし、さすがに貞子までは一緒に生活することはできなかった。貞子は、二年ほどして夫を結核で亡くし、現在の夫と再婚し、五人の子供をもうけた。

信子は日本国籍だったので、年に一回ハルビンの公安局に行って税金を払わないといけなかった。妹の愛子は中国人と結婚する時に中国籍に入った。文化大革命時代には、仕事の後は毎日会議があり、劉家は日本人をいっぱい養っていると批判された。姑が「日本人だって人間だ」と言って擁護してくれた。姑は信子のことを「日本の鬼子」ではなく、「私の子供です」とも言ってくれた。

信子は中国人のように大きな声で話すことがなかったので、「お嬢さんでもあるまいに」と言われた。また、正座しても笑われた。正座するのは悪いことをした時で、女性は女という字のようにあぐらをかいて座らないといけなかったのだ。劉家の姉のところで養女となった妹の愛子は綿入れを着せてもらえず、裸足で、牛や馬が糞をするとその中に足を入れて温めた。

一九七二年の日中国交正常化以降、日本に身元引受人がいると中国残留邦人は帰国できるようになる。信子は毎年、日本人の親戚に手紙を書いた。外国宛の手紙は天理村からは出せないので、歩いてハルビンまで行って手紙を出した。しかし返事は一通も来なかった。身元引受人がないと、日本国籍でも帰国できなかった。信子の手紙が満洲天理村のことを調べていた山根理一の元に届き、自らも天理村引揚げ者である山根は、「我是日本民族（私は日本人です）」で始まる手紙を見て感激した。山根は帰国できるよう奔走してくれた。山根の世話で信子と三女と四女の子供二人が永住帰国をはたした。信子は家族が心配で単身一時帰国した。再入国の時に、長男と次男、長女と次女の一家を連れていた。保証人になってもらったのが、外国人の入国斡旋を仕事とする日本人だが、後で暴力団の人であることが判明した。一年くらい、愛知県の知多半島で残留孤児四〇人あまりが共同生活をした。子供たちは学校にも通うことができず、野人のような生活を強いられた。生活保護費を暴力団にとりあげられ、一年足らずで百万円の借金ができた。借金が返せず、信子は子供や孫と大きなトラックで夜逃げした。暴力団に電話で帰って来いと言われたが、日本ですでに働いていた娘が百万円を払ってくれて暴力団と縁を切ることができた。現在は大阪府の府営住宅に入り、生活保護と年金をうけている。きょうだいの貞子、勝一、愛子の一家も全員が永住帰国をはたした。中国語と日本語ができる信子は、中国残留孤児や残留婦人の帰国促進運動、日中友好運動の手助けをつとめている。

おわりに

日本人女性の満洲体験を、非日常の逃避行だけでなく、それ以前の日常生活やそれ以後の生活再建過程も視野に収めるロングショットで見てきた。日常生活の中で女たちの満洲体験をみると、日本、中国、ロシアという各勢力の競合が彼女たちの遍歴に悲劇をもたらしたことが分かる。女たちの満洲体験は何を語っているのであろうか。

第一に、日本軍による根こそぎ動員や、ソ連軍による男狩りにあった男たちの悲惨で似通った満洲体験にくらべ、銃後にあった女たちの満洲体験は、それぞれの創意工夫でたくましく主体的に生きた多様な物語となっている。ただし、ここで扱った女たちの多くが置かれた境遇が集団自決に追い込まれた奥地の開拓団ほど選択肢が限られたものでなかったことが、その後の運命の多様性を生んだのかもしれない。田中信子の境遇は奥地の開拓団並みの厳しいものであったが、長女としての自覚と責任により運命を切り開き、兄弟全員がその家族と共に引き揚げる途を切り開いた。生死を分けたのは、日頃の異民族交流の濃淡ではないだろうか。

第二に、ステレオタイプとは異なる民族像が見えてくる。山田久代や加藤淑子のライフヒストリーは「略奪や婦女暴行をくりかえすソ連兵」というステレオタイプに収斂しないロシア人を語り、井上ともゑの話からは「飢えと寒さと重労働のシベリア三重苦」に解消されない「女のシベリア抑留体験」が、田中信子の話からは「暴徒と化した中国人」という範疇に収まりきれない中国人の姿が見えてくる。

第三に、女の語りには帝国主義や植民地という言葉は出てこないが、生活感覚にもとづく満洲体験が提示されるなかで、配給される食料の違いや、食堂で日本人と満人が同席できないなど、他民族との関係に刻印されている植民地秩序も語られる。また、開拓地では軍人が銃で脅かして立ち退かせた中国人家屋に入居するなど、無意識のうちに日本軍に加担させられている側面がみえてくる。それだけではない。白昼、男たちがむしろの外でずらりと並んで順番を待つピー屋など、女性の人権無視の慰安所の存在が浮き彫りにされている。

第四に、従来、満洲の日本人移民を対象とする研究では日本人社会だけで生活した閉鎖性が指摘されがちであった。しかし、境界領域で生きた日本人のライフヒストリーに目をむけると、民族同士が交流する場面もすくい取ることができる。

その一方で、日本人の満洲体験は中国人から見れば内容も意味づけも異なることを忘れてはならないだろう。筆者は二〇一三年九月に満洲を旅行し、天理村も訪れた。天里屯となった天理村は、共青団黒龍江省委員会により黒龍江省青少年の思想教育基を行う地に指定されていた。天理教教会は「中華民族伝統文化教育展館」になり、日本軍の中国侵略にたいする抗日戦争の様子が展示されていた。開拓民四〇〇～五〇〇〇人が埋められた万人坑には天理村からの引揚げ者の費用で友好の碑が建設されたはずであるが（山根、二〇〇五）、誰にきいてもどこにあるのか分からなかった。

日中がまるで違う物語を伝えるという今の状況は、互いのナショナリズムに訴える愛国教育では打開できまい。ここで扱った女たちのように、互いを尊重することで信頼関係を構築し、満洲体験をその後の人生の糧にしてしまう解決策を模索することが求められる。

※本稿を執筆するにあたり、相川和子、いしとびたま、井上ともゑ、加藤淑子、加藤幹雄、高橋ヨシエ、田中信子、新田みつの、山田久代、山根理一の各氏には貴重なお話を聞かせていただき、資料をご提供いただいた。また、朝日新聞の佐藤達弥記者には佳木斯の陸軍病院やシベリア抑留に関する貴重な資料をご提供いただいた。ここに記して感謝したい。

第十章　満洲に生きた漢人女性
――魂の植民地化・脱植民地化という視点から――

深尾葉子

二〇世紀前半の東北満洲において漢族の女性たちはどのような「物理的空間」と「意味空間」に生きていたのか、その中で、自らの命運にどのように抗いながら、命をつないでいたのか。移民社会である当時の満洲で、女性たちは他の漢族社会に比べ、農作業や肉体労働を担う必要性が高く、家庭内においても相応の強さを持っていたと言われている。しかし一方で、極寒の満洲で生きるには、何らかの集団に属さなければならず、そこからの離脱はより過酷な運命と、時には死を意味するものであった。

本稿では、その具体像に迫るために、ドラマの作品の中に描かれた女性主人公「鮮児《シアー》」と、東北を代表する女流作家、蕭紅《シャオホン》の流転の人生と彼女の紡ぎだす作品を題材としてとりあげ、必死に生きようとする女性たちの苦悩と呪縛に迫ろうとするものである。その際、筆者が進めている「魂の植民地化・脱植民地化」というアプローチを適用する。

「魂の植民地化」というのは、自分自身を窮地に陥れ、自らの生命を抑えこむにもかかわらず、外的に強要された価値観や枠によって自らの生存の可能性を狭め、自分自身何かの「傀儡」となって生きるプロセスを指す。また「魂の脱植民地化」とはそうした「息苦しさ」や自分自身の本来のありかたを抑制する外的規範、自らに押し付けられた劣等意識などに気づき、自己像を問い直し、自分自身の本来の可能性にむけて、意識や生きる世界を改変しようとするプロセスを指す。前者は自分自身の内発的なものを押し殺し、外敵規範に服従する息苦しさと引き換えに安全が得られることが多い。対して後者は、自分自身を拠り所とする自由を獲得し得るが、主流社会や親の支配から逃れたことへの社会的制裁を受け、時には命の危険にさらされるリスクを負う。現代においては、精神の呪縛や支配は表面上露骨には見えにくいが、やはり同じジレンマに人々は苦しんでいるように見える。満洲という場で周辺的存在として生きた女性の境遇を垣間見ることによって、現代の私たちが無意識に囚われている呪縛を改めて浮かび上がらせる一助となるかもしれない。

一　東北満洲移民の物語「闖関東《チュアングアントン》」に登場する女性「鮮児」の呪縛

二〇〇八年一月に大連で初めて放映され、その後中央電視台でも全国放送された大型テレビドラマ「闖関東」（東北を駆け抜ける→転じて東北に出稼ぎにゆくの意）は、夜のゴールデンアワーに、連続五二回放映され、中国テレビ史上、記録に残るほどのヒットとなった（図1）。ドラマは、二〇世紀初頭から満洲国成立前夜まで山東から東北に移住した家族の物語である。一〇〇年あまりの歳月の流れの中で、東北の大地が持つおおらかさ、無尽蔵ともいえる豊かさ、そして苛酷さが描かれ、そこに侵略の意図を持ってひたひたと押し寄せる日本軍と日本人、生きる場の意味が歪められてゆくなかでの人々の苦

図１　「闖関東」の広告ポスター

（左上：女主人公の鮮児、右上：長男とその嫁、真ん中：父と母、左下：次男とその嫁、右下：三男とその嫁）

【主要登場人物】

鮮児《シアー》	物語の主人公。山東の朱家の長男伝文の許婚。6年後、満洲で再会する。馬族の女頭目。日本の銀行を強奪して逮捕、公開処刑の際、朱伝武に助けられる。
朱開山	朱家の頭領。山東から東北に移住、農家として成功。ハルビンで「山東菜館」を開く。
朱伝文	開山の長男。鮮児の許嫁であったが、東北移住の際別離。「山東菜館」を継ぐ。
朱伝武	開山の次男。張学良軍の軍人。鮮児に思いを寄せる。9・18事件の翌年、満洲国成立の年、ハルビン入城の日本軍と戦い、戦死。
把頭	北満の林場「山場子」の頭領。
紅頭巾	彼らに身を寄せる妓女。鮮児を受け入れるよう把頭を説得。

悩や運命への抗いが一人一人の人生のさまざまな事件を通じて描き出される。

ここで取り上げる女性主人公鮮児は、飢餓の山東で許嫁であった朱家の長男伝文との結婚当日、山賊に遭い婚礼が中止となる。その直後、数年前に東北に渡り、基盤を築いた朱家の父親からの呼び寄せがあり、朱家は故郷の家をたたんで、海路で移住することを決める。鮮児は朱家について行こうと、旅立ちの日にこっそり家を抜け出そうとするが、父親の妨害にあって間に合わず、出帆した船から飛び降りて鮮児とともに行くことにした長男と、陸路満洲を目指す。当時山東から東北への移民は毎年数十万人規模で、主として海路と陸路の両方の道があった（図2）。苦難の道のりの中、怪我がもとで病に伏した長男を助けるため、助けられた家に童養媳《トンヤンシー》（一〇歳以下の子供に一〇代の女性を嫁がせ養育係として働かせ、嫁として迎え、婚資の不足を補う習俗。貧しい女性などがこの方法できわめて安価な結納金と引き換えに嫁入りする）となって嫁ぐこととなった鮮児。長男はその真相を知らず、家の主に騙されて、鮮児と別れてその家をでる。

図2　山東から東北に移民する船（『満洲写真帖』昭和4年版）

　幼い夫は、鮮児が一途に伝文一人を思っていることを知り、一芝居打って彼女を自由にする。再び放浪の途についた彼女は北へ向かうも、女一人の身で生きてゆくことはできず、芝居の一座に懇願し劇団に入団する。幸い幼い頃から芝居が好きで歌も歌えたため、ほどなくして劇団の花形的存在となる。しかしそれが災いし、ある金持ちに身売りを迫られ、それを拒んだ団長の命を守るために、自ら身を捧げる。心身ともに深く傷ついた鮮児は、もはや朱家に合わせる顔もない、と絶望のあまり劇団ともたもとを分かち、再び荒野に一人流浪する。実はすでに劇団とともに朱家の住む三宝鎮のすぐ近くにまで来ていたのだが、もはや朱家に嫁入りすることは出来ないと考え、朱家のもとには現れなかった。

北部満洲の山は冬季は零下三〇度を下回る。ある時、雪山で遭難しかけているところを、林業労働者の拠点「山場子《シャンチャンズ》」に身を寄せて生きる妓女、紅頭巾に助けられた。当初女は一切受け入れられないと拒絶する「把頭《バートウ》」（頭領）を紅頭巾が説得し、ようやく鮮児は雪山で過酷な労働に耐える「木帮漢子《ムーバンハンズ》」（林業労働者）の世界で生きる道を得る。

何らかの形で家の支配を脱し、さらに婚家からも離れた女性は、社会的にもはぐれものの世界に身をよせるしか生きる道はなく、把頭が「ここは人間の生きる世界ではない」という、極寒の野生の世界で命の危険と隣合わせで生きていた。東北の森林は木材の切り出しに雪山が都合がよいため厳寒の冬にのみ行われ夏はほとんど行わない。山場子を離れた鮮児は、満洲族の没落した王府の格格《ガーガー》（姫）が遠くの親戚を訪ねて身を寄せるのに付き人として同行する。すでに時代は民国になろうとしていた。途中道案内役に金品を持ち逃げされ、また遠くの親戚にも相手にされず、格格はやむなく嫁ぎ先を紹介される。その相手がなんとかつて鮮児の許婚であった朱家の長男であったのだ。山東からの陸路で生き別れになってから六年以上もの歳月が過ぎるも、ひたすら鮮児の登場を待っていた朱伝文は父親の説得にあい、未練を残しつつ結婚に同意する。その相手の付き人が鮮児であることも知らずに。一方鮮児は自らの落ちぶれた身では決して朱家の門をくぐることはできないと固く誓っており、ただひと目、生き別れた長男の晴れ姿を見たいと、婚礼の日、外から中の様子を伺っていた。それを発見した次男は家の中に鮮児を連れて行き、その場は騒然となる。朱家は長男の命を救うために、自らの身を投げ出し数々の危険と苦労を経た鮮児への恩に報いる必要があり、また結婚はできなかったとはいえ許婚として相互に承認していた鮮児の実家に合わせる顔がないため、鮮児も娘として引き取ることを提案する。しかし鮮児はあくまで固辞して、朱家をあとにする。実は次男伝武は、鮮児が山場子にいる頃、一度そこに迷い込み、偶然鮮児に命を助けられたこともあり、その日以来、「姉」の鮮児を守って生きることが自分の道であると決めていた。朱家をあとにする鮮児を、近くの森の中の小屋にかくまい、毎日食べるものや家財道具を届ける次男。あくまで「姉」として接してはいたが、兄が結婚した今、秘かに鮮児に想いを寄せていた次男は、このまま自分と結婚しようと提案し、何度も固辞される。

一方その年、地域一帯は大干ばつに見まわれ、大量の葉タバコも大豆も、これ以上水がなければ壊滅的という状態となり、隣家の敷地の水源から水を流してもらわなければ今年の収穫はまったく期待できないというところまで追いつめられていた。その家の娘はかねてより次男に思いを寄せ、朱家に頻繁に出入りしていたため、父、朱開山は、秀児というその娘を二番目の息子の嫁にすることで、両家力をあわせて農業経営をやろうと提案し、無事話はまとまる。しかし、心に鮮児を抱く次男は、結婚式の当日、部屋から抜け出し、近くの小屋にかくまっている鮮児を連れだして、朱家から姿を消す。その後二人は、さきの山場子の頭領「把頭」のもとを訪ね、夏のあいだに筏《いかだ》で木材を下流に運ぶ「放排《ファンパイ》」と呼ばれる木幇の集団に二人で加えてもらうよう再度懇願する。女性が筏に乗ると不吉な事を呼び寄せる、と頑なに断られるも、二人は筏の隊列に乗り込んで、馬蜒河を同江に向けて下る。この道のりも決して安全ではなく、途中浅瀬に乗り上げてあやうく転覆しかけたり、馬賊に襲われたり、命がけの川下りとなった。その中で何度も危険を乗り越え、ようやく木材の引き渡し地に到着し、そこで得た報酬を元手に二人で生活しようと誓い合った。しかし皮肉にもその瞬間、二人はまた何者かに襲われて別れ別れになる。

物語はここからいよいよ本格的な展開を見せる。川に流されつつもなんとか岸にあがって一命をとりとめた鮮児は、必死で次男を探すが見つからない。付近の人に、これだけ探して見つからないのは決して生きてはいないと諭され、そこに墓をつくってさらなる旅を始める。二人を襲ったのは馬賊だが、そこに現れた「官兵」と呼ばれる地域の保安部隊に救出された次男は、部隊長に認められ、その後の人生を軍人として送ることになっていた。一方、鮮児は水を飲みに訪れた店が実は妓院であり、そこでかつて山場子で助けてくれた紅頭巾に再会する。双方これまでの身の上を語り合い、ここに置いて欲しいと頼むが、紅頭巾にこんなところに来てはいけないと断られ、代わりに店に出入りしている羽振りのよい客を結婚相手として紹介される。山東出身で、気立てがよく芯の強い、どんな過酷な情況にも耐えられる女性を、という要求にこの鮮児がもっともふさわしいと考えたからだ。案の定鮮児を見たその男性はひと目で気に入り、鮮児も行くあてもないことから同意する。なんとその相手とは、その地域で最も有力な馬賊「胡子《フーズ》」である二龍山の頭目「当家的《タンジアーダ》」であった。山の本拠地についた鮮児は、馬賊独自の儀礼を経て、その日から馬賊の二当家《アルタンジア》（ナンバー2）としての人生を送ることになる。再び生き別れた朱家の次男と鮮児は、一方が官兵に、一方が馬賊の女頭目になるという皮肉な運命をたどり、やがて日本軍が迫り、馬賊の拠点が次々と「剿匪」（徹底掃討）される中、再会する。

一方朱家の人々は、最初の定住地が焼き討ちに遭い、新天地をもとめてハルビンに移住していた。山東から移民し、当初金山で命知らずの賭けをして金を持ち出すことに成功し、山東で培った技術を活かしてタバコと大豆の大規模な農家として成功した朱家とその一家は、再度移動し、ハルビンで「山東菜館」というレストランを開いた。一家の運営するこの店は、またたくまに地元の山東出身者の話題を博し、事業は順調に成功した。長男はレストラン経営を、三男は貨桟（物流と運送、金融を兼ねた商売）

図3　左から：妓女、劇団の女性、満洲族の女性（同誌、昭和4年版）

経営を、次男は軍人へ、と一家は移民先満洲で徐々に地歩を築いていたのである。

一方馬賊の頭目として本領を発揮した鮮児は、その後日本の洋行《ようこう》（外国商社）を強奪したとして指名手配され、ついにハルビンで三日後に公開処刑となることが新聞で報道された。必死に策を案ずる朱家の人々。当時張学良のもと団長となっていた次男は、危険を犯して秘かに二龍山の仲間と刑場に向かい、無事に鮮児を救い出す。朱家では、今度こそ鮮児を次男の妻として迎え入れることを、結婚後七年間一度も床を共にしたことのない名目上の妻、秀児自ら願い出る。その後、秀児はかつて命を救った日本人のもとに嫁ぐことになり、朱家とは離縁したうえで、朱家の「干女児《ガンニューアー》」（義理の娘）として婚出する。こうして朱家の婚姻をめぐるもつれた糸がようやくほぐれ、一九〇四年の山東出発の日から二〇年の歳月を経て、落ち着く時を迎えるかに見えた。しかし翌一九三二年二月、会津若松の二十九連隊がハルビンに入場する中、義勇軍として戦いぬく決意をした次男は、駆けつけた鮮児とともに市街戦を戦い、戦車に手榴弾を仕掛けて自ら戦死する。当時の張学良政権は、南京国民政府との繋がりを深め、日本軍には不抵抗作戦を行っていた。

こうして、満洲国の成立する中、一家は第二の定住地ハルビンを追われ、荷物をまとめて新たな場所を求めて旅立ちを余儀なくされたのである。物語は家財を箱に詰め、馬車に乗って一家が別の場所へと旅立つシーンで幕が下りる。

境界を生きることを余儀なくされた女性の命運

ドラマの主軸はあくまで朱一家の移民とそれにまつわる周囲の人々の生きざま、そしてその背景となる、清朝の崩壊、民国の成立、日本軍の侵略による人々の生活の変化、生きるための闘いのプロセスであるが、ここではその中で最も「辺縁」に位置する女性を軸にストーリーを概観した。もちろんこの人物は実在したわけではなく、ドラマの中で家族の移民史の外縁を描くための人物として設定された架空の人物であるが、そこには紛れもなく当時の辺縁で生きる女性の人生が凝縮されている。

このドラマの台本を執筆した二人の劇作家高満堂と孫建業は、いずれも数代前に山東からの東北へ移民した子孫で、このドラマ作成のために二〇〇五年から入念な調査を開始した。孫建業は、大連劇作創作室の国家一級劇作家で、これまで三〇年にわたり数多くのテレビドラマや映画の台本を執筆し、受賞経験もある。大連電視台の一級作家である高満堂も、五〇〇本ものテレビドラマと四本の映画の制作に携わってきた経験を持つ。このベテラン作家二人が、本作品の制作にあたって、事前に山東各地を訪れて移民にまつわる聞き取りをし、東北各地を七〇〇〇キロ走破し、主人公となる朱家の人物像を構成していったのである。制作は山東電影電視劇制作中心と大連電視台が共同で、三千万元（約四億円）の費用を投じて作られたもので、豊富な現地ロケや建築、服装、意匠などの時代考証も可能な限り史実にしたがって構成された。

　劇中で描かれる服装にしても、途中清朝から民国に変わる時期に、男性は辮髪《べんぱつ》を次々に落として、西洋風の髪型になり、女性も清朝の衣装から徐々に民国期の西洋風を取り入れたものになってゆく。男性は一九二〇年台後半から、スーツを着るようになり、朱開山も息子が買ってきたシルクハットのような帽子を中国風の服装の上に着るというスタイルに変化する。ドラマはあたかも満洲社会史の回り舞台を見るような豪華な展開を見せる。

　ここで描かれた鮮児は結婚が阻まれたことにより、家族の枠からはみ出した。そこで女性が身を寄せることのできるのは、「戯班子」（劇団）や、都市の雑巴地（花街）の妓院（娼館）、山場子（山の伐木労働者の簡易居留所）、そして馬賊の拠点など、いわば無縁ものの集まる場所のみである。無縁空間として廟や寺もあったが、山海関を越える際、長男と宿にするのは、廃屋や、人の訪れない廟などであった。山や河、そして都市の内なる「化外の地」が、家を離れ、あるいは貧困によって落ちぶれた人々の生きることのできる場所であった。男性の場合はこれに、炭鉱や金山といった苛酷な労働現場が加わる。そこはある種、自由な空間ではあったが、同時に命の危険に常にさらされる場でもある。いわゆる主流文化の価値規範からは相対的に自由であるがゆえに、社会の偏見と、より暴力的な隷属、そして満洲においては過酷な自然環境が牙を剥く。これは「生死の境界線」をさまようような世界である。

　さらにこうした境界は空間だけではなく、意識の中にも存在した。鮮児は、自らの意思に反して、多くの屈辱と危険にさらされ、その身に振りかかる運命を受け入れる。このことをきっかけに自分自身をフォーマルな価値規範の中で生きることはできない人間であると位置づけ、より厳しい運命へと自らを押しやる。兄の結婚により、もともと想いをよせていた次男が、何度も彼女に一緒に生きようと呼びかけても、頑なに閉じた心は、幸福が自分自身に降りかかることを受け入れようとはしない。これは彼女の心のなかにある「一度他家に嫁いだ以上は決してもとの許婚のもとに嫁ぐことはできない」という呪縛であり、辱めを受け、不浄な身体となったからには、幸せな結婚などという運命をもはや受け入れてはならない、という強い命令であった。その硬い呪縛は、朱家の兄弟にさらなる苦しみを与え、自分自身をさらなる危険に晒すものであるにもかかわらず。そうやって自らが自分の人生を狭め、制約し、命の危険に近づける呪縛は、たくましく東北の大地を生き抜く鮮児の生命力とは、まったく不釣り合いに見える。

二　満洲に生き、満洲から流亡した女性作家「蕭紅《シャオホン》」

ここまでは、史実を前提にした架空の人物を題材に考察を試みたが、次に実際に生きた女性作家をとりあげる。先の物語は、一九〇四年から満洲国成立前夜までであったが、蕭紅は東北に生まれ、満洲国成立とともに東北を離れ、日本軍の侵略を逃れるようにして青島、上海、重慶、と各地を追われ、ついに日本軍が香港入城した直後に、三一歳で他界した。その実在の人物の人生と作品を通じて、当時の東北と満洲国の成立が、この若く感受性に溢れた女性に与えた運命と苦悩を考察する。

作家蕭紅《シャオホン》（本名は張廼瑩《ちょうだいえい》）は一九一一年六月二日、ハルビンの北の郊外にある呼蘭県（現在の呼蘭区）

に生まれた。一八六二年張家は呼蘭に移り住み、一円数十キロにおよぶ広大な土地を所有する漢族新興大地主として栄華を誇り、高粱酒の醸造や製油工場、雑貨店なども営んだという（季、二〇〇〇。平石、二〇〇八。以下両書の内容を中心に記述）。蕭紅は幼いころはかなり活発で大人の手を焼かせる子供であった。蕭紅が最も慕っていたのは祖父で、いつも近くにいて遊んだり手伝いをしたりしていたという。七歳の時に母が肺を病んで亡くなってからは、あまり仲の良くなかった父親との確執が深まり、もっぱら祖父の元にいるようになった。後に父親が再婚し継母が家にやってきたが、蕭紅はひたすら学校にゆきたいとせがみ、一一歳になってようやくできたばかりの小学校に入学した。五・四運動の翌年の一九二〇年、女子教育の機運の高まりの中、父親の反対を押し切っての念願の入学であった。一三歳で高級小学校に転学するが、その年上海では、五・三〇事件が起き、ハルビンにも救国会が成立。学生の間でデモや募金活動が活発化し、封建的婚姻に反対する機運も盛り上がっていた。蕭紅はそんな中、みずから進んでおさげを切り、積極的にデモを組織した。当時地元の警察や教育局はこうした動きに対し「婦女の断髪を厳禁し、礼教を重んじ、良俗を維持すべし」という通達を出したという（平石、二〇〇八）。

小学校を卒業するにあたり蕭紅はなんとしても中学に進学すると言い、当時すでに親の決めた結婚相手があったものの、進学できないのであれば修道院にいく、と言いはって父を説得した。当時中学に進学する女子学生はまだ極めて少なかった時代、黒竜江省で二番目に創立された従徳女子中学に入学。一九二七年のことであった。学校はハルビン市の南郊の住宅街にある美しい校舎で、在学中は魯迅の『野草』を読んだり、郭沫若の『三個反逆的女性』や、プーシキンの『自由の歌』、聞一多の『死水』など友人二人の三人組で回し合って片端から読んだという。しかし同級生の多くは結婚などのために退学し、卒業時には半分ほどの人数になっていた。三年後の一九三〇年、祖父が死ぬと父親の権力はますます強まり、婚約者との結婚を迫るようになった。ある日蕭紅は、当時北京で大学に入学していた従兄を頼って、突如北京に逃げ出す。しばらく従兄のもとに身を寄せ、北京師範大学女子付属中学に通っていたが、冬も間近になる頃、家からすぐにもどって結婚するように、とする手紙が送られてきた。実は蕭紅が従兄のもとに駆け落ちした、ということで地元の有力な教育者であった父親は解雇されたという。仕方なくいったん家に帰り、七ヵ月にわたって自宅に軟禁されるも、再度逃げ出して北京にやってきた。

九三一年二月のことであった。しかしその直後に婚約者の王恩甲が北京に蕭紅を迎えに来て、二人はハルビンに戻って共に生活を始める。

ここからの蕭紅の人生は急展開を迎える。まず同居中に九・一八事件（満洲事変の発端となる柳条湖事件）が起こり、抗日救亡の機運が高まった。その間、王恩甲の兄が突然二人に介入し、婚約解消を迫る。蕭紅が従兄を頼って北京に出奔したことが原因であったと言われている。翌年二月ハルビン陥落。三月には満洲国が成立する。実はこの時蕭紅は王恩甲の子供を妊娠していたが、二ヵ月後の五月、王恩甲は突然姿を消した。実は王恩甲の父が馬占山のもとで抗日ゲリラ活動をしていたことから、満洲国政権に捕らえられ、惨殺されたことが直接の理由であったという（山本、二〇一二）が、当時は何も理由が知らされていなかった。縁者に害が及ぶのを恐れての失踪であった。

二人はハルビンの東興順旅館に同棲していたが、王が失踪したことで宿代を滞納し、蕭紅は危うく妓院に売り飛ばされるところであったという。出産も間近となり身動きの取れない中、蕭紅は実家にも頼ることができず、左翼の作家が集う出版社（中国共産党地下活動の拠点でもあった「国際協報」）にあてて手紙を送り、窮状を訴えた。折しも七月、ハルビンは大洪水に見まわれ、蕭紅の宿泊している当興順旅館は一階部分が冠水。救援に訪れた左翼作家達によって身重の蕭紅は船で脱出した。その後、「国際協報」の編集者の下に身を寄せ、ハルビン第一病院にて女児を出産。子供は入院費と引き換えに人手に渡した。退院と同時に左翼作家で後にパートナーとなる蕭軍と、ハルビン市内の欧羅巴旅館で同棲を始め、その後、商市街へと移り住む。出産で衰弱した蕭紅はここで療養しつつ、蕭軍の執筆の助手を始め、また自らも作品の執筆を開始する。食べるものにも暖房用燃料にも事欠く極貧の生活であった。

そこで書かれた最初の作品が自らの出産と子供を手放した経験を描いた『棄児』であった。出産後わずか数ヵ月後のことである（一九三三年四月）。その後蕭紅は、まるで自らの心の傷と空白を穴埋めするかのように、次々と作品を発表。一年とたたずして東北では有名な左翼作家としてその名を知られるようになる。しかし、左翼作家として活動するにはハルビンはあまりにも危険な場所となっており、日々、官憲の襲撃に怯えるようになる。自ら仲間の作家も次々と逮捕勾留され、自らが出版した初の抗日作品集『跋渉』は瞬く間に発禁となる。この時期の事を後に発表した『商市街』で蕭紅は以下のように綴っている。

どこかの頁に「満洲国」を罵るものが挟んでありはしないか、そういったことが書かれてはしないか。一冊一冊

図 4　ハルビンでの蕭紅と蕭軍

（1934 年、中国現代作家選集『蕭紅』1982 年より）

全部頁をめくり、全部片付けると、トランクの中は空っぽになった。ゴーリキーの写真も焼いた。暖炉の火が顔をいたいほどあぶった。私はせっせと焼いた。日本の憲兵が今にも捕まえに来るような気がして（平石、二〇〇八。「劇団」『蕭紅選集』一九五八年）。

この作品には、当時極貧の中、蕭軍が生活費を稼ぎ、蕭紅は部屋に閉じこもって一歩も出ずに、蕭軍の帰りを待ちわびる様子や、飢餓に苛まれて、一切れのパンが欲しくて盗みを働きそうな衝動と闘う様子、さらには暖房に使う薪も燃料もなくて凍え死にそうになりながら鉄のパイプのベッドにうずくまっていたこと、などが赤裸々に綴られている（山本、二〇一二）。

間もなく二人は、のちの代表作となる『生死場』（蕭紅）と『八月的郷村』（蕭軍）の原稿を秘かに忍ばせて、一九三三年六月に商市街をあとにし、日本船「大連丸」に乗り込み、青島に上陸した。これ以降蕭紅は二度と東北に戻ることはなかった。

青島から上海、重慶へ

青島で雑誌編集などに携わりながら、次々と作品を発表。この間二人は上海の魯迅にあてて手紙を書き、その返事を頼りに四ヵ月後には上海に渡る。青島ももはや安全ではないという危機感と、少しでも魯迅に近づきたい一心からであった。

上海では、満洲国の成立とともに迫害を受け、東北を後にした流亡作家として二人は魯迅に手厚く迎え入れられ、上海の左翼的文壇においてもその名を知られるようになる。また二人はしばしば魯迅の自宅を訪れ、親しく接していた。当時蕭軍とのあいだには亀裂が生じていたとされ、蕭紅は日中全面戦争の足音が近づく中、魯迅のつてで単独東京に向かう。東京では、日本語もわからないまま半年間、麹町の木造の家に下宿した。当時の彼女の精神情況は極めて悪く、それにともなって健康状態も悪化していた。そして一九三六年一〇月、日本の新聞の見出しに魯迅の死が報じられているのを見て、翌年一月に上海に戻る。その後日中全面戦争開始によって沿海部に住む左翼知識人が、次々と内陸部へと移動する中、蕭紅は一九三七年一〇月武昌に赴き、漢口、臨汾、西安、武漢と転々とし、西安にて蕭軍と離別した。蕭軍は「作家」としてではなく、学生とともに抗日戦線に直接参加しようとしていたが、蕭紅は丁玲の誘いも断って、武漢にもどり、あくまで作家としての道を歩むこととした。それはすでに生じていた二人の亀裂に終止符を打つもので、突然の別れではなかった。そして、蕭紅は当時すでに関わりのあった別の作家の端木蕻良との生活をスタートさせる。皮肉なことにまたもや、お腹の中に蕭軍の子供を宿していた。結局、蕭紅は蕭軍と別れてから出産し、その子供は間もなく死んだという。

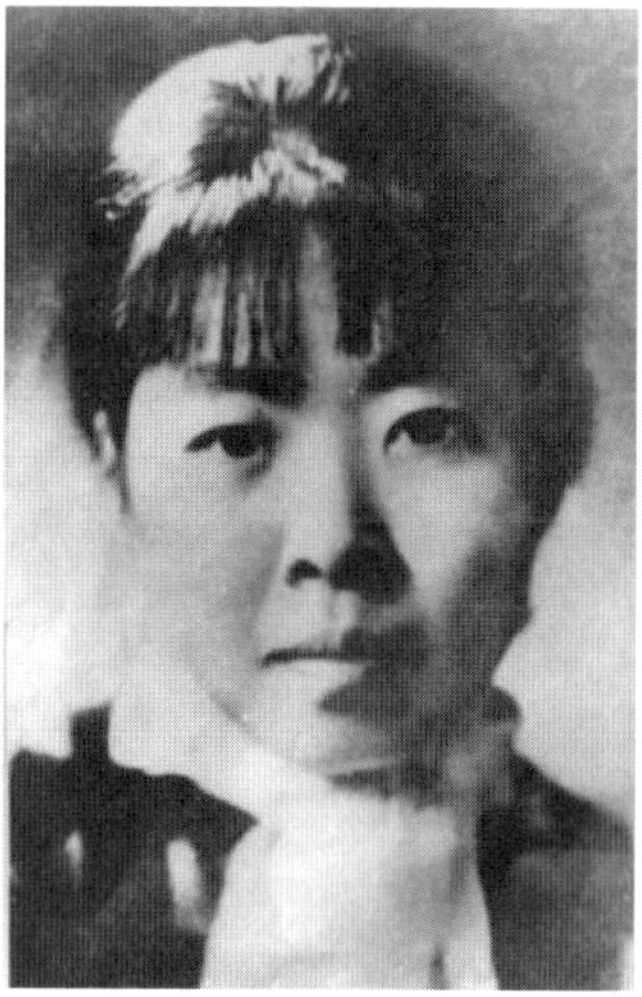

図5　日本滞在中の蕭紅（1936年）

蕭紅は蕭軍との子供を宿したまま、一九三八年四月武漢の大同飯店というホテルで端木との結婚式を挙げた。しかし日本軍の足取りは早く、八月には漢口にむけて進軍し、一〇月には漢口を占領した。蕭紅はまたも日本軍に追われるように重慶に向けて脱出。しかしこの時夫の端木は一緒には行動しておらず、臨月の近づく蕭紅は、友人知人の家に身を寄せ、幾人かの日本人の友人にも助けられながら年末に出産した。その後しばらくは夫とともに重慶に住み、いくつかの作品を執筆したが、日本軍の重慶爆撃は激しさを増し、当時左翼知識人を招き入れようとしていた香港のメディア「大公報」の呼びかけに応じて翌一九四一年一月一九日二人で香港に飛んだ。二人は香港で順調に執筆活動を続けたが、いずれも体調がすぐれず、ことに蕭紅は歩くのもままならない様子となって、肺結核と診断された。そしてその年の末、日本軍は香港の空港を空爆し、さらに一二月二五日には香港を占領。蕭紅は各地を転々とした末、一月には医者の誤診で喉の手術を受けるために入院。その後入院先の病院が日本軍に接収され、臨時病院となっていたセントステファン女学校にて明け方六時に意識不明となり、一月二二日午前一一時に帰らぬ人となった。直前に喉の手術を受けて声を失ってから書きのこした絶筆は以下のようなものであったという。

半生尽遭白眼冷遇……身先死，不甘，不甘。
（我が半生、ひたすら白眼と冷遇に遭い、この身は先に死す。無念だ。無念だ）

蕭紅の作品から見えるもの

故郷ハルビンをあとにして以来、日本軍に常に追われるように十年あまりの流亡の人生を送ることを余儀なくされ、最後にようやく辿り着いた香港でも日本軍の侵攻にあい、その中でついに若い命を落とした蕭紅。しかし、彼女の作家人生はまた、その流亡の十数年間に花開いた。蕭軍と生活を共にした間に蕭紅が執筆した短編長編の作品は九〇にも上る。それは自らの人生を題材にしたもの、日本軍に追われ故郷をあとにするなかで民衆が余儀なくされている人生の曲折と苦悩などで、独特の感性と筆致で綴った作品は当時の中国文学界に衝撃を与えた。当初は東北からの流亡作家として、そして後には「抗日流亡作家」として人々にその名を知られるが、後半の蕭紅の作品は、より小さなもの、ささやかに生きる人々の理不尽へと焦点が当てられるようになった。彼女を左翼的作家としてのみ評価しようとする人々はそれを、堕落と停滞であると認識するが、魂の脱植民地化という視点から見れば、「生き生きとしたもの」「型にはめられずに生きようとする魂」が現実社会の中でいかに歪められ、生気を奪われるか、それが戦争であれ、封建的社会制度であれ、社会通念であれ、その抑圧が人々を残酷なまでに死に追いやる様子が描かれている。

代表作の『生死場』は、東北の農村で、人間も家畜も、あたかも偶然のように生き急ぐさまが描かれている。また、幼少期の身の回りの世界を題材に書いたとされる『呼蘭河伝』では、生き生きと活発であった子供が、幼くして嫁にやられ、婚家で徹底的に生きた心を叩き潰され、その家のしきたりに合うように暴力を伴う矯正を受ける中で、徐々に生気が失われ、どんどん顔が黄色くなり、遂には数年を経ずして病死してしまう様子を淡々と描く。この他にも、使用人の分際で、隣家の女を好きになり、子供をもった結果、世間の鋭い攻撃にあって妻も子供も死んでしまい、何も残らなかった、という話や、逆に、妻には先立たれたけれど、世間の予想に反し子どもたちは成長し、未来に希望をつなぐ話などが綴られている（山本、二〇〇七。平石、二〇〇八）。

そこでは抗日救亡というイデオロギーよりも、生きるものを抑えこむ力の理不尽さ、破壊性、そして逆にそれらに抗う力が何者にも替えがたいものであることを、名も無き人々の人生に寄り添って淡々と、しかし揺るぎない筆致で語られる。

その「生きようとする力」は日本軍によって次々と行く手を阻まれ、運命と生死を委ねることになってしまう。それはまさに、魂を植民地化されまいとする人々の精神と身体が武力や暴力によって次々と奪われようとするなかで、それでも運命に抗いながら必死に抵抗するプロセスであるといえよう。

蕭紅の一連の作品は、自分らしく生きることの希求や、型にはめられることをよしとしない奔放さが、社会や暴力や人々の無知、あるいは「秩序維持」という名を借りた強い力でもって抑えこまれ、ゆがめられ、やがては死をも甘んじて受け入れさせられる作動の不条理を描いたものであり、それは「抗日」や「武力に訴える抵抗」とは一見主張を異にするものの、より深いレベルでの魂の脱植民地化を希求する叫びであったと読み解くことができる。

おわりに

「一」で考察したテレビドラマ「闖関東」の鮮児は、運命の悪戯で婚姻に失敗し、実家にも婚家にも身を寄せられない中、満洲の厳寒の大地で生き抜いた。「二」で考察した作家蕭紅も、実家の父との確執から家を飛び出し、さらに満洲国成立とほぼ同時に東北満洲を離れて、帰るべき故郷も家もない状態で各地を転々とし、三度の結婚の末、生き急ぐようにしてこの世を去った。

彼女らの過酷な命運を、女性であるがゆえのものと理解することも可能である（林、二〇〇七）。しかし、幾重にも呪縛と制約が折り重なり、個人や国や集団による暴力がいとも簡単に人の命を奪い取る二〇世紀満洲で、多少なりとも生き生きとした生を実現しようと運命に抗い、抵抗を試みようとするならば、容赦なく制裁がふりかかる、という点では、男性も女性も、またいかなる民族も、同じ苦悩の中にあったのではないかと思われる。二〇世紀の初頭まで、奇跡のように残されていた豊かな森林、湿原、野生動物と広大な大地を誇る満洲は、その豊かさゆえに、恐るべき野望を引き寄せ、わずか数十年の間に、大量の殺戮が行われる苦悩の大地へと変貌したのである。それは筆者らが『「満洲」の成立』（安富、深尾、二〇〇九）で描いたように、犠牲となった野生生物と失われた豊かな森の鎮魂歌が東北満洲全体を覆いつくすかのようであった。二〇世紀前半の満洲は、豊かであったがゆえに、生きる力を封じ込め、奪い取ろうとする力と、生きようとする力がぶつかり合い、激しくせめぎ合う過酷な大地へと変貌したといえるのではないか。本稿でとりあげた二人の女性は、まさにその生きる力と、それを奪い取ろうとする力のせめぎあいの中で、必死に抗いながら人生を紡ぎだしていたと解釈しうる。

※本稿執筆にあたっては多くの方にお世話になった。テレビドラマ『闖関東』のＤＶＤや蕭紅に注目するきっかけを与えてくれた、文史資料などを筆者に貸して下さった近畿大学准教授の上田貴子氏、冬の東北の林業についての専門知識と、テレビドラマの背景理解に助言を下さった大連大学の永井リサ氏、そして論文完成後に東北人として事実と異なる点はないかなどチェックをして下さった、日本文化研究センターの劉建輝教授に、この場をかりてお礼申し上げたい。

第十一章　満洲移住の朝鮮人女性
――女子教育に焦点をしぼって――

花井みわ

はじめに

満洲に移住した朝鮮人女子教育はどのように行われたのであろうか。本章では、女たちの教育に対する強い思いを民族や国家に収斂させることなく、女たちの教育願望の視点に立って、教育を受けた人と受けられなかった人に対して行った聞き取りを事例としながら、朝鮮人女子の教育と仕事と結婚との関連をリアルに理解する。

満洲に移住した朝鮮人はやや生活が安定すると、朝鮮国内と同じように、子弟の教育のために村ごとに「書堂」を設置し、『千字文』や『大学』、『論語』、『孟子』等儒教経典を教えていた。「書堂」の生徒は男子のみであった。朝鮮人は従来、子弟の教育を重視する伝統を持っていると言われているが、それは、男子に対する教育重視であって、女子に対する教育重視ではない。二〇世紀初頭ごろまで、満洲には男子を対象とした「書堂」のような民衆の教育機関は設置されても、女子を対象とした教育機関は設置されなかった。

満洲の朝鮮人男女共学の始まりは、一九〇八年に日本（韓国統監府間島《かんとう》臨時派出所。朝鮮総督府の前身である日本系の官庁）が間島龍井村《かんとうりゅうせいそん》（現龍井市）に設立した間島普通学校である。この学校の設立後、満洲において朝鮮人女子教育が急速に広がっていった。普通学校は龍井以外、後に間島四つの主要な都市部（局子街（現延吉市）、頭道溝（現和龍市頭道鎮）、百草溝（現汪清県百草溝鎮）、琿春《こんしゅん》（現琿春市））にも作られ、一九二八年に普通学校に通う女子学生は七四七人であった。龍井の間島普通学校は間島中央学校となり、他の四つの普通学校をリードする存在であった。間島普通学校は農村部の比較的規模が大きい朝鮮人私立学校を補助学校とし、教科書の無料配布、教員の養成などを行った。このような歴史的な流れで、男女共学思想の展開があった。一九三六年、在満朝鮮人女子満六歳から一四歳までの女子児童五万八八一二人のうち、就学児童は一万四九七九人に増え（文教部総務司調査科、一九三六）女子就学率は約二六％である。一九四三年の『満洲帝国学事要覧』（文教部、一九四三）に拠ると、満洲国における初等学校入学率は、男子平均が七二％、女子平均が六五％であるが、朝鮮人人口が全体の八〇％を占める間島省《かんとうしょう》（現在の延辺朝鮮族自治州のほとんどの地域を含む）では、男子の入学率は七九％、女子が七六％で、男女ともに入学率は満洲の平均よりも高いことがわかる。

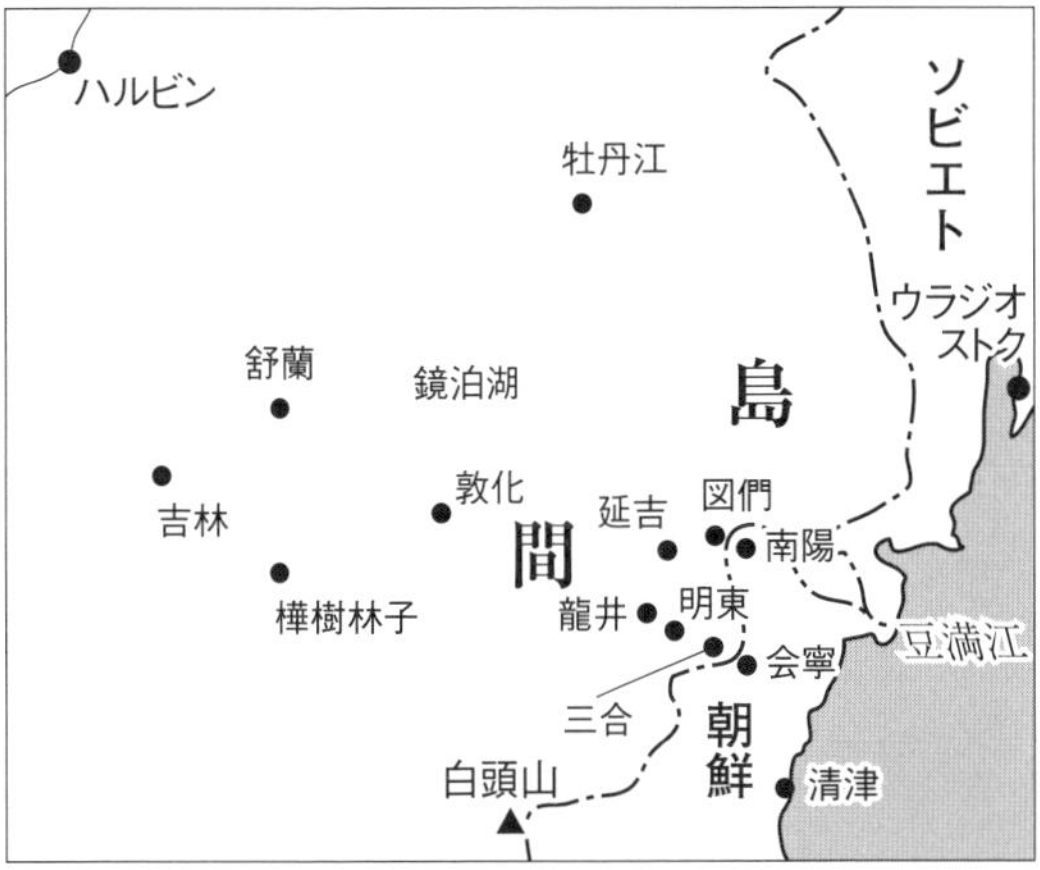

　それでは、満洲移住の朝鮮人女子教育はどのようにして発展したのであろうか。満洲移住朝鮮人の女子教育の発展過程を正

面から取り上げた研究は、管見の限りでは存在しない。たとえば『延辺女性運動史』（延辺朝鮮族自治州婦女連合会、一九九〇）では、反日女子運動史の視点から女子教育を取り上げている。それによると、延辺女性たちは「二〇世紀初頭から延辺地域で私立学校を中心に行われた新文化啓蒙運動の中で覚醒し始めた。この時期啓蒙運動で特に提起されたのは、女性解放、男女平等、男女共学で、封建的な倫理道徳と族権、神権、父権、夫権の束縛から女性を解放して彼女たちを反日へと導くことであった」。女性たちは「学校あるいは夜間学校で男子と同様に近代文化の知識を習得し、反日民族意識を培うようになり、封建的な束縛と蒙昧から逃れ、女子自身の解放と民族の解放のために献身しようとする意識に目覚め」た。その結果、「抗日戦争期の吉林省女性烈士全体の中で朝鮮族が九五％を占めている」として、女子教育と朝鮮人女子の東北抗日戦争における貢献と犠牲とが関連付けられている。

　このように先行研究の中では、朝鮮人自身が近代教育としての女子教育をどのようにして受容し、それを主体的に展開していったかは論じられていない。特に、外国人や日本人、キリスト教団体が設立・経営した学校が朝鮮人女子教育に及ぼした影響についてはほとんど考察の対象外であった。

　本稿では、満洲移住朝鮮人男女共学の始まりであった間島普通学校と、朝鮮人の金躍淵《きむやくえん》が明東村に設立した明東学校女子部、カナダ長老教会（後の聯合教会）が龍井村に設立した明信《めいしん》女子高等学校と、日本人の日高丙子郎《ひだかへいしろう》が龍井村に設立経営した光明《こうみょう》高等女学校の展開過程と、筆者が聞き取り調査をした、当時を生きた女性の生活と満洲移住朝鮮人女性の生活と卒業生の教育体験を通して、満洲における朝鮮人女性生活と教育の発展過程を浮き彫りにしたい。

　本稿の聞き取りは、筆者が、一九九一年、二〇〇〇年、二〇一二年、二〇一三年に、北京と延辺朝鮮族自治州内及び韓国のソウル在住の一九三二年以前に生まれた女性数人に対して聞き取り調査をしたものである（聞き取りは朝鮮語で行った）。これらの人たちの職業は、中学校以上の教育機関の卒業者は教員や医者、会計師の仕事に就いていたが、小学校卒業、あるいは小学校に通っていなかった人たちは農民であった。その内、李容淑さんは、龍井生まれの明信女子高等学校卒業生で、現在中国の同校同窓会の会長であり、個人史のみならず、明東村史や、龍井明信女子高等学校史についての歴史証人とも言うべき人物であり、本人の同意を得て本名を書いた。

一　儒教倫理に束縛された女子の生活

古来、朝鮮社会を支配したのは儒教倫理である。満洲に移住した朝鮮人の社会もまた、儒教倫理の影響を大きく受けていた。満洲における朝鮮人女性たちは、本国の女性たちと同じく、男尊女卑の儒教倫理によって前近代的な束縛を受け、あらゆる点で男子より低い地位に置かれていた。

一九一〇年代頃になっても、満洲の朝鮮人社会では、朝鮮と同じく女児にはきちんとした名前をつけない場合も多かった。また「女子は知ることが罪であり、知らないのが福である」という封建的道徳観念によって、裕福な家庭でも自分の娘に勉強させようとしなかった。貧しい家庭ではさらにひどく、女児は家で子守や家事を手伝えばよいと考えられていた。

このころの朝鮮人女子は、一五歳頃になると父母の決めた家に嫁入りするのが一般的であった。女子には自分で結婚相手を決める自由はなく、結婚は両方の父母の相談によって決められた。早婚、強制婚、売買婚、遊郭や富裕者への人身売買が広範に見られ、女子は一種の商品として扱われていた。

一九四〇年代になっても農村では女子の自由な意思による結婚はほとんどなく、結婚相手は相変わらず父母が決めていた。延吉市に在住の一九三〇年生まれ女性Aさんは、親によって強制的に結婚させられたことを次のように語ってくれた。

私が七歳の時に父がなくなり、母は再婚した。私は母が再婚した相手の家で母と一緒に暮し、一五歳の時に結婚した。学校にも行けなかった。私は結婚したくないと言ったが、私より一一歳年上の人と強制的に結婚させられた。私の母方の叔父が粟を一麻袋、ジャガイモを三麻袋受け取って私を売ったのだ。私の姉も一六歳の時に売買婚のようにして結婚した。（中略）父母はできるだけお金持ちのところへ娘を嫁に行かせようとした。

このような例は珍しくない。一六歳の時に売買婚同然の結婚を強制され、二人の子を持つ三一歳の男性のもとへ嫁いだ、一九三〇年生まれで和龍市在住のBさんは結婚生活について次のように語った。

私は、幼い時父を亡くし、叔父の家で育てられた。叔父はアヘン常習者で、アヘンを吸うお金がないと自分の妻を売り、娘を売り、私を売ったのである。私は学校へ行けなかった。叔父は妻を亡くした三一歳の男で、二人の子どもがいる人に一六歳の私を売った。お金を千元受け取って。私は夫となる人の顔も見ないままに嫁に行った。結婚が嫌で、結婚当日も泣き、ご飯も食べなかった。嫁先の家は二九人の大家族だったが、家族仲はよかった。（中略）私は夫との結婚生活で幸せを感じることもなく、二人で一緒にどこかへ行ったこともなかった。

当時は一〇歳過ぎの女子を将来結婚の約束をした家に送って生活させる場合もあった。家が貧しいから口数を減らすためでもある。女子の人生の行く先は結婚であり、女子には教育が必要でないという考え方が一般的であった。

二　間島普通学校と男女共学の始まり

満洲における朝鮮人学校教育の嚆矢は、朝鮮の民族独立主義者である李相卨《リサンソル》が一九〇六年に龍井村に設立した瑞甸《ソゾン》書塾《ソスク》である。彼は前年の年、韓国保護条約の締結に反対し、罪に問われて入獄した。釈放されると救国の人材を養成するため満洲の間島に来たのである（高崎、一九九六）。二二名の男子生徒を募集し、小中学校混合の形の教育をした（文教部学務司、一九三三）。一九〇七年七月、彼は朝鮮王族の密使としてハーグへ派遣され、万国平和会議で韓国の独立を訴えようとしたが、ハーグでは平和会議への参加が拒否された。ハーグ事件をきっかけに李相卨は絞首刑の宣告を受けたため、瑞甸書塾の経営は困難になった。一九〇七年八月、韓国統監府臨時間島派出所設立後に、派出所から毎月二〇円の補助金を交付するから継続せよとの勧誘があったが、彼らはこれを固辞し受けなかった。そして琿春《こんしゅん》（ロシアと朝鮮の国境地域、現在の琿春市）方面に退去して、一年間教育を施し、瑞甸書塾は、一九〇八年七四人の卒業生を出して閉校となった。卒業生は、各地で学校を作り、抗日運動に参加したという。

地元住民から学校の再開希望があり、韓国統監府間島臨時派出所は、一九〇八年に瑞甸書塾跡地に間《かん》島《とう》普通学校を開設した。そして、「前韓国元山普通学校教師川口卯橘アラタニ韓国政府ヨリ間島普通学校教師トシテ任命セラレ（表面ハ会寧普通学校教師）、統監府臨時間島派出所長ノ指揮ヲ受ケテ同校ヲ経営スル」（間島普通学校、一九一二）ことになった。初年度の学生四八人は全員男子であったが、翌年の一九〇九年には入学者一五人のうち六名が女子であった。これが満洲移住の朝鮮人初等学校における男女共学の始まりであった。

間島普通学校では、「修身」「国語」（韓国語）「漢文」（千字文等の儒教経典）「日語」（日本語）「算数」「地理・歴史」「図画」「体操」などの近代的教科が教えられた。「地理・歴史ハ別ニ時間ヲ設ケズ日語及国語ノ内容トシテ教授」した（『光明学園関係一件』、一九〇九）。はじめは朝鮮人は男女共学を嫌っていたが、後には「母自ラ其娘子ヲ伴ヒ来リテ入学ヲ乞フ者モアリキ」という状況となった。

間島普通学校の卒業生は一九一七年までで累計一七四人となったが、そのうち女子は一八人であった。彼女たちの卒業後の進路は、結婚八人、教員一人、看護見習い一人、進学が八人であった。

龍井にある間島普通学校は間島中央学校となった。その後普通学校は、間島の中心部である局子街、頭道溝、百草溝、琿春に四校設立されて、全部で五校となり、朝鮮総督府咸鏡北道庁《かんきょうほくどうちょう》（咸鏡北道は中国延辺朝鮮族自治州と国境を接している）の間接管理下に置かれ、教員は咸鏡北道から派遣された。間島中央学校は満洲における朝鮮人初等教育の模範学校として位置づけられ、満洲朝鮮人初等教育をリードしていた。間島普通学校の歴代校長はすべて日本人であった。一九二八年に、間島普通学校五校では総数二三一二人の学生が学び、そのうち七四七人が女子学生だった。

三　金躍淵と明東学校女子部

間島在住朝鮮人は日本領事館の管轄下にあったが、龍井から一〇キロ離れた明東《ミョンドン》学校は、一九一一年ごろから朝鮮国内の愛国啓蒙運動の影響で、満洲の間島でも女性解放、男女平等、男女共学が提唱された。そして、「鳥も翼が二つであってこそ飛べる」、「朝鮮社会の発展の為には女子教育が必ず必要である」（韓国国立民俗博物館、二〇〇八）と言われ、女子教育の重要性が認識されるようになった。

明東学校を開いた金躍淵《キムヤギョン》は間島朝鮮人を代表する人物の一人で、解放後、韓国政府から建国功労勲章を与えられている。金躍淵は一八六八年に咸鏡北道会寧郡（会寧は龍井市の三合と国境を接している図満江対岸町）に生まれた。彼は漢学の篤学者で、当時の表現で「孟子万読」の士と呼ばれていた。金躍淵は三〇代で、三人の子どもがいたが、一八九九年に豆満江（図們江）を越えて間島の龍井に近い明東村に入った。ここは会寧から一一里（一里約四㎞）の地点で、東方に大拉子があり、北方四里の地点に龍井がある。明東は移民たちが間島へ行く途中通過する要地である。金躍淵は移住するとき、知人など二〇数世帯と一緒に集団移民したのである。彼は用意したお金で中国人地主が売り出す林野をつぎつぎと買占め、畑に開墾した。開墾労力が不足する場合には、村の移住民を総動員して共同開墾した。このように開墾した耕作地を、金躍淵は「学田」と名付けた。将来学校を建てる計画から、そう名付けたのである（李智澤、一九七三）。明東村は「間島朝鮮人移民の第一村」と言われた村で、金躍淵が明東村の名付け親である。金躍淵は、当地に領主のように君臨していた地主の土地をつぎつぎと買い入れたが、ついに、その住宅まで買って、敷地に「圭巖斎《ギュアムゼ》」（寺子屋みたいな塾）を建て、一九〇一年に移住民を対象に圭巖斎を開き、漢文中心の儒教教育を行っていた。一九〇八年にはこれを「明東書塾」と改称し、それまで漢学中心だった教育から、理科・算数・体操などの教科も盛り込んだ近代的教育へと転換させた。さらに一九〇九年四月には、この学校は明東学校と改称された（延辺政協文史資料委員会、一九八八）。

金躍淵は女子教育の必要性を認識し、一九一一年に明東学校女子部を設置した（『中国朝鮮族教育史』編写組、一九九一）。この年、明東学校には一六〇人の学生がおり、そのうちの四六人が女子部の学生だった（韓国国立民俗博物館、二〇〇八）。別の文献によれば、この年「明東学校女子部普通科学生は五三人で、高等科学生は一二人であった」（延辺政協文史資料委員会、一九八八）という。間島普通学校は日本系の学校であったのに対して、明東学校女子部は金躍淵が設立した私立学校である。龍井は都市で、当時の交通状況では、龍井とその近郊に住んでいる女子が通える距離の学校であった。明東は龍井から一六㎞ほど離れた農村で、間島普通学校の男女共学での女子教育は金躍淵に影響を与えたことだろうと推測できる

当時の間島では、朝鮮人反日武装勢力が各地で反日武力抗争を行っており、明東村はその拠点であった。このため一九二〇年一〇月に、日本の「庚申年大討伐」により、明東学校は日本軍の討伐隊によって焼かれたが、その後、一九二二年から一九二三年には校舎が建て直され、教学設備も充実した。この時、学生は二六二人で、そのうち女子学生は六〇人であった（延辺政協文史資料委員会、一九八八）。明東学校では朝鮮本土からキリスト教信者の優秀な教師を招き入れるため、村にキリスト教会を建設した。金躍淵は一九一二年には北間島各教会代表を務めている。金躍淵は日本に対抗するためには外国の

勢力であるキリスト教を利用しようとした。

明東村の女子は誰もが学校へ行きたがったが、行かせない家が多かった。そのため学校から帰って来る弟を途中でつかまえ、その日に学校で学んだことをこっそり教えてもらう女子もいたと言う。現在中国に住む明信女子高等学校同窓会会長の李容《リヨン》淑《スク》（一九二六年生まれ、延吉在住）は母親から聞いた金躍淵と明東学校女子部について次のように筆者に話した。

図１　明東女学校（明東学校女子部）卒業写真

（前列中央が明東学校長、金躍淵。韓国国立民俗博物館、2008 より）

　私の母は明東村に住んでいた。一四歳になっても学校へ行けずに子守をしていた。ある日、妹を負ぶって教室の窓から勉強する様子を眺めていると、金躍淵が出て来て「勉強したいか」と聞いた。母は「勉強したいけれど私は父が亡くなり、母が豆腐売りに市場へ行ったので、いま妹の子守をしなければならないし、お金がないので学校へ行けません」と答えた。すると金躍淵は「教室に入って見なさい」と言った。それで私の母は子どもを負ぶったまま教室に入って、後ろで一緒に勉強した。

明東学校では教育の対象を学校に通う学生のみとはせず、学校に通えない非識字の青壮年と女子にも教育の機会を与えようとした。こうして明東学校卒業生が中心となり、村の非識字者女子を対象とした夜学校も作られた。子どもを負ぶって夜学校の教師として活躍した卒業生もいたという。

明東学校女子部は後に明東学校の男女共学の初等学校に改編された。

四　明信高等女学校

学校の設立過程

当時間島には朝鮮人が二〇万人住んでいたが、その四〇ヵ所に教会があり、信者数は一六〇〇～一七〇〇人であった。一九〇四～一九〇五年の日露戦争時には、間島に移住していた朝鮮人はロシアと日本の両国の板挟みで不安定な状況に陥ったが、宣教師たちが彼らの治外法権を利用して積極的に信者を保護したため、日本の侵略に対抗して北米各国の力に頼るべきだという認識が広まり、キリスト教を受容する土壌が育まれていたのである。

朝鮮咸鏡南道・北道で活動していた外国人宣教師たちは、一九一二年以降、朝鮮の多くの都市で学校を設立した。これを知ったキリスト教信者を含む間島の朝鮮人移民たちは、彼らの女子も学校教育を受けることを望むようになった。キリスト系の学校は女子も受け入れるので、娘を入れたいと思う親が出てきた。

日本は、カナダ宣教師が経営する学校、病院、宣教事業に対しては彼らの治外法権を尊重した。

一九一三年九月には、カナダ長老教会（後の連合教会）の女性宣教師の朴恵善（本名、Mrs. Rebeca Barker、カナダ人、朝鮮に数年滞在し朝鮮語ができ、バイブルも韓国語で教えた）が間島の龍井で中国人の家屋を借り、朝鮮人女子二〇名を集めて初等教育を行った。これが明信女学校（小学校）である。また一九二三年には中等科が設置された。一九二四年の在学生は、初等科と中等科を含めて一五〇名で、一九二七年には一七七人であった（北間島龍井明信女高ソウル同門会、一九八八）。

明信女学校では宣教会が学校の経常費を全額負担した。また宣教会は一九二八年に龍井市内に斉昌病院も設立し、明信女子学生に対して定期検診を行い、予防接種も施した。教員として在職した人の中には、後の韓国梨花女子専門学校（現梨花女子大学）の学長となった毛允淑《モユンスク》もいた。

一九三五年二月一日、学校は初等科を明信女学校と、中等科を明信高等女学校と改称した。この時の高等女学校の学生は一〇三名であった（北間島龍井明信女高ソウル同門会、一九八八）。一九三八年には満洲国で新学制が実施されることになり、同年四月には満洲国教育令に従って、宣教会は私立龍井明信女子国民高等学校の設立認可を受けた。この時の高等女学校在学生数は一四〇名であった。

一九四一年には国際情勢が不穏になる中、龍井にいたカナダ人宣教師たちも本国へ帰国した。明信女子国民高等学校の運営は従前通り理事会と一般の理事会員によって継続され、教職員たちは校長の指導のもとに、教育に尽力した（北間島龍井明信女高ソウル同門会、一九八八）。

一九四一年に日本の圧力が強くなり、カナダ人宣教師が本国へ帰ると、光明学園経営者の日高丙子郎《へいしろう》の息子、日高健三が学校長となった。一九三七年、満洲における日本の治外法権が撤廃されて、在満朝

図 2　明信高等女学校一八回卒業生（1942 年）
（前 2 列右から 3 番目が李容淑さん、現在中国在住明信高等女学校同窓会会長。
北間島龍井明信女高ソウル同門会、1988 より）

鮮人学校経営は満鉄沿線の一四校が、普通学校を除いて挙げて満洲国に移譲されることになった。そのため、一九三八年四月、間島省立龍井明信女子国民高等学校になり、一九四三年五月、龍井明信女子国民高等学校は龍井市内の間島省立龍井女子国民高等学校（前光明学園高等女学部）に併合された。

「夢のような女高生活」

明信高等女学校は龍井の東にある丘陵地帯の高台で、龍井市内が見下ろせる東山にあった。龍井の人たちは「東山」を「英国の丘」とも呼んでいた。そこはカナダの租界地であり、日本の警察の権力が及ばない所であった。

「英国の丘」には三階建ての明信学校とともに、東山教会、恩真《おんしん》中学校、済昌病院等が建設されていた。さらに高い所には、当時は珍しかった洋館の色鮮やかな宣教師の私邸が並び、その光景はまるで西洋の一角のようであった。当時の明信高等女学校は龍井の人たちだけが通う学校ではなく、遠く北満洲、朝鮮半島からも学生が集まっていた。明信高等女学校は施設がよく、宿舎もあったからである。宿舎には学生を五〇～六〇人収容することができた。

明信高等女学校は当時間島女子のあこがれの存在であった。ブルーのネクタイとセーラー服を着た学生たちは大変まぶしく見えた。間島には小学校を卒業したら明信高等女学校へ進学したいと思って勉強に励んでいた女子が多かった。同校の一九四二年卒業生の李容淑さんは、学校の思い出を次のように筆者に語った。

私は一九二六年生まれである。父は両親が亡くなって孤児となり、初めは朝鮮人の家で育てられたが、一〇歳から日本人の家で育てられた。だから私は日本人が好きだ。父は龍井で国際運輸会社の到着係の仕事をしていた。私は、数え年で七歳の時龍井明信小学校に入学し、一三歳の時、明信高等女学校に進学した。学校生活は楽しかった。私のクラスには、ロシア人のマゼネカという子がいて、彼女が家で作って売っているパンを毎日一つ持って来ると、私は五銭で買ってお昼の弁当にした。それから、牧場にいるもう一人クラスメートの女の子が持って来る牛乳を三銭で買って飲んでいた。父は、日本のグリコのキャラメルをよく買ってくれた。

学校では特に商業簿記を学んだ。一、二学年では単式簿記を、三、四学年では複式簿記を教えた。私は熱心に算盤《そろばん》の勉強をし、算盤大会にもよく参加した。『ヨハン福音』を教えたのは班富蓮（Frances Bonwick、カナダ人）先生である。班先生は校長で、生涯結婚していなかった。班先生は韓国語がよくでき、韓国語で黒板に書いて教えた。班先生は一九四一年カナダへ帰国した。土曜日には、午前のみ授業で、午後は家庭科の実習である。キムチの漬け方、料理の作り方、裁縫技術を学んだ。

制服としてセーラー服もあるが、韓服も着て化学の授業を受ける時もあった。髪は一九三八年入学ごろからは短く切った。課外活動として、庭球部、卓球部、陸上部、バスケット部、音楽部、ブラスバンド部があった。四年間卓球部に所属し、間島大会で三連勝をした。

一九四二年一二月に卒業し、龍井の味噌、醤油を作る株式会社協信社に就職し、会計の仕事をした。学校で珠算の時間があったので、卒業後会計の仕事には問題がなかった。

「学ぶことは私たちの明かり」――明信女子国民高等学校卒業生

明信女子国民高等学校の一九四〇年卒業生の中には、農村で小学校教師をしながら村の女子のための夜学校の教師をした人もいる。そのうちの一人は明信女子国民高等学校の時受けた教育と卒業後のことについて、同窓会誌内で次のように回顧している。

一九四〇年一二月一〇日、明信女子高等学校第一六回卒業式が挙行された。卒業生たちは自分の理想と希望と夢で胸一杯であった。卒業生たちはそれぞれ進学、就職をした。（中略）先生が「あなたは進学せずに辞令を受けた国民学校に赴任するのが良い」と言ったので、私は結局それに従うことにした。（中略）

私が勤めていた学校では夜学を始めることになった。そして、ここでは日本語と数学を教えることになっていた。私はこれに加えて朝鮮語も教えなければならないと主張した。私は校長先生に次のように言った。「今、この村にいる女の子たちはいつか結婚して嫁に行くことになるでしょう。結婚したら自分の父母と兄弟に手紙を書くはずです。父母と兄弟に書くならば私たちの言葉で書かなければなりません。ですから朝鮮語は必ず教えなければなりません」。こうして私の意見は受け入れられて夜学が始まった。

夜間学校は、年齢制限がないため、夜間学校に来た人の中には、最初の日には赤ちゃんを負ぶったお母さんが三人来た。ところが勉強がはじまると彼女たちの夫がやって来て、大声でののしってむりやり彼女たちを連れて帰った。夜間学校には最初の日には一五人来た。その次の日は二〇人、一週間後には四〇人に増えた。一年後には八五人に増えた。私は朝鮮語と音楽を担当した。年長の娘たちは勉強ができなかったことをとても苦にしていたから、涙が溢れてやまないほど熱心に勉強した（北間島龍井明信女高ソウル同門会、一九八八）。

この回顧録から、明信女子高等学校の卒業生が農村の教員として熱心に教育に従事していたことがわかる。彼女は夜学校の教師として勤め、学校では禁止になっていた朝鮮語を教えることも主張するなど、教育によって成長した新たな朝鮮人女性像を垣間見ることができる。

五　日高丙子郎が経営する光明高等女学校

学校の設立過程

一九二二年五月、間島龍井在住の光明会主事者の日本人・日高丙子郎は、龍井村に光明女学校を設立した。日高は一八七六年、長崎県壱岐出身で一九〇六年に日本国教大道社に入り、同社発行の機関雑誌編集者である。一九〇六年参謀本部嘱託鉄嶺軍政署の身分で、一九〇七年、間島天宝山銀銅山主任となり、一九二二年光明会を設立した。日高がなぜ間島に渡ったかについて外務省の資料では、「明治四十年九月当時同社社長タリシ鳥尾小弥太ノ理想（長白山ヲ中心トスル一帯ノ地ニ同社主唱ノ宗教ヲ基礎トスル一個ノ理想郷ヲ建設シ之ヲ漸次全東洋ニ及ホサントスルモノ）実現ニ努力スヘク択ハレテ間島ニ入リ」（外交史料館、一九二九）とあった。

また、日高が光明学園を設立して朝鮮人教育をした目的については、日高は弁栄上人（浄土宗の布教僧。光明会の開祖）の影響を受けた。弁栄上人は、一八六〇年千葉東葛西郡に生まれ、インドで修行をしたのち、各地で法然の教えを説き、一九二〇年に没した。弁栄の死後弟子たちによって組織された宗教団体が光明会である。弁栄自身生前から「地方青年の精神を宗教的に養ひ風教上改善の目的を以て」神奈川の一遍上人開基の寺である無量光寺に光明学園（準中等学校）設立の計画をした。この弁栄の遺志を受け継いたのが日高である（竹中憲一、二〇〇〇）。

光明会の会則には「本会ハ人種、宗教、階級等ノ範囲ヲ超ヘ相互同情敬愛シテ天下一家四海兄弟ノ親切ヲ盡シ合ヒ非道、暴戻、怨恨、闘争等ノ罪悪ヲ除キ同心協力シテ教育産業ニ力ヲ竭シ知徳ヲ錬磨シ……平和光明ノ楽園ヲ現成スルヲ以テ目的トス」とあった。日高の光明会に賛同して間島朝鮮人の代詞と言われる金躍淵と、中国側の有力者孫鴻慶が協賛者となった。光明会会員は五〇〇人いた。光明女学校は、主に正規の学校教育を受けられない朝鮮人女性を募集して、家事科を含む初等教育を行った。

光明会は一九二六年には、光明高等女学校を設立した。『光明学園関係一件』（一九二九）によると、光明高等女学校は「朝鮮教育令ニ依ル女子高等普通学校ニ準シ女子ニ必要ナル高等普通教育ヲ為ス」ことを教育目標とした。経費は光明会が支払い、日本の外務省と朝鮮総督府から補助を受けていた。設立時の一九二六年における入学志願者は四〇人であった。彼女たちは市内の各小学校の卒業生であった。一九二七年二月時点では、在学生は三八人、専任教師一人、講師七人で、「朝鮮内地女子高等普通学校」と同様のカリキュラムを有していた。また一九二七年には付属の寄宿舎が設置された。

教育実態

一九二八年の光明高等女学校の募集人数は五〇名で、志願者は六五名、入学数は五一名であった。外交史料館の『光明学園一件』の「私立光明高等女学校一覧表」によると、一九二九年一二月時点では、教員が更に一五人に増えている。学校経営者の日高は「課外講話」を担当した。日本人教員は六人で、朝鮮人教員は七人、中国人教員が一人であった。学年は第三学年までで、「現在生徒数」は一〇三人であった。生徒の出身地は龍井が七六人、間島他地方一九人、「鮮内地」が八人であった。生徒の年齢は一三歳から二〇歳までで、保護者の職業は、官公吏一四人、会社員三人、農業二七人、工業三人、商業四一人、雑業一二人、無業三人である。

日本語のハードルをクリアする以外にも、入学するには、経済条件をクリアしなければならなかった。保護者の職業をみても、生活が裕福な上層部の世帯の子弟であると推測できる。一九三〇年には、教員は日本人五人、朝鮮人九人、中国人一人で、学生は一八〇人であった。教員の民族構成は朝鮮人が多数を占め、そのつぎが日本人である。中国人は中国語を教える教員である。朝鮮語、日本語、中国語、英語という四種類の言語を学んでいた。

光明高等女学校は国旗は日章旗を掲揚し、教科書はすべて日本語の教材を用い、日本史、日本地理を教え、校内では日本語が通用語になっていた。

一九三四年一一月一日、日高丙子郎は光明会を財団法人に改組し、「財団法人光明学園」を設立した。これに伴い、光明会が管轄する高等女学校、師範科、語学学校、幼稚園と永新中学校、小学校は、光明学園の中の「部」に改称された。こうして光明高等女学校は光明学園高等女学部に改称された。日高は日本外務省に在外指定学校の認可を申請し、一九三五年一月、光明学園高等女学部は日本の外務省及び文部省によって在外指定学校に定められた。一九三五年当時、教員は一五人で、一九二七年の七名より八名増えた。日本人教員は八人で朝鮮人七人であった。日本人教員は一九二七年三名、一九三五年には八人に増え、女子教員は一九二七年に二名、一九三五年には四名に増え、女子教員の内一名が日本人教員である。東京帝国大学法科卒業者や東京高等師範学校、東京農業大学などの卒業者で、朝鮮人教員の中には、東洋音楽学校や東京獣医学校などの留学生と朝鮮国内の学校卒業者がいる。更には、女子教員が四人で、その内福岡女子専門学校卒業の日本人教員一名、東京女子高等師範学校卒業者と漢城女子技芸学校、東京女子体育学校卒業の朝鮮人女性三名が含まれる。漢城女子技芸学校卒業者は光明高等女学校出身者であり、東京女子体育学校卒業の朝鮮人教員が舎監であった（政協龍井県文史資料研究委員会、一九八六）。一九三五年、学校長は、東京帝国大学法科卒業の工藤重雄であった（『光明学園関係一件』、一九三四）。

光明学園高等女学部は日本外務省の経費支援を受け、日高が経営しており、教育目標は「生徒身体発達及婦徳ノ涵養ニ留意シテ之ニ徳育ヲ施シ生活ニ有用ナル普通ノ智識技能ヲ授ケ円満ナル人格ヲ養成」することであった。学制は四年で、教科目は、「修身」「教育」「日本語」「朝鮮語」「中語」「英語」「歴史」「地理」「数学」「理科」「図書」「家事」「裁縫」「音楽」「体育」である（『光明学園関係一件』、一九三四）。

光明学園高等女学部の授業用語は日本語であり、間島普通学校の授業用語は日本語である。

図3　光明女子高等学校（1930年頃。写真提供、安錦子）

一九三七年一二月、日本は満洲における治外法権を撤廃した。それによって、間島在住朝鮮人の「教育権」は間島省に移譲された。一九三八年一月、光明学園高等女学部は満洲国間島省立龍井女子国民高等学校に改称され、一九四二年には龍井明信女子国民高等学校と合併して、間島省立龍井女子国民高等学校になり、一九四五年八月まで存続した。

卒業進路

このような高等女学校を卒業した女性は、近代的教育知識を身につけ、自立した女性としてのプライドを持っていた。彼女たちの多くは学校の教員、幼稚園の教員となって、朝鮮人教育をリードした。光明学園高等女学部の卒業生総数、卒業生の分布状況、卒業生の進路、就職状況は表1・表2のようである。

一九四三年に間島省立龍井女子国民高等学校に入学した、一九二九年生まれで北京市在住の女性Cさんは、医者になった経緯について次のように語った。

私は一九二九年に吉林市近郊の樺樹林子の朝鮮人村に生まれた。七歳の時、吉林省舒蘭県に移住した。村の東と西には日本

表1　光明学園高等女学部卒業生の分布（1942年12月）

種別	間島省	日本	省外	支那	鮮内	死亡	未詳	合計
人数	213	3	75	4	55	4	20	404

（一光会、1943）

表2　光明学園高等女学部卒業生就職進路（1942年12月）

教員	会社員	家事	進学	未詳	死亡	合計
102	27	191	60	20	4	404

（同）

人の開拓団もあった。私の上の二人の姉は匪賊の襲撃を避けて吉林市内で避難生活をしていたので、学校へ通えず夜学校に通い、日本語も学んでいない。私は七歳の時に村の朝鮮人学校に通った。日本語も学んだ。当時大人たちは女子教育に対する意識がまだ低かったが、小学校の先生は、女子も勉強すべきであると教育した。私は当時従兄が結核だったので、将来医者になって従兄の病気を治したいと思っていた。私の父は書堂教育を受けたこともあり、私の進学に同意した。

当時Cさんのように小学校を卒業して高等女学校へ進学できる人は、家庭の経済事情のためにわずかであった。Cさんは一九四五年八月当時、中学校二年在学生だったが、学業を続けることができず、家に帰った。一九四六年、共産党軍が募集している東北軍政大学吉林分校医学院（満洲国龍井医科大学を接収して一九四七年五月設立。一九四七年五月〜一九四八年一〇月までの一五ヵ月の間四期二五七名卒業）に入り、医学を学んだ。短期速成的に人材を養成する学校であった。Cさんは日本語ができることで、卒業後、共産党の第四野戦病院で、当時共産党軍に留用された日本人医者についてさらに実践的に小児科を学ぶことになった。学校で一番印象に残った教育について彼女は「あの人たち（日本人）には忠誠心がある。真心で、真摯に人と接する。理論的には（中国が）日本の教育を批判しても教育の精神は世界共通である。いまの中国の教育は礼儀教育が足りない、なぜ真心で人と接しなければならないかがわかっていない。仕事や人に対しての真心が当時と違う」と語った。

六　日本語教育を受けても中学校進学の夢はまだ遠く

一九三八年一月一日から全面実施された満洲国の新学制により、満洲国では初等学校は私立学校を認めない方針をとり、公立学校となり、小学校は国民学校四年と国民優級学校二年という初等学校制度であった。初等教育を満洲国の国家事業として重点的に発展させたため、辺鄙な農村地域にも小学校が設置され、初等教育の就学率は急増した。農村部においても女子の小学校入学者は多くなった。間島省においては一九三九年国民学校と国民優級学校女子在学生は合計一万五九九一人だったが、一九四〇年には三万一六六六人に増えた（間島省公署、一九四四）。小学校の教師たちは女児も入学させるようにと父母を説得した。一一歳の時に小学校に入学した、一九二九年生まれで和龍市在住のDさんは、広東国民優級学校を卒業したが、学校へ通う時のことについて筆者に次のように語った。

当時女子は学校へ行かせてもらえなかった。村の学校の許先生がおじいさんを説得して、おじいさんが私を小学校に入学させた。ところがおじいさんが、今日学校で学んだことを言ってごらんと言い、私はハナ、イエ、と言うと、おじいさんは、それは倭《わ》のやつらの言葉だから学んだらいけないと言い、学校へ行かせず、私に旧学の漢文を教えた。おじいさんはかつて書堂の先生をしていた。二〇年代ごろまでの朝鮮人設立の書堂は漢文を中心に教える儒教教育であった。しかし、近代的教育が普及することによって、このような従来の書堂は近代的教科を教える学校に変わり、満洲国期には、師範学校を卒業した資格を持っている教師が教えるようになり、このような漢文を教えた先生は使わなくなった。私は家でおじいさんからしばらく旧学の漢文を学んだ。そこへ許先生が来て「いまの時代に従わなければならない、学校で学ばなければならない」と言ってくれたので、また学校へ行くことになった。

満洲国では一九三八年前までは間島普通学校以外、朝鮮人私立学校は授業用語が朝鮮語による教育であったが、一九三八年から新学制が実施されて公立学校となり、一年からほぼ全小学校が授業用語は日本語に変わった。中学校に入学する時も、日本語で試験を受けることになった。間島普通学校や光明高等女学校は日本語による授業を行った。そのため、間島普通学校を卒業すると、光明高等女学校や明信高等女学校へ入学しやすかった。

一方農村においては、当時、小学校を卒業する時、女子児童らは泣いていたと言う。満洲には農業以外に女性がつける職業が限られていて、中学校へ進学して将来教師や会社員の職を得たいと思っていた彼女たちの夢は、実現できなくなるからであった。中学校は都市部に設置されていたため、農村部から都市部の中学校へ行くには、日本語による中学校試験以外に家庭経済事情が問題だった。

小学校を卒業した女子児童たちは、たとえ中学校へ行きたくても、家庭の経済事情と父母が結婚を優先的に考えるため、中学校へ進学できないケースがほとんどであった。ある人は自分でこっそり家のお金を持ち出して、龍井へ行って光明高等女学校の試験を受けて合格し、入学手続きをしたが、結局連れ戻されてしまった。しかし数日の間家に入らず、畑で一人傷心から泣きはらしていたという（一九三二年生まれの、現在延吉在住女子からの聞き取り）。

美しいセーラー服を着て国民高等学校に通っている女子中学生は、小学校に通っている女の子たちの憧れの的であったが、農村地域では中学校へ通う女子はまだまだ珍しい存在であった。

おわりに

満洲に移住した朝鮮人女性の生活を変えたのは学校教育であった。当時の朝鮮人女性は家にいることに満足せず、社会に出たがっていた。そして、高い教育を受け、社会に進出するようになった。日本が設立した男女共学の間島普通学校に続いて、朝鮮人金躍淵が設立した明東学校女子部は、朝鮮人自身が設立した女子教育の先駆けであった。間島普通学校は朝鮮総督府経営学校として、高い教育レベルを持って、朝鮮人学校教育をリードした。

明信高等女学校はカナダのキリスト教宣教部から資金援助を受けたため、学校の運営が安定していた。また教育内容においても、一九四二年以前は日本の干渉をあまり強く受けずにすんだため、リベラルな気風があった。光明高等女学校も、日本人と日本の外務省の支援を得ることで順調に発展することができた。経営者の日高丙子郎は、経営困難になった朝鮮人が設立した男子中学校の永新中学校を譲渡を受けて引き継ぎ、日本の外務省の在外指定学校にすることで特色ある学校とした。教育程度も高く、卒業後の進学・就職も日本帝国圏内を視野に入れることができ、有利であった。

二〇世紀前半の満洲朝鮮女子教育をリードしていたのは、こうした外国人及び外国政府・団体が設立・再建、そして発展に寄与していた教育機関であったが、朝鮮人子女はこうした教育機関への進学を希望し、家庭もそれに理解を示した。そして、これら女子教育機関の卒業生の多くが、教員となり、その後の朝鮮人教育をリードした。今日の朝鮮族教育の発展はこのような朝鮮人女子知識人の努力の遺産であると言える。また、彼女たちの社会に及ぼした影響も大きく、女子の社会参画と社会的地位の向上において果たした役割は、抗日戦争時期と解放戦争時期に女性たちが革命に果たした貢献に限らず、より広く、今後もなお検証されていくべきものである。

※筆者が、一九九一年実施したDさんへの聞き取り、A、B、Cさんへの聞き取りは二〇〇〇年、二〇一二年、二〇一三年に実施したものである。

第十二章　内モンゴルに生きたダフール人、エヴェンキ人女性たち

思《ス》　沁《チン》　夫《フ》

はじめに

現在の内モンゴル自治区東端に位置する呼倫貝爾《ホロンバイル》地方は、モンゴル人、ダフール人、エヴェンキ人やオロチョン人などの少数民族が暮らす多文化・多民族地域である。だが、一九三二年の満洲国誕生に伴い、当地域の民族は日本の植民地支配を経験した。満洲国時代は少数民族の固有名称は軽視され、「モンゴル族」と総称されていた。満洲国が掲げた「五族協和」は、五族、すなわち満洲民族、大和民族（日本人）、漢民族（中国人）、朝鮮族と「モンゴル族」の調和を図る民族政策だった。

他の地域に比べ、ホロンバイル地方（図1）における満洲国時代の植民地支配や少数民族の人々の経験については学術的蓄積が少ないものの研究は徐々に進められている。特に一九九〇年代以降は、当事者およびその関係者が満洲国時代の経験を書き綴り、出版するケースも増えている。しかしその研究対象は政治、軍事、行政関係者が多い。庶民、とりわけ少数民族の女性たちを対象とした先行研究はごく僅かである。そこで、本研究では女性たちに焦点を当て、できる限り当事者と面会し、情報収集に当たることにした。

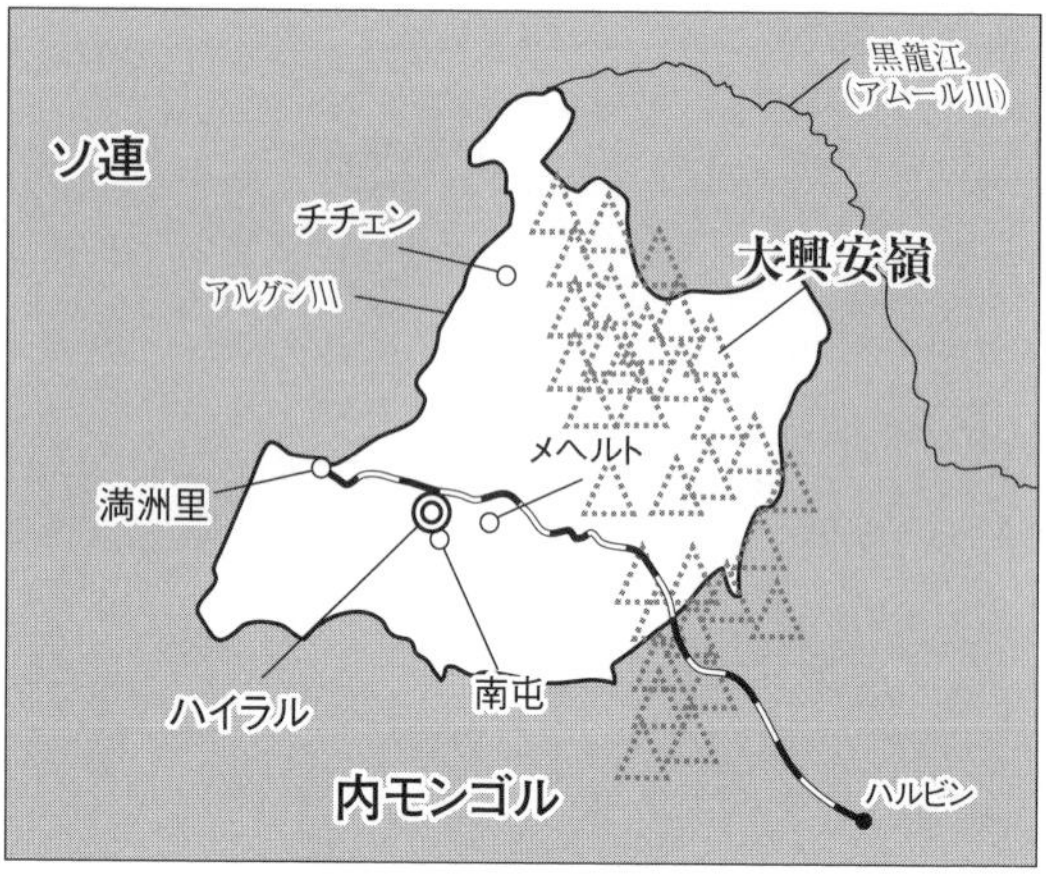

図1　ホロンバイル地方

筆者は二〇一三年九月一五日～二八日、海拉爾《ハイラル》（ホロンバイル政府所在地）、南屯《ナントン》（エヴェンキ族自治旗政府所在地）、尼爾基《ニルジ》（ダフール族自治旗政府所在地）及び根河市、計四つの地域、都市で現地調査を実施した。現地では計一四名の満洲経験者（女性）と面会し、そのうち六名に対し聞き取り調査を行った。本稿執筆前の段階では、調査協力者六名について記述予定だったが、情報公開に二名から「不許可」の返事が返ってきた。残り四名のうち三名は自らの経験の記述を大筋で認めたが、一部内容削除や利用不可が条件であった。筆者はホロンバイル地方のダフール人やエヴェンキ人と長年の交流がある。しかし、過去の公表拒否という、今回の事態は予想外であった。女性たちのほぼ全員は、昨今の日中関係の冷え込みの中で、家族に「不安」を与えたくない、あるいは自分は「凡人」であり、何も書物に記されるほどのことはしていないと述べていた。筆者にとって当初、女性たちの過去を公表するのにとまどいは避けられなかったが、最終的に執筆に踏み切った。満洲国時代の経験者はすでに高齢に達しており、過去の語り部が急速に減少しているためである。

本稿では満洲に生きたダフール人およびエヴェンキ人女性たち四名を中心に、その経験を記述したい。当時の女性たちは政治的、社会的に排除され、近代教育を受ける機会は限定されていたが、本稿に登場する女性たちは年齢が八〇歳を超える、ホロンバイル地方の政治、経済、文化の中心地、ハイラル周辺に暮らし、満洲国時代の植民地教育を受けた希少な知識人（Cさんを除く）である。彼女たちに関する記述内容は、筆者が当人および周囲の人々に対して実施した聞き取り調査、現地の地方史研究者に行ったインタビュー、現地収集した文献資料に基づいている。

まず、満洲国およびハイラルに生きたダフール人（海瑞《ハイルイ》ら）、次に、南屯のダフール人（Aさん）、そしてハイラル周辺出身のエヴェンキ人（Bさん、本稿に登場する女性の中で比較的若い）、最後に、ロシアから移住し、トナカイを放牧するエヴェンキ人（Cさん）を紹介する。

一　「忘れ去られた草原の英雄」・海瑞

ここでは海瑞《ハイルイ》という名の女性について紹介する。海瑞は二〇一三年一〇月、中国のドキュメンタリー映画『忘れ去られた草原の英雄』（中国中央テレビ「探索発見」）の主人公として登場した。このドキュメンタリー映画の粗筋は大よそ以下の通りである。

一九一七年、ロシア革命が起こり、ソ連は第三インターナショナル（世界共産主義運動の指揮に当たる国際組織）をモスクワに設置した。当時、海瑞はモスクワの東方労働者共産主義大学（以下、東方大学と略す）に留学していた。東方大学は一九二五年に設立され、第三インターナショナルの思想と使命の世界各地への普及を目的とした政治学校であった。海瑞は東方大学卒業後、モンゴルへ派遣された。日本のホロンバイル東北地方への侵略の際、海瑞は情報収集のため第三インターナショナル・モンゴル支部から中国に派遣され、身分を幾度も隠蔽しつつ、北京、天津、烏藍浩特《ウランホト》や開魯などで、ソ連共産党に奉仕する形で情報収集活動に従事していた。一九三〇年代後半以降、満洲における日本の植民地支配が進行し、モンゴル民族やホロンバイル地方勢力は弱体化する中、共産系勢力の活動排除が強行されつつあった。

翌年、海瑞は内部告発で日本の関東軍に身柄を拘束され、開魯の関東軍警察署で取り調べと拷問を受けた。それでも関東軍は海瑞の口から「機密情報」を得ることができなかったため、ハイラルでモンゴル出身の情報員と共同生活および開魯残留を条件に海瑞を釈放した。海瑞は約一年半にわたり、関東軍の監視下に置かれた。何度も脱走を試みたものの失敗し、一九四三年、逃走中に関東軍に銃殺された。

この映画では「反封建・抗日」に一生を捧げ、日本に対して勇敢に闘った一人の女性、海瑞の壮絶な人生が描かれている。実はこのドキュメンタリー映画は、本稿で後述するBさんの提供資料によって描かれたものである。Bさんは、一般市民に対して海瑞の過去を知るひとつのきっかけを提供したことは評価できるものの、彼女の一生を精密に描き上げていないと、筆者に述べた。確かに映画では海瑞と故郷や民族との密接な関係性の描写が欠けており、主人公の主体性、共産勢力と満洲に翻弄された「運命」により着目する必要があっただろう。そこで、海瑞の人生を（彼女の姉妹たちも含め）辿りつつ、国家、地方、個人レベルで海瑞が人々からどのように理解されてきたのかを整理したい。

ロシア人との出会いとソ連留学

二〇世紀初頭のホロンバイル地方では、少数民族の知識人を中心に近代教育制度導入の動きが高まっていた。とりわけダフール出身の郭道甫と福明泰は新制度導入に向けて早期に運動を展開していた。彼らの努力は一九一八年、ハイラルで「蒙旗小学校《モンキ》」の創設という形で実現した。設立当初は、ハイラル在住の日本人、ロシア人などが見学に訪れるなどしており、地域住民からも高い関心を集めていた。この学校ではモンゴル人、ダフール人、エヴェンキ人など少数民族の子どもたちに対し、モンゴル語や数学のほか、民族独立・啓蒙を主とする政治思想を教えていた。しかし翌年にペストが流行し、学校は閉鎖せざるを得ない事態に追い込まれた。

郭道甫、福明泰の故郷である莫和爾図《メヘルト》村には、ソ連邦ブリヤード共和国の第三インターナショナル派遣生、セデンイシ（ブリヤード人）と彼の妻（ロシア人）が暮らしていた。セデンイシ夫妻の紹介で、郭道甫、福明泰はブリヤード共和国からソニヤという名の女性を教員として迎えることになった。彼女の姉は当時のブリヤード・モンゴル自治共和国の第一書記だった。ソニヤはメヘルト村の女子小学校で約二年間教員を勤めた。ロシア語、科学及び公衆衛生学などの教鞭をとりつつ、革命思想を生徒たちに指導していた。ダフール人の生徒たち、桂瑞《グィルィ》、松賢《ソンセン》、仁賢《リンセン》、孟賢《モウセン》、そして海瑞はソニヤの教え子だった。

この女子生徒五人は、革命思想の影響を色濃く受けていた。髪は短髪、学校ではロシア人とダンスを踊るなどしていた。ある日、村中で騒動が起きた。村人たちは、五人の娘がオボーの麓で馬にまたがり、遊び回る姿を発見したのである。オボーとは、ダフール人にとって村や生活の安全、家畜の成長や草原の豊かさを神々に祈願する聖地である。無論、女性のオボー訪問は断じて禁じられていた。また当時、ダフール人女性は家事労働や刺繍に勤しみ、社会的活動に関与しないという慣習があった。五人の娘たちの行動は、非難の渦を巻き起こしたため、両親はひどく頭を痛めていた。そこで両親と村の有力者らは娘たちを直ちに結婚させ、「一般的な」ダフール人女性にさせようと計画した。

一方、当の娘たちは、ソニヤの教育を受け、「婚姻は本人の意志と決断による」と考えていた。ソニヤの故郷、ソ連（ブリヤード共和国）では革命後に男女同権の理念が浸透していた。この男女同権ということばの響きは娘たちにとって切実な希望となっていた。そこでソニヤと郭道甫らの尽力により、五人娘のソ連留学が実現することとなった。

一九二五年一二月二六日午後、ハイラルを出発した列車は、肌を刺すような北風と吹雪の中、満洲里駅に到着した。ダフール民族服を着た五人の娘たちは、ダフール人男性二名（共にソ連留学した同村出身者）に付き添われつつ、ホームに降り立った。白系ロシア人（セデンイシの妻の知り合い）の迎えの馬車に乗り、ソ連駐満洲里領事館に到着後、洋服に着替え、領事館でソ連行きのパスポートを受け取った。同日深夜、中露国境を横断する専用車に乗り、ソ連領内のザバイカルスクでシベリア鉄道に乗り換え、ブリヤード共和国の首都ウラン・ウデへ列車に揺られた。図2はウラン・ウデで撮影された五人の娘である。『真理報』新聞で娘たちを紹介するためだった。

彼女たちはウラン・ウデで一年間ロシア語などを学んだ。翌年、海瑞、桂瑞、松賢は東方大学に入学するためモスクワへ向かった。大学では一年間、革命思想やマルクス、レーニン、スターリンの理論を学んだ。一方、仁賢、孟賢は病気療養のためウラン・ウデに一時的に滞在した。

就職、叶わぬ帰郷

旧満洲国時代、中華民国では国民党と軍閥勢力が高まりをみせていた。五人の娘たちはロシアの大学を卒業後にモンゴル人民共和国へ派遣され、それぞれ社会主義国家建設に力を注ぎ、革命支援に尽力した。モスクワで学んだ松賢はウラン・バートル（モンゴル人民共和国の首都）の第一実験中学の教員となった。ウラン・ウデ帰りの仁賢は幼稚園設立に尽力したが、一九三三年にモンゴルで病死した（当時

図2　ソ連に向かう5人のダフール人少女

（左から海瑞、桂瑞、松賢、仁賢、孟賢。資料提供、白音嵯崗蘇木資料館）

二六歳）。同じくウラン・ウデ帰りの孟賢はウラン・バートル市内中心部の病院に配属された。モスクワの大学を出た桂瑞はウラン・バートル師範学校の教員となり、現地で知り合ったダフール人と結婚した。しかし、一九三八年にモンゴルで処刑された。「夫が満洲国から来た」というのが要因で、「日本のスパイ」という「罪名」を着せられたのである。

この五人の娘たちと家族との通信、手紙（これらはメヘルト資料館が保存）や周囲の人々の証言などによると、彼女たちの留学目的は、外界を知り、専門知識を習得後、ホロンバイル地方の教育や革命に尽力することだったと理解できる。モンゴル滞在も、経験の蓄積を目的とする一時的滞在の予定であった。しかし一九三二年、ホロンバイル地方が関東軍に占領され、満洲国が「建国」されると、瞬く間に満洲国とモンゴルの国境は封鎖されてしまった。彼女たちはホロンバイル帰郷を幾度も試みた。一方、関東軍および満洲の警察による監視体制は強化されていた。結局、娘たちは戦後まで故郷に戻ることはなかった。

一九三三年、五人の娘たちのうち四人がモンゴルに留まる中、海瑞のみが日本軍の情報収集を目的に、一九三九年、第二インターナショナル・モンゴル支部により、内モンゴル出身の孟和《モンフ》巴雅爾《バヤル》と夫婦を装って、活動するよう命じられた。海瑞はモスクワで電報送信技術を学んでいた。二人はやがて本当の夫婦となった。だが、一九四一年、孟和巴雅爾は北京滞在中に行方不明となった（終戦後、孟和巴雅爾は情報収集活動中に関東軍に逮捕され、銃殺されたと言われている）。

二〇一三年九月、筆者は南屯《ナントン》で海瑞の妹（当時八四歳）にインタビューすることができた。当時の状況を回想しつつ、彼女は筆者に対して次のようなことを話した。海瑞の両親は女子学校への入学ですら強く反対していたため、当然娘のソ連留学にも反対だった。そこで海瑞は両親に対し、ハイラルを訪ねるという「嘘」の言葉を残し、村を離れたのである。母は、「娘との死別を少しでも察していれば、あのとき抱きしめてやりたかった」と悔やんでいた。長年の間、両親および五人の娘たちは村人から非難された。文化大革命時には政治批判も受けた。娘と縁がなかったならば、と考えることもあった。一方の海瑞は、開魯警察署から釈放されたバルグ人（ホロンバイル地方のモンゴル人）に、家族との面会希望を記したメモを託していたが、再会は果たせなかった。

当時の海瑞と関東軍の通訳を務めていた巴徳瑪《バドマ》の証言に関する資料（オノン氏提供）に基づくと、川亀という名の関東軍担当官の尋問は非常に厳しいものだったが、海瑞が仲間を裏切ることは一切なかったと言われる。また、内モンゴル解放に尽力した朋思克《ポンスク》（モンゴル人）に対するインタビュー資料（実際にインタビューを行ったのはオノン氏）によれば、海瑞には日本侵略からの故郷解放の願いがあったため、情報員の任務を遂行した。最後に、妹は海瑞について次のように話した。「あらゆる困難に立ち向かう、私のお姉さんを誇りに思う」。

海瑞をはじめ、五人のダフール人女性は近代教育を受けていた。世界を知り、革命思想の影響を受ける中、「村社会＝伝統社会」と「近代」の狭間でさまざまな葛藤が生じていた。内モンゴルに帰郷後も情報活動を継続し、関東軍に殺害された海瑞以外の二人は、一九六〇年代まで故郷の地を再び踏むことはなかった。第三インターナショナル及びモンゴル共産党の工作の影響が大きいのは当然だが、満洲国の存在も無視できないだろう。

二　満洲国時代の二人の女性――学校と生活から過去を語る

満洲国成立とほぼ同時期、日本は内モンゴルに進出を進めていた。一九三二年三月九日、満洲国国務院に内モンゴルの各地域（東部）の統括機関である興安局が設けられ、同年四月、興安局下には興安東・南・北分省の三省、翌月に興安西分省が設置された。翌年八月、興安局は興安総署に格上げされ、さらに一九三四年一〇月に興安総署は「蒙政部」に変更され、満洲国国務院の一部門となった。

モンゴルの「王公貴族」の多くは清朝の皇帝をはじめ、貴族らと「婚姻」関係を結んでいた。日本はこの特別な関係を利用し、内モンゴル各地域への植民地支配の拡大を図った。中国での戦況の膠着化や一九三九年の「ハルハ川戦争（ノモンハン事件）」の惨敗は日本を動揺させ、各省における人事、運営体制や思想教育などの「日本化」が始まることとなった。ホロンバイル地方では一九三六年の「凌陞《りょうしょう》事件」以降、興安北省の主要人事はモンゴル人やダフール人ではなく、日本人が占めるようになっていた。なお、凌陞はエヴェンキ族自治旗出身のダフール人だった。彼の父は清朝時代、ホロンバイル副都統（官）を務めた地域の有力者であり、凌陞自身も清朝のホロンバイル地方官を務めていた。清朝崩壊後はホロンバイルの独立に関心が移り、一九三二年三月、満洲国成立後に興安北省長に就任した。しかし、満洲国を通じた清朝「復活」という凌陞の意向と、満洲国を通じた植民地支配を推進する関東軍の政治目的が対立していたため、一九三六年四月一九日、凌陞と彼の側近らは「ソ連、モンゴルと通信し、満洲国と日本を裏切った」罪で銃殺された。例えば、春徳（凌陞の秘書）は「凌陞事件」で銃殺され、代わって板水梧郎が警務庁（興安省の中央組織）長に就任した。

ホロンバイル地方では、近代教育の導入前は満文で古典を習う「官」を目標とした教育、チベット語やモンゴル語で経典を読解する「寺院学校」が主流だった。教育の対象は男子に限定されていたが、二〇世紀に入り、当地では知識人や啓蒙主義者によって小学校が設立され、女子も学校教育が受けられるようになった。これらの学校ではモンゴル語（識字）、満洲語や地域史などが学習内容に組み込まれていたが、満洲国成立後、存続に貢献できる人材育成と、日本式に現地人を「開化」させることを狙う日本語、日本的精神の浸透が力説されるようになった。

一九三二年夏、索倫《ソロン》旗の南屯村では南屯小学校（興安北省の第三学校）が設立された。なお、旗《き》は清朝政府が導入した「盟旗制」の一単位であり、関東軍はこの制度を利用した。ソロン旗は社会主義制度成立後、エヴェンキ族自治旗に移行した。初代学校長を務めた恩克巴図《エンクバト》（ダフール人）は、ハイラルからのわずかな支援金で民家を借り、開校したと言われている。当時の興安北省の経済状況は非常に厳しかったためである。学校では教室や椅子、机などもほぼ皆無の状態であり、学習環境はほとんど未整備だった。そこで栄禄（先の郭道甫の父。清朝の地方官、「凌陞事件」後のソロン旗旗長）がソロン旗と協議し、自己資産で南屯小学校を増設することとなった。新設学校は面積三〇〇平方メートル、校内には教室が四部屋、職員室、教員と事務員などの宿舎、一二〇組の椅子と机、筆記用具なども用意されていた（恩克巴図、二〇一〇）。興安北省の資料によると、一九三四年一二月時点では、ダフール人、ブリヤード人やエヴェンキ人の子供たち九九名（うち男子六六名、女子三三名）が南屯小学校に通っていた。また、恩克巴図を含め教員四名（うち一名は日本人女性）が勤務していた。以下、満洲に生きた女性二名（Aさん、Bさん）の学校及び家庭での生活を中心に経験を記したい。

Aさん（八七歳、ダフール人）

Aさんは一九二七年三月五日（陰暦二月二日）に南屯村で生まれた（図1参照）。両親はダフール人遊牧民であり、読み書きができなかった。当時、南屯村はダフール人の村落だった。敖拉《オウラ》ハラ（ハラは氏族）の二四世帯は村の南部、郭布楽《カクブラ》ハラ（一六〜一七世帯）は東部に居住していた。一方、西部に居住する孟《モウ》ハラは、日本人が空港建設を進めたため南屯《ナントン》へ移住させられた。村ではダフール語が使用され、村人はウシ、ウマやヒツジなどを放牧していた。家畜を所有しない家庭は家畜の大所有者であるバヤンの家畜を放牧するか、あるいは運搬用荷車や牛車などを製造し、遊牧民の家畜と交換することによって生計を立てていた。

Aさんの家庭では多少家畜を飼育していたものの、貧困を極めており、子供たちが学校教育を受けるのは不可能であった。しかし、南屯小学校の設立後、多くの子供たちが小学校に通い始めた。無償教育を提供していたため、一九三三年、Aさんも南屯小学校に入学した（図3）。周辺地域には学校がなかったため、ブリヤード人やエヴェンキ人の生徒もいた。だが、当時は民族別に学校が設置されており、他民族生徒の入学は禁止されていたとも言われる。南屯小学校には満洲人を含む漢人の生徒はいなかった。当時、ダフール人、エヴェンキ人、ブリヤード人やバルグ人は「モンゴル人」という一つの枠すなわち民族に統合されていたため、ダフール人およびエヴェンキ人の従来の名称がようやく復活したのは終戦後である。

当時、南屯小学校では、恩克巴図らの教員を中心に授業を行っており、独自のモンゴル語教材を使用していた。Aさんは授業で日本の童謡も学習したという。日本人教員に対しては日本語で挨拶しなければならなかったが、生徒らは通常モンゴル語やダフール語を使用していた。校内では、礼節と秩序の尊重は強調されてきたが、Aさんが日本式の教育をようやく認識し始めたのは、入学から二、三年後のことであった。

入学式、卒業式、創立記念の式典は一大行事であり、無断欠席は断じて禁じられていた。Aさんは同級生の男子が入学式に欠席し、体罰を受けていたのを覚えている。満洲建国記念日、「(皇帝溥儀《ふぎ》)訪日詔書記念日」などは全校生徒及び全教職員出席の上で行われた。日本国歌、満洲国歌を合唱し、日本の皇居及び満洲の帝居、日本及び満洲の国旗への敬礼も義務付けられていた。学校長は「訪日回鑾《かいらん》訓民詔書」や「校長訓話」を読み上げ、日本に対する謝意を表し、従順を教説していた。学校の創立記念日、卒業式などでは興安北省、ソロン旗の行政官や警察の「偉人」が訪問し、必ず「訓話」していた。Aさんが高学年になるにつれ、授業や日課の「日本化」も色濃くなりつつあった。授業前の自主学習では、「国民訓」、満洲皇帝の「即位詔書」や「訪日詔書」などをよく暗記させられた。「新学制」導入後は日本語の授業が大幅に増え、「修身」、「体育」など身体及び精神強化が求められた。

一九四三年、Aさんは南屯小学校から「南屯旗女子補習校」に転校した。補習校は経済的理由により進学困難な子どもたちのため、齊齊哈爾《チチハル》、哈爾濱《ハルビン》や新京などに設けられていた。補習校では毎年二〇名の女子生徒を募集していた。日本語の授業は江川雪子、松本長子らの教員が担当していた。日本人教師の多くは厳格だったが、松本長子先生は女子生徒ととても仲が良かった。一九八七年八月、松本先生は日本の訪中団に参加し、南屯を訪れた際、Aさんと四二年ぶりに再会した。またAさんは日本招待を受けて初来日を果たした。日本人はAさんの日本語を理解してくれたそうである。

図３　Aさんの描いた南屯村

さらに学校では医師が公衆衛生を指導し、地元の婦人たち（名前は鄂永蓮《エユウレン》、色布吉徳瑪《セジドマ》など）は、裁縫、毛皮のなめし方などの労働技術を伝授していた。モンゴル語は補習校で禁止され、日本語使用が強制された。発音や文法に誤りがあれば、厳しく指導され、体罰を受けることすらあった。

一九四五年三月、「ソロン旗女子補習校」を基盤に四年制「興安北省立女子国民高等学校」が設立され、Aさんは三年生のクラスに入学し、日本語、数学、体育、家庭科、裁縫や衛生などを学習した。当時は「奉仕」が重視され、労働活動への参加が教育の一環だった。学校では七、八頭の牛を飼育していたが、朝晩主に高学年の生徒たちが搾乳し、旗役所、役人の家庭にミルクを届けていた。乳販売の収入は学校の貴重な財源となっていた。春はジャガイモなどを植え、収穫後は学校の給食に供した。

Aさんはソ連軍の侵攻をはっきりと記憶している。一九四五年五月、日本人の先生らに連れられ、越冬用の家畜の草刈りをしていたときのことだった。上空に航空機を観察し、「日本、万歳」と叫んだ。学校でこのように教育されていたからだった。しばらくすると、親戚が子供たちを探し始めて家へ連れ戻した。

日本人教員らはブリヤード人を装ったが、ソ連軍の到着は早く、逃亡に必死だった。ソ連軍が反抗した日本人を殺害する事態まで発生していた。Aさんの教員のうち一名は逃げ遅れ、ソ連兵の捕虜となった。この教員は一九四七年にハイラルに戻り、Aさんと再会を果たした。その先生の名は「ハシモト」だった。村ではソ連兵の監視体制が布かれ、学校は休止状態となり、子供たちは再び家庭で生活を送ることとなった。

一九四六年、ソ連軍の引き上げに伴い、ホロンバイル地方では自治政府が誕生した。Aさんはハイラルに赴き、ハイラル学校（後のハイラル第一学校）に復帰した。翌年、Aさんはエヴェンキ自治旗のバインダラソムに派遣され、人民政府の幹部となった。一九六六年の文化大革命の際、満洲国時代の行動が重大な政治問題として扱われ、Aさんは罪を着せられた。当時は命を落とす者も少なくなかったが、Aさんは幾度となく苦境を乗り越え、九〇年代に年金生活者となった。

Bさん（七九歳、エヴェンキ人）

Bさんは一九三五年、エヴェンキ族自治旗・巴音磋崗蘇木《バヤンチャガンソム》の扎格得木丹《ジャグダモトン》村のエヴェンキ人の家庭に生まれた。兄弟七人（男四人、女三人）のうち下から二番目がBさんだった。一九四五年四月、女子小学校に入学したが、半年も経たぬ間に日本人が撤退したため、満洲国時代の学校生活の記憶はほとんどない。しかし、Bさんはメヘルトやハイラルなどで両親との生活経験がある。

Bさんらも含め、エヴェンキ人の多くは狩猟採集生活を送っていた。しかし、一九三〇年代後半、「治安」問題を口実に満洲の警察や関東軍が銃を没収し、人々の生活は困難を極めていた。Bさんの居住区を南北に横断していた中東鉄道周辺には、哈克《ハッカ》、扎拉木德《ジャラモド》という駅があり、多くのロシア人が住んでいた。子供たちはロシア人の墓場で供物をしばしば盗み食べていた。当時は村のエヴェンキ人の多くが貧困者であり、ロシア人の家庭で家事手伝いなどをして、パンをもらっていた。

Bさんの家庭は白系ロシア人（彼女の名前はマリア）家族との間に交流があった。マリアの夫は鉄道員であり、牛を数頭飼育していた。彼らは野生動物（野鳥の卵、野兎など）が好物であった。Bさんの伯父や兄が獲物を罠で射止めたり、魚や野鳥の卵を捕獲すれば彼らにも分け与えていた。マリアはBさんらに編み物やロシア語を教え、ロシア音楽も聴かせたりした。また、長男と次男はマリアの紹介で知り合ったロシア人女性と結婚した。マリア一家は、終戦前にオーストラリアへ移住したが、彼らの娘はこの地に残った。

Bさんの父は満洲国陸軍学校で医学を学び、卒業後は満洲国軍に配属された。一九三九年、満洲国軍は「ハルハ川戦争（ノモンハン事件）」に参戦し、父を含む男性は戦場に送り出された。ソ連赤軍とモンゴル人民軍は、満洲国軍兵のほとんどが内モンゴル出身者であることを熟知していた。そこで、モンゴル語のビラを上空からばら撒き、兵士たちの心を揺さぶったのである。ビラには次のように書かれていた。「なぜ同胞のモンゴル人が日本のために戦うのか」。「日本人はモンゴルを植民地化している。なぜ、日本人に命を捧げるのか」。この広告を読み、Bさんの父は戦闘地から逃走した。しかし、ハイラルで発見され、戦場へ連れ戻された。今度は戦死した兵士の運送用トラックに紛れて逃走を試みた。

Bさんの父はハイラルに戻ると退職し、故郷ジャグダモトンで子供たちと親戚の支援を得ながら、狩猟生活を送り始めた。だが、一九四五年五月、ソ連軍が日本兵を追撃するさなか、Bさんの父は地域の事情及び言語（日本語とロシア語）に通じていたため、ソ連軍から案内人の要請を受け、逃走した日本兵の追跡を支援した。Bさんは具体的に覚えていないが、南屯南部付近の村で、彼女の父は日本兵の銃弾によって命を失った。Bさんら兄弟三人は幼い頃母を亡くしていたため、父の死に伴い孤児となった。はじめ村人の世話になったが、一九四五年秋には叔父に引き取られ、ジャグダモトンを離れてハイラルで叔父一家と暮らし始めた。Bさんはハイラルの中学校、フフホトのモンゴル語専門学校を卒業後、同地で共産党学校教員を勤めたが、西部地域の環境に馴染めず、一九六二年にエヴェンキ族自治旗に戻った。

Bさんはエヴェンキ族自治旗の婦人連合会で少数民族の女性たちに共産主義思想を伝承し、教育による封建社会の残滓、日本の植民地支配による地域への影響の排除を目標に、自立した「革命分子」となるよう組織化を推進していた。だが、ほとんど教育を受けたことのない遊牧民女性たちを対象としていたため、共産主義思想の具体例（模範的な人物など）を示しつつ、学習内容を噛み砕いて教育する必要があった。組織幹部から反封建、あるいは反植民地闘争を行う少数民族女性の理想像の探索任務が与えられたため、同村出身者である海瑞を、反帝国主義の「模範的人物」に挙げた。海瑞はBさんの遠い親戚でもあった。そこで海瑞の出身地であるメヘルトに帰郷、情報収集に当たり、報告書をまとめ始めた。しかし海瑞の「真実」を教材にしようとしたまさにそのとき、文化大革命が始まったのである。

Bさんは二つの「罪」に問われた。一つは「日本のスパイ」である。満洲国時代、Bさんの父は「ウランホトの陸軍学校」を卒業、「興安北省」陸軍の軍医だった。父が「日本のスパイ」だったことで、

Bさんも非難された。もう一つは「民族主義者」という罪である。海瑞など「民族」の歴史に興味・関心を抱き、民族感情が強いと理解されたのである。

一九七八年、共産党政府の方針転換により「文化大革命」は否定され、被害者の「名誉」は回復した。Bさんの父は民政部門（日本の厚生労働省に相当）から「烈士」の称号が授与された。Bさんは「文学芸術連合会」に転職し、現在はエヴェンキ族の昔話、神話の収集、整理や出版関係の業務、バヤンチャガンソム出身者の歴史研究に取り組んでいる。Bさんは自身の経験を語り、また地域史に取り組むことで再び満洲と出会ったと話した。

三　大興安嶺の森で経験した満洲国

ここでは、大興安嶺北部の森で満洲国支配を経験したCさんとその氏族（社会）を紹介する（推定八八歳、エヴェンキ人）。Cさんは一九三〇年、中露国境沿いの奇乾《チチェン》（ロシア名称はウチロフ）南部、激流河付近で生まれ、森で育ったエヴェンキ人である。Cさんの家族（両親と一〇人の子供）は、「カルタクン」という氏族に属し、激流河とその支流で狩猟とトナカイ放牧を行い、チチェン村の白系ロシア人との「毛皮貿易」で生計を立てていた。チチェン村の住民は、三店舗の中国人経営者を除き、すべて白系ロシア人であった。ロシア人は教会を建設し、自治組織を結成するなどして、ソ連及び中国の直接支配から逃れるようなかたちで暮らしていた。

Cさんは、両親や兄の日本人との出会いに関する話を次のように語った。一九三二年一二月、武装した日本人五名がロシア商人ペレコフと荷物を積載したウマゾリでハイラルからチチェン付近の伊力砍《イリカン》までやって来た。日本人は日本語・ロシア語・エヴェンキ語通訳者（モンゴル人、名は八月《バエイ》）を介しながら、ロシア商人との「毛皮貿易」を禁止し、交易相手を日本人に限定する交易禁止令を出した。日本人らは弾丸、マッチ、酒、茶や小麦粉とエヴェンキ人のリス、黒テンやヘラジカの皮を交換した。

日本人がチチェン村を再訪したのは一九三五年三月だった。ハイラルから日本兵三〇〇人以上が大型車でやって来た。日本人は到着後間もなく大興安嶺のエヴェンキ人を集合させ、日本人が当地域を管轄する旨を説明、反対する氏族長らを強制的に退任させた。日本人はエヴェンキ人や地域事情を十分に把握していなかったため、一九三八年夏から秋にかけて小野という名の日本人が通訳者と共にエヴェンキ人の全キャンプ地を訪問していた。人口、生活に関する情報収集に当たりつつ、ロシア人との往来を断ち切り、チチェン村の「満洲畜産株式会社」に狩猟品を持参、取引するよう命じ始めたのである。

一九四〇年、日本人はチチェンから約三〇キロ南の地点に軍事訓練場（木造家屋四軒）を建設した。この訓練場では日本兵約三〇人が警備に当たっていた。一九四〇年五～六月にかけ、日本人が再び通訳者を連れ、エヴェンキ人の七つのキャンプ地をすべて巡回していた。そのとき、エヴェンキ人男性に対して七月一〇日に軍事訓練場に集合するよう命じた。一九四五年春までエヴェンキ人男性ほぼ全員（三〇～四〇名）が訓練のため強制連行させられ、厳しい体罰も常態化していた。Cさんの父と兄弟全員も軍事訓練に参加させられた。軍事訓練中、キャンプ地にはCさん、Cさんの母と幼い兄弟四人だけが残った。男手不足は狩猟生活の維持を困難にさせた。食糧が尽き、草や木の実を食べることで飢えを耐え忍んでいた。

日本人は小学校も設置し、エヴェンキ人全児童の通学も強制した。学校では、天皇への敬礼が朝夕の日課であり、日本語の仮名や軍歌を学習させられた。Cさんも通学したが、トナカイや兄弟の世話を理由に最終的には学校から「逃走」した。

日本人の到着以来、エヴェンキ人の生活に厳重な監視体制が布かれ、ロシア人、中国人との交易関係はすべて「満洲畜産株式会社」に牛耳られた。人々は貧困に喘ぐと同時に、日本人に対する不満が募り始め、抵抗する者もいた。一九四〇年、エヴェンキ人青年ダラフィ（当時二七歳）は訓練で日本人から体罰を受けた。彼はささいな過ちですら体罰が課されることに不満を覚え、訓練の不参加を決意した。彼の行為はさらに厳しい体罰へ発展する事態となり、ついに彼は自ら命を絶った。一九四四年、莫河流《モウヘイ》域に暮らすエヴェンキ人（九世帯）が日本人警備員を殺害、アムール川を横断してソ連に移住した。逃亡する人々の中にCさんの恋人とその家族がいた。時を経て、Cさんは別の男性と結婚し、現在も大興安嶺の森でトナカイ放牧生活を送っている。

おわりに

清朝崩壊後のホロンバイル地方は、政治事件や独立運動、戦争などによって激変したと同時に、不安定化、流動化した。モンゴル人の独立運動、中東鉄道を巡るロシアと中国の衝突、満洲国建国、ハルハ川戦争などは地方に大きな爪痕を残し、人々の記憶に刻まれた深い傷跡は今でも癒えることがない。一九世紀以降、清朝は東北地域への漢人流入を抑止できなかった。他方、ロシア、日本などの外国勢力は、清朝の衰退や崩壊、「内乱」を利用して東北地域を占領し、植民地支配体制を拡大した。

いずれにせよ、一九〜二〇世紀中頃にかけて、ホロンバイル地方は清朝時代の「自治」と独自の慣習にもとづいた地域から、政治、主権を掌握した外部の勢力による従属地域と化した。当時の近代化教育、植民地教育は地域本来の、連綿と受け継がれてきた伝統文化だけでなく、現地の人々の価値観や人生における選択の在り方を変貌させたが、この変化は政治的、イデオロギー的に方向付けられたものだった。少数民族と彼ら個人の唯一の救済手段は、支配国家と共に近代化への道を歩むことだとされた。少数民族の文化は「原始的」、「封建的」であり、近代化（文明化）すべき対象だったのである。

本稿で紹介したダフール人及びエヴェンキ人女性たちは、政治的な影響力を持つ人々ではない。満洲国時代の女性知識人あるいは遊牧民である。彼女たちの経験は、何よりも彼女たち自身を物語っていると同時に、胸に刻まれた過去の記憶、現在紡ぎ出される言葉の数々がホロンバイル地方の抱える課題を鮮明に映し出していると言える。

最後に国境と民族の記憶―アイデンティティの問題について少し考えてみたい。二〇世紀以降、ホロンバイル地方とモンゴル、ロシア間に国境線が引かれ、ブリヤード人や白系ロシア人はホロンバイル地方へ「避難」した。また、モンゴル人はモンゴルやブリヤード共和国の支援を受け、当地を拠点に独立運動や革命に参加していた。満洲国成立後、国境が人々の往来を完全封鎖し、国境内外は対立する政治空間として捉えられ、政治、軍事や教育などで内部における「均質化＝植民地化」が図られた。日・露・蒙の国家間の対立は、植民地支配の中に生きる人々に日本への「忠誠」を一層強化させた。

本稿で叙述した女性たちは、国境に翻弄された人生を送った。また、Cさんらは二一世紀になり、ようやくソ連に避難した同氏族のエヴェンキ人と再会を果たしている。本稿では紹介できなかったが、かつてCさんたちと「毛皮貿易」を行っていたロシア人は、一九五〇年代の中ソ間の条約規定によってソ連に送還されたが、漢人やエヴェンキ人と結婚したロシア人女性らは中国に留まった。だがその後、中ソ対立や「文化大革命」では政治的被害者の立場に立ち、支配社会から差別を受け、自身の民族的アイデンティティを隠蔽《いんぺい》しつつ、生きてゆかなければならなかった。また、ロシア人女性らは親戚や故郷との連絡手段を失い、中露関係の改善後も帰郷の夢を果たせず、この世を去った。

一九～二〇世紀の近代化は、少数民族に民族文化と言語の変化を余儀なくさせ、民族アイデンティティの維持は危機的状況に陥っている。政治的、文化的、地理（国境）的な分裂は民族と記憶の分断、（近代教育を受けたエリート層と伝統的生活を保持する遊牧民たちなど）共同体内部における急進する細分化をもたらしている。

現在、ある少数民族が独自の地域文化を主張することは容易でない。清朝や中華民国時代の支配下で、彼ら少数民族は政治的独自性を失っており、ロシア、中国もしくは満洲国という国家の枠組み内でしか、経験を語ることができない。すなわち、個人の視点による歴史的記憶の発信にとどまり、民族としての歴史共有に至っていない。少数民族には、独自の文化を維持・継承してきた歴史が存在する。しかし現在、彼らは政治的主張、あるいは権利の主張の場を持たない。だからこそ、筆者は個人から歴史を振り返ることに価値があると考えている。

本稿では、ダフール人及びエヴェンキ人の女性を取り上げたが、彼女たちの過去を地域全体と密接な関係のある問題として理解しなければならない。だが、文献や資料不足もあり、満洲国に生きた個人に着目し、過去を書き綴るという地道な作業は困難を極めており、多くの課題が残されている。

あとがき

大阪大学出版会から、満洲の女性について何か書いてみないかというお誘いを受けてから三年近くが経過してしまった。竹中浩氏（大阪大学教授）の推薦によるものだった。編者は満洲関係に特化した小さな雑誌『セーヴェル（北）』を研究仲間と一緒に一五年近く発行していたので、共同研究の一つの区切りになると思い、お引き受けすることにした。雑誌『セーヴェル』とは、満洲生活体験者が中心になって一九九五年に始めた雑誌であるが、初代の渡満体験メンバーが他界し、戦後世代がバトンを受け継ぐ中、研究論文だけでなく渡満体験者のオーラルヒストリーも掲載することがその特徴となっている。本書の執筆陣の多くはこの雑誌を刊行する中で長年にわたり問題意識を共有してきた。

本書執筆者のうち、満洲のロシア社会を研究するメンバーである阪本秀昭（天理大学名誉教授）、中嶋毅（首都大学東京教授）、伊賀上菜穂（中央大学准教授）、藤原克美（大阪大学准教授）、ハリンイリヤ（プリンストン大学博士）を中心として、二〇一二年に拙編著『満洲の中のロシア』（成文社）を上梓した。その段階で次なる課題が見えてきていた。それが「女たちの満洲」というテーマだった。以前から満洲に生きた女たちを描きたいと思い、共同研究者の賛同を得たが、準備の歩調がそろわず先延ばしにしていた。本書の企画が持ちこまれた時、研究グループの思いを実現するチャンスが到来したと思った。

しかし、いざ執筆にとりくんでみると、さまざまな困難が待ち受けていた。まずは資料である。文献資料と当時を知る関係者の証言とを収集しなければならないのだが、これが大変な作業であった。女性という範疇でくくれる文献資料そのものがほとんどないだけでなく、資料そのものの多くが、戦中戦後の混乱で、焼却処分されていたり、紛失したりしていた。あとは当時を生きた女性に取材をするほかないが、高齢のため他界されたり、聞き取りが困難であったりした。なかでも、今回研究を進めるうえで一番障害になったのは日中関係の悪化であった。中国社会を専門とするメンバーが取材そのものを拒否されたり、取材内容の本書掲載を拒否されたりした。国際関係が研究活動を阻害している現実に直面せざるをえなかった。

そのような厳しい環境のなかでも編者は、以前から交流のあるハルビン桃山小学校の同窓会や、ハルビンからの引揚げ者である加藤幹雄氏の協力を得て、ハルビンを中心とする満洲都市部の生活を体験した日本人に取材することができた。また朝日新聞の永井靖二編集委員には朝日新聞・富士倉庫の満洲関連資料を何度も見せていただいた。しかし都市部以外の生活経験者からも聞き取り調査をする必要があった。ちょうどその時、朝日新聞の佐藤達弥記者からシベリア抑留従軍看護婦に関する取材をうけ、その縁で従軍看護婦だった方を紹介していただいたのは望外の幸せであった。さらに、阪本秀昭氏の紹介で天理村引揚げ者の方々に取材することができた。トラウマに触れるようなぶしつけな取材にも快く応じていただき、心より感謝申しあげる。

取材できたことが今回十分生かせたとは思えない。紙数の関係で各社会層を体現するヒストリーしか掲載できず、また掲載できたものも縮小しなければならなかった。今回掲載を断念せざるをえなかったオーラルヒストリーは、次の機会に必ず生かす所存である。

こうして企画がくっきりと見えてきた段階で、研究グループは「旧満洲調査旅行」を企画した。多くのメンバーはすでに何度も中国東北部でフィールドワークを実施していたが、確認したい疑問点が浮んできたので、知識や経験を提供し合い、共有してその解決を図ろうとしたのである。多くの人が参加可能な二〇一三年の九月初旬に調査旅行を設定したおかげで、本書の執筆者以外にもさまざまな分野の専門家が結集した。歴史学者、経済学者、農村社会研究家、文化人類学者、古儀式派教徒研究家、ロシア正教研究家、政治思想史家、ユダヤ史家、出版編集者から成る混成部隊だった。大連市、ハルビン市、牡丹江市といった大都市の他に、ハルビン近郊の皇山墓地や平房（七三一部隊跡）、天理村、またハルビンと牡丹江の間に位置する横道河子、七里村、柳樹村（旧ロマノフカ村）などを訪問した。専門を異にする研究者との共同調査は刺激的で、各人はその旺盛な好奇心を充たすことができた。毎日大きな丸い食卓を囲んで一同が会し、食事をしながらさまざまなことをディスカッションした日々は、さながら合宿のようであった。

現地調査により文献資料だけでは分からない、生活の具体的な痕跡を次々と実見する機会を得た。この調査では、満洲における文化遺産という光の部分だけでなく、貧民窟や娼館跡、日本軍の暗部など、陰の部分も見ることができた。傅家甸《フジャデン》にあった平康里（中国人娼館）は、今では建物が残存していないが、その跡地に行くと土台部分が当時の絵葉書そのままの区割りで残っており、周囲の雑然とした人いきれに強烈な印象を受けた。七三一部隊基地の人体実験室や専用列車の線路を見た時には、文献資料では到底得られない現場感覚を体験することができた。

こうして執筆作業をすすめるとともに、以下の研究者に参加を依頼し、多民族空間を生きた女たちを扱うにふさわしい体制を整えた。満洲の朝鮮族の研究をしている花井みわ氏（早稲田大学准教授）、中国の内モンゴル自治区の少数民族を研究する思沁夫氏（大阪大学特任准教授）、近代日本のジェンダー史を研究する林葉子氏（大阪大学助教）、中国社会を研究する深尾葉子氏（大阪大学准教授）、さらに、映画研究家のメリニコワ　イリーナ氏（同志社大学教授）である。

満洲国建国八〇周年の年に企画が生まれ、満洲国崩壊七〇周年の二〇一五年に出版できたことは偶然ではあるが、不思議なめぐりあわせを感じる。執筆の機会を与えていただいた大阪大学出版会、とくに、今回の企画の生みの親である竹中浩氏にはご高配に感謝申しあげる。研究グループの阪本秀昭氏、中嶋毅氏、藤原克美氏には分担以外の章も見ていただき、また、伊賀上菜穂氏にはほとんどの章をみていただき、各氏から貴重なご意見をいただくことができた。さらにセーヴェル会員の塚田力氏には校正を手伝っていただいた。記して感謝したい。また、放送大学客員教授で孫文記念館副館長の西村成雄氏や、東京外国語大学教授中見立夫氏、近畿大学准教授上田貴子氏には種々の面でお世話になった。

末尾になったが、辛抱強く最後まで見守ってくださった大阪大学出版会の担当者・落合祥堯氏に心よりお礼申しあげる。

編著者　生田美智子

Владивосток）
ポタポヴァ（2010）『満洲のロシア人学校　1898～1945年』（Потапова И. В., Русская школа в Маньчжурии: 1898-1945 годы. Хабаровск）
『ポリテフニク』誌（Политехник, Sydney）
メリホフ（1991）『遠くて近い満洲』（Мелихов Г. В., Маньчжурия далекая и близкая. Москва）
ヤニノヴァ（1956）「1919～1945年の満洲におけるロシア人の生活」『ルースカヤ・ムィスリ』（Янинова О., Жизнь русских в Маньчжурии 1919-1949 гг. Русская мысль. Париж. 14, 16, 21, 28 февраля, 1, 6, 8, 13, 15, 20 марта）
ラザレヴァ、セルヴェエフ、ゴルカヴェンコ（1996）『満洲におけるロシア女性―亡命小史』（Лазарева С. И., Сергеев О. И., Горокавенко Н. Л., Российские женщины в Маньчжурии: краткие очерки из истории эмиграции. Вдадивосток）
ラチンスカヤ（1982）『渡り鳥』（Рачинская Е., Переплетные птицы. Сан-Франциско）
『ルベーシ』（Рубеж, Харбин）

（モンゴル語文献）

ジャムソ・思沁夫（2011）『シニヘイ・ブリヤード人の移住とその後』内モンゴル文化出版社
（[illegible]）

ヴェ・ア（1931）「ハルビンにおける女子修道院」『北満洲の正教聖堂』（В. А., Женская обитель в Харбине // Православные храмы Северной Маньчжурии. Харбин）

エカテリンブルグ主教区（2008）「ルフィナ（ココレワ）典院女」『エカテリンブルグ主教区聖人伝』（Екатеринбургская епархия, Игумения Руфина（Кокорева）// Жития святых Екатеринбургской епархии. Екатеринбург: Издательский отдел Екатеринбургской епархии）

カプラン（2007）『19 世紀末から 20 世紀 50 年代のハルビン・ロシア住民の日常生活』（Капран И. К., Повседневная жизнь русского неселения Харбина（конец XIX в. – 50-е гг. XX в.）Владивосток）

協和会、白系露人事務総局（1942）『大満洲帝国』（Кио-Ва-Кай и Гл. бюро по делам российских эмигрантов, Великая Маньчжурская Империя）

ジェムチュジナヤ（1987）『亡命の途、ウラル、クバン、モスクワ、天津. 回想記』（Жемчужная З. Н., Пути изгнания. Урал, Кубань, Москва, Харбин, Тяньцзин. Воспоминания. Нью-Йорк）

ストゥピナ、アミラフワリ（2005）「サンフランシスコの隠典院女アリアドナ生涯の歩み」『ロシアの修道士』誌（Ступина Т. А., Амилахвари Е. Т., Жизненный путь схи-игумении Ариадны Сан-Францисской // Русский инок. No. 37（200））

タスキナ（1994）『知られざるハルビン』（Таскина Е., Неизвестный Харбин. Москва）

『天の糧』誌（1926–1946）（Хлеб Небесный, Харбин: Казанский мужской монастырь Харбинской епархии）

ドムブロフスキー（1934）「満洲における日本の商業の新形態」『満洲通報』（Домбровкий И. И., Новые формы японской торговли в Маньчжунии, «Вестник Маньчжурии» Харбин, №11–12）

ナファナイル（リヴォフ）大主教（1992）『聖書、信仰と教会についての講話』第 3 巻（Нафанаил（Львов), архиеп., Беседы о Священном Писании и о вере и Церкви（т. 3）. Нью-Йорк: Комитет русской православной молодежи за границей）

『ハルビン市のマリヤ・アレクセエヴナ・オクサコフスカヤ女子中等学校。30 周年記念』（1936）（Женская гимназия имени Марии Алексеевны Оксаковской в г. Харбине. К трицатилетию существования, Харбин）

ハルビン商工会議所（1939）『北満洲経済月報』（Харбинская Торгово-Промышленная Палата, «Ежемесячный экономический журнал Северной Маньчжунии», Харбин, №8）

ヒサムジノフ（2001）『アジア太平洋地域ならびに南米における亡命ロシア人社会―人名辞典』（Хисамутдинов А. А., Российская эмиграция в Азиатско-Тихоокеанском регионе и Южной Америке: Биобиблиографический словарь.

（朝鮮語（韓国語）文献）

延辺朝鮮族自治州婦女連合会（1992）『延辺女性運動史』延辺人民出版社（연변조선족자치주부녀련합회『연변녀성운동사』, 연변인민출판사）

韓国国立民俗博物館（2008）『金在洪寄贈写真集　北間島に作った理想郷　明東』韓国国立民俗博物館（국립민속박물관『김재홍기증사진집북간도에세운이상향명동』국립민속박물관）

北間島龍井明信女高ソウル同門会（1988）『明信創立七十五周年記念会誌』鐘路書籍出版株式会社（북간도용정명신여고서울동문회『명신창립 75 주년기념회지』종로서적출판주식회사）

『中国朝鮮族教育史』編写組編（1991）『中国朝鮮族教育史』東北朝鮮民族教育出版社（『중국조선족교육사』편찬조편『중국조선족교육사』동북조선민족교육출판사）

（英語文献）

アリアドナ（ミチュリナ）典院女ほか（1935-1984）『アリアドナ院長文書』（Ariadna（Michurina）, abbess, et al., Mother Ariadna Papers. Stanford University Hoover Institution）

ドゥアラ（2003）『主権と真正性――満州国と東アジアの近代』（Duara, Prasenjit, Sovereignty and Authenticity. Manchukuo and the East Asian Modern. Lanham, MD: Rowman and Littlefield）

ラティモア（1935）『満洲――紛争のゆりかご』（Lattimore, Owen, Manchuria: Cradle of Conflict. New York: Macmillan）

（ロシア語文献）

アルグジャーエヴァ（2000）『ロシア極東における古儀式派教徒』（Аргудяева Ю. В., Старообрядцы на Дальнем Востоке России. Москва）

――――――――（2008）『満洲におけるロシア古儀式派教徒』（Русские старообрядцы в Маньчжурии. Владивосток）

――――――――、ヒサムトジーノフ（2013）『ロシアからアジアを経てアメリカへ。ロシア古儀式派教徒』（Аргудяева Ю. В., Хисамутдинов А. А., Из России через Азию в Америку: русские старообрядцы. Владивосток）

『アジアの光』（Луч Азии（Харбин））

アルセーニエフ名称国立沿海地方統合博物館編（2012）『ロマノフカ村の日々』（Приморский государственный объединенный музей им. В. К. Арсеньева, Дни в Романовке. Москва）

ヴァシリエフ（2009）『流浪の美』（Васильев А., Красота в изгнании: творчество русских эмигрантов первой волны: искусство и мода. Москва）

――――（2012）「蕭紅の散文集『商市街』について」『関西外国語大学研究論集』95号
山本有造（2003）『「満洲国」経済史研究』名古屋大学出版会
――――編著（2007）『「満洲」記憶と歴史』京都大学学術出版会
四方田犬彦（2000）『日本の女優』岩波書店
――――（2001）『李香蘭と東アジア』東京大学出版会
――――、晏妮編（2010）『ポスト満洲映画論――日中映画往還』人文書院
李　相哲（2000）『満州における日本人経営新聞の歴史』凱風社
李　智澤（1973）「北間島」『アジア公論』3月特大号、韓国弘報協会
劉　建輝（2008）「可視化された『夢』――『満洲グラフ』にみるモダン満洲の実像と虚像」『満洲グラフ』第15巻（復刻版、ゆまに書房）
劉　晶輝（2005）「『満洲国』における婦人団体」早川紀代編『植民地と戦争責任』吉川弘文館
ルオフ　ケネス（2010）（木村剛久訳）『紀元二千六百年――消費と観光のナショナリズム』朝日新聞出版

（中国語文献）

延辺政協文史資料委員会（1988）『延辺文史資料　第五輯』延辺政協文史資料委員会
王　述（編）（1982）『中国現代作家選書――蕭紅』三聯書店香港分店　人民文学出版社
恩克巴図（2010）『風雪録』内蒙古大学出版社
季　紅真（2000）『中国現代作家伝記叢書――蕭紅伝』北京十月文芸出版社
光明（永新・高・高女）中学校（1989）『同窓会会員名簿（延辺）』光明（永新・高・高女）中学校（謄写印刷）
根河市政協文史資料委員会編（2009）『根河文史資料』内蒙古文化出版社
蕭　　紅（1981）『蕭紅選集』人民文学出版社（1958年初版）
――――（1958）『呼蘭河傳』新藝出版
政協龍井県文史資料研究委員会（1986）『龍井文史資料　第一輯』政協龍井県文史資料研究委員会
孫玉九、孫経周、劉学礼口述、李今詮整理「"秋林" 独特経営和美味食品」『哈爾濱文史資料』哈爾濱市文史資料委員会、第15編、75-86
中国人民政治協商会議呼倫貝爾委員会・文史資料委員会編（刊行年不明）『呼倫貝爾文史資料　1～5』未公開出版
胡達古拉（2007）『特木爾巴根的一生』内蒙古人民出版社
朴奎燦等（1986）『中国少数民族文庫　延辺朝鮮族教育史稿』吉林教育出版社

百貨店新聞社（1937、1942）『日本百貨店総覧』（2009年、ゆまに書房復刻版）
平石淑子（2008）『蕭紅研究――その生涯と作品世界』汲古書院
――――（2008）『蕭紅作品及び関係資料目録』汲古書院
――――（2013）「“跋渉” への旅立ち――蕭紅『商市街』抄訳」『日本女子大学紀要』62号
廣岡光治（1941）『東・北満事情――附哈爾濱観光案内』哈爾濱興信所
藤原克美（2010）「ロシア企業としてのチューリン商会」『セーヴェル』第26号
藤原てい（1949）『流れる星は生きている』日比谷出版社
淵上白陽（1940）「満洲写真作家協会」『フオトタイムス』2月号、フオトタイムス社
婦人之友社（1937）『婦人之友』（復刻版、大空社、1986）
文教部学務司（1933）『満洲国少数民族教育事情』（満洲国）文教部学務司
文教部総務司調査科（1936）『在満朝鮮人学事及宗教統計』（満洲国）文教部総務司調査科
文教部（1943）『満洲帝国学事要覧』（満洲国）文教部
報知新聞社『報知新聞』東京（神戸大学デジタルアーカイヴ）
満洲国通信社（満洲弘報協会）（1932～33、35～39、41～43）『満洲国現勢』（復刻版、クレス出版、2000）
松下光男編（1986）『弥栄村史――満洲第一次開拓団の記録』弥栄村史刊行委員会
満鉄会編（2007）『満鉄四十年史』吉川弘文館
満蒙同胞援護会編（1962）『満蒙終戦史』河出書房新社
瑞穂村開拓刊行委員会編（1962）『第三次開拓団　あゝ瑞穂村』瑞穂村開拓刊行委員会事務局
南満洲鉄道株式会社総務部庶務課（1933-1944）『満洲グラフ』（復刻版、ゆまに書房、2008）
安冨歩、深尾葉子編（2009）『満洲の成立――森林の消尽と近代空間の形成』名古屋大学出版会
山口正編（1992）『大青川茨城開拓団の足跡』山口正
山口淑子、藤原作弥（1990）『李香蘭私の半生』新潮社
――――（2004）『「李香蘭」を生きて――私の履歴書』日本経済新聞社
山田昭次（1978）『満洲移民』新人物往来社
山根理一（1995）『旧満州天理村開拓民のあゆみ』天理時報社
――――・玉江編（2005）『満洲天理村残留孤児　祖国への道』天理時報社
山室信一（2004）『キメラ　満洲国の自画像』増補改訂版、中央公論社
山本和子（2007）「蕭紅と『生死の場』」『関西外国語大学研究論集』85号
――――（2008）「『胡蘭河伝』論」『関西外国語大学研究論集』87号
――――（2010）「『馬伯楽』論」『関西外国語大学研究論集』92号

陳野守正（1992）『大陸の花嫁――「満洲」に送られた女たち』梨の木舎
――――（1998）『歴史からかくされた朝鮮人満州開拓団と義勇軍』梨の木舎
杉山公子（1985）『哈爾賓物語――それはウラジオストクからはじまった』地久館
正教時報社（1912～2015）『正教時報』正教時報社
高崎宗司（1996）『中国朝鮮族』明石出版
竹中憲一（2000）『満洲における教育の基礎的研究　第5巻　朝鮮人教育』柏書房
舘かおる（2008）「『満洲グラフ』にみる女性たちのフォトモンタージュ」『満洲グラフ』第15巻（復刻版、ゆまに書房）
玉野井麻利子（2008）『満洲――交錯する歴史』藤原書店
中国経済発展研究所『満洲日日新聞』（『満洲日報』）（1907-1927）（1997、丸善ニューメディア出版部、マイクロフィルム版）
塚瀬　進（2004）『満洲の日本人』吉川弘文館
辻　久一（1998）『中華電影史話』凱風社
寺澤俊雄（1944）『満支旅行年鑑』東亜交通公社満洲支社
天理教生琉里教会（1944）『天理村十年史』天理教生琉里教会
土肥雄二（1940）「満洲グラフを語る」『フオトタイムス』2月号、フオトタイムス社
永井良和（1991）『社交ダンスと日本人』晶文社
――――（1999）『植民地都市の社交ダンス（資料集）大連での勃興期を中心に』関西大学経済・政治研究所
中嶋　毅（2004）「ハルビンのロシア人教育――高等教育機関を中心に」『ロシアの中のアジア／アジアの中のロシア（1）』21世紀COEプログラム「スラブ・ユーラシア学の構築」研究報告第3集、北海道大学スラブ研究センター
――――（2008）「ハルビンのロシア人社会」松里公孝編『講座スラブ・ユーラシア学（3）ユーラシア――帝国の大陸』講談社
――――（2012）「ハルビンの在外ロシア教育機関とロシア人社会」塩川伸明・小松久男・沼野充義編『ユーラシア世界（2）ディアスポラ論』東京大学出版会
中見立夫（2002）「歴史のなかの『満洲』」『環』第10号、藤原書店
バキチ　オルガ（2011）「回想録――1945年以降の在ハルビンロシア人の命運」『近代アジアの自画像と他者』京都大学学術出版会
橋本伸也（2004）『エカテリーナの夢ソフィアの旅――帝制期ロシア女子教育の社会史』ミネルヴァ書房
服部良一（1982）『僕の音楽人生』中央文芸社
林　敏潔（2007）「蕭紅作品にみる女性観について」『慶応義塾大学日吉紀要』38号
ハリン　イリヤ（2012）「戦時下満洲国における祭政関係　「東亜正教会」の場合」生田美智子編『満洲の中のロシア――境界の流動性と人的ネットワーク』成文社
哈爾濱桃山小学校同窓会（2005）『追想の哈爾濱』

聞社出版
尾崎秀樹（1991）『近代文学の傷痕』岩波書店
加藤淑子著・加藤登紀子編（2006）『ハルビンの詩がきこえる』藤原書店
加美長美津枝（2000）「エレナ修道女の想い出」『こひつじ』（横浜正教会・婦人会会報）第40号
川村　湊（1990）『異郷の昭和文学』岩波新書
韓　玲玲（2013）「満洲国における北村謙次郎の創作」『日本研究』第48集
咸鏡北道（1924）『学事宗教一班』咸鏡北道
関東局司政部殖産課（1935）『満洲工場名簿』（『旧外地「工場名簿」集成』不二出版復刻版、第8巻）
間島省公署（1944）『間島省文教要覧』（謄写印刷）
間島普通学校・間島中央学校（1912）『間島普通学校沿革誌』間島普通学校・間島中央学校（手書き日誌）
菊地　薫（2000）「『廟会』解説」浅見淵編『廟会』ゆまに書房
貴志俊彦（2010）『満洲国のビジュアル・メディア』吉川弘文館
貴志俊彦・松重充浩・松村史記編（2012）『20世紀満洲歴史事典』吉川弘文館
黒澤忠夫（1943）『白系露人』毎日新聞社
桑島節郎（1979）『満洲武装移民』教育社歴史新書
小泉京美（2012）「『満洲』の白系ロシア人表象」『昭和文学研究』第64集
『光明学園関係一件』（1909、1929、1934）日本外務省外交史料館所蔵
ゴートン　アンドルー（2013）（大島かおり訳）『ミシンと日本の近代――消費者の創出』みすず書房
小林英夫（2011）「「大東亜共栄圏」と日本企業」和田春樹ほか編『東アジア近現代通史（6）アジア太平洋戦争と「大東亜共栄圏」1935～1945年』岩波書店
坂部晶子（2008）『「満洲」経験の社会学――植民地の記憶のかたち』世界思想社
阪本秀昭編著（2013）『満洲におけるロシア人の社会と生活』ミネルヴァ書房
佐藤あつ子（1978）『ああ満洲――開拓女教師の手記』あづま書房
佐藤忠男（1985）『キネマと砲声――日中映画前史』リブロポート
謝　　黎（2011）『チャイナドレスの文化史』青土社
従軍看護婦たちの大東亜戦争刊行委員会（2006）『従軍看護婦たちの大東亜戦争』祥伝社
植民地文化学会・中国東北淪陥14年史総編室（2008）『「満洲国」とは何だったのか』小学館
沈　　潔（1996）「日中戦争前後における『満洲国』の婦人活動について」『歴史評論』552号
――――（2001）「戦時期の満洲における女性生活の構図」『歴史評論』612号

引用・参考文献

（本書執筆に直接引用・参考したもののみ掲載）

（日本語文献）

朝日新聞社「写真が語る戦争」取材班（2009）『朝日新聞の秘蔵写真が語る戦争』朝日新聞出版社

伊賀上菜穂（2013）『ロシアの結婚儀礼――家族・共同体・国家』彩流社

生田美智子（2009）「多文化空間における亡命ロシア人の民族・文化的アイデンティティ」『セーヴェル』第25号

――――（2011）「白系露人事務局――ハルビンにおける活動を中心に」『セーヴェル』第27号

――――（2012）「在満亡命ロシア女性の着衣の表象――コロルアル・モダニティの視点から」武田佐知子編『着衣する身体と女性の周縁化』思文閣出版

――――編（2012）「満洲の中のロシア――境界の流動性と人的ネットワーク」成文社

――――（2014）「ハルビンにおけるロシア人風俗女性――日本からみた表象」『セーヴェル』第30号

一光会（1943）『一光会々報　創刊号』一光会

伊藤るり、坂元ひろ子、タニ・バーロー編（2010）『モダンガールと植民地的近代――東アジアにおける帝国・資本・ジェンダー』岩波書店

岩野裕一（1999）『王道楽土の交響楽』音楽之友社

尹　東燦（2010）『「満洲」文学の研究』明石書店

上田貴子（2007）「哈爾濱の日本人――1945年8月～1946年9月」山本有三編著『満洲　記憶と歴史』京都大学出版会

――――（2008）「満洲―総説」蘭信三編著『日本帝国をめぐる人口移動の国際社会学』不二出版

――――（2012）「哈爾濱における市政回収運動」生田美智子編『満洲の中のロシア』成文社

内山ヴァルーエフ紀子（1999）「哈爾濱のロシア人学校――初等・中等教育編」『セーヴェル』第9号

ウルフ　デイビット（2014）（半谷史郎訳）『ハルビン駅へ――日露中・交錯するロシア満洲の近代史』講談社

大島幹雄（2012）『満州浪漫』藤原書店

小倉いづみ（2009）「幻想の『大満洲国』」『朝日新聞の秘蔵写真が語る戦争』朝日新

花井みわ（はない　みわ）（旧氏名：金美花）
早稲田大学社会科学総合学術院准教授
（主要業績）『中国東北農村社会と朝鮮人の教育——吉林省延吉県楊城村の事例を中心として（1930〜49年）』（御茶の水書房、2007）、「上海における朝鮮族の仕事・生活と民族文化継承」新保敦子編『中国エスニック・マイノリティの家族』（国際書院、2014）、「満洲国から戦後直後の社会を生きた朝鮮族女性たちのライフヒストリー」松本ますみ編『中国・朝鮮族と回族の過去と現在』（創土社、2014）

思　沁夫（ス　チンフ）
1966年生まれ。大阪大学グローバルコラボレーションセンター特任准教授
（主要業績）『"旅人" の運命——20世紀初頭ブリヤード人の中国への移住とその後』（共著、中国語、内モンゴル文化出版社、2007）、GLOCOLブックレット16『モンゴルの食と生業の現在』（大阪大学グローバルコラボレーションセンター、2014）、『開発か伝統か、それとも…——技術者のための「エスノグラフィー」』（監修、モンゴル語、ソヨンド・ブリチング出版社、2014）

ハリン　イリヤ（Kharin Ilya）

1983年生まれ。プリンストン大学博士

（主要業績）「戦時下満洲国における祭政関係――「東亜正教会」の場合」生田美智子編著『満洲の中のロシア』（成文社、2012）、「満州国正教会」阪本秀昭編『満洲におけるロシア人の社会と生活――日本人との接触と交流』（ミネルヴァ書房、2013）、*After Nicholas. Self-realization of the Japanese Orthodox Church, 1912–1956,* Gloucester: Wide Margin, 2014

林　葉子（はやし　ようこ）

1973年生まれ。大阪大学大学院文学研究科助教

（主要業績）「明治期の新聞広告にみる〈白い肌〉への憧憬と性病に対するまなざし」『ジェンダー研究』第13号、2010）、「不妊の原因としての淋病――明治・大正期の庶民の生殖観の変化と買春の問題化」鈴木則子編『歴史における周縁と共生　女性・穢れ・衛生』（思文閣出版、2014）

伊賀上菜穂（いがうえ　なほ）

1969年生まれ。中央大学総合政策学部准教授

（主要業績）『ロシアの結婚儀礼――家族、共同体、国家』（彩流社、2013）、「日本人が描いたロマノフカ村――出会いと表象」「日本人が見た三河コサック村――1930年代～1945年」阪本秀昭編著『満洲におけるロシア人の社会と生活――日本人との接触と交流』（ミネルヴァ書房、2013）

メリニコワ　イリーナ（Melnikova Irina）

1957年生まれ。同志社大学グローバル地域文化学部教授

（主要業績）“Чей соловей? Отзвук песен русского Харбина в японском кино”. Киноведческие записки: историко-теоретический журнал. No. 94/ 95, 2010、「1920～1930年代のヨーロッパ映画における亡命ロシア人とロシアのイメージ」『言語文化』第14巻第4号、2012、“Images of the Native Peoples of Siberia and the Far East in Russian Film”, Orient on Orient: Images of Asia in Eurasian Countries. Slavic Research Center, Hokkaido University, Sapporo, 2013.

深尾葉子（ふかお　ようこ）

1963年生まれ。大阪大学経済学研究科准教授

（主要業績）『「満洲」の成立――森林の消失と近代空間の形成』（共著、名古屋大学出版会、2009）、『黄土高原・緑を紡ぎだす人々――「緑聖」朱序弼をめぐる動きと語り』（風響社、2010）、『魂の脱植民地化とは何か』（青灯社、2012）

著者略歴

生田美智子（いくた　みちこ）

1946 年生まれ。大阪大学名誉教授

（主要業績）『満洲の中のロシア』（編著、成文社、2012）、「在満亡命ロシア女性の着衣の表象」武田佐知子編著『着衣する身体と女性の周縁化』（思文閣出版、2012）、「ハルビンの白系露人事務局の活動」阪本秀昭編著『満洲におけるロシア人の社会と生活——日本人との接触と交流』（ミネルヴァ書房、2013）

藤原克美（ふじわら　かつみ）

1967 年生まれ。大阪大学言語文化研究科准教授

（主要業績）『移行期ロシアの繊維産業——ソビエト軽工業の崩壊と再編』（春風社、2012）、「1950～1960 年代のソビエト・ファッション」『経済学雑誌』（大阪市立大学経済学会、2013）、「満洲国におけるロシア人ビジネスの衰退と人的ネットワーク」生田美智子編著『満洲の中のロシア』（成文社、2012）

阪本秀昭（さかもと　ひであき）

1948 年生まれ。天理大学国際学部名誉教授

（主要業績）『帝政末期シベリアの農村共同体——農村自治・労働・祝祭』（ミネルヴァ書房、1998）、『旧「満州」ロシア人村の人々——ロマノフカ村の古儀式派教徒』（共著、東洋書店、2007）、『満洲におけるロシア人の社会と生活——日本人との接触と交流』（編著、ミネルヴァ書房、2013）

中嶋　毅（なかしま　たけし）

1960 年生まれ。首都大学東京大学院人文科学研究科教授

（主要業績）『テクノクラートと革命権力——ソヴィエト技術政策史 1917～1929』（岩波書店、1999）、『文献解説　西洋近現代史』1～3（共編著、南窓社、2011～12）、『新史料に見るロシア史』（編著、山川出版社、2013）

阪大リーブル 50

女たちの満洲
多民族空間を生きて

発 行 日 2015年4月8日 初版第1刷

編 者 生田 美智子

発 行 所 大阪大学出版会
代表者 三成賢次

〒565-0871
吹田市山田丘2-7 大阪大学ウエストフロント
TEL 06-6877-1614（直通）
FAX 06-6877-1617
URL：http://www.osaka-up.or.jp

印刷・製本 尼崎印刷株式会社

ISBN 978-4-87259-432-4 C1322

HANDAI Live

阪大リーブル

- 001 ピアノはいつピアノになったか？（付録CD「歴史的ピアノの音」） 伊東信宏 編 定価 本体1700円+税
- 002 日本文学　二重の顔 〈成る〉ことの詩学へ 荒木浩 著 定価 本体2000円+税
- 003 超高齢社会は高齢者が支える 年齢差別《エイジズム》を超えて創造的老い《プロダクティブエイジング》へ 藤田綾子 著 定価 本体1600円+税
- 004 ドイツ文化史への招待 芸術と社会のあいだ 三谷研爾 編 定価 本体2000円+税
- 005 猫に紅茶を 生活に刻まれたオーストラリアの歴史 藤川隆男 著 定価 本体1700円+税
- 006 失われた風景を求めて 災害と復興、そして景観 鳴海邦碩・小浦久子 著 定価 本体1800円+税
- 007 医学がヒーローであった頃 ポリオとの闘いにみるアメリカと日本 小野啓郎 著 定価 本体1700円+税
- 008 歴史学のフロンティア 地域から問い直す国民国家史観 秋田茂・桃木至朗 編 定価 本体2000円+税
- 009 懐徳堂 墨の道　印の宇宙 懐徳堂の美と学問 湯浅邦弘 著 定価 本体1700円+税
- 010 ロシア　祈りの大地 津久井定雄・有宗昌子 編 定価 本体2100円+税
- 011 懐徳堂 江戸時代の親孝行 湯浅邦弘 編著 定価 本体1800円+税
- 012 能苑逍遥(上)　世阿弥を歩く 天野文雄 著 定価 本体2100円+税
- 013 わかる歴史・面白い歴史・役に立つ歴史 歴史学と歴史教育の再生をめざして 桃木至朗 著 定価 本体2000円+税
- 014 芸術と福祉 アーティストとしての人間 藤田治彦 編 定価 本体2200円+税
- 015 主婦になったパリのブルジョワ女性たち 一〇〇年前の新聞・雑誌から読み解く 松田祐子 著 定価 本体2100円+税
- 016 医療技術と器具の社会史 聴診器と顕微鏡をめぐる文化 山中浩司 著 定価 本体2200円+税
- 017 能苑逍遥(中)　能という演劇を歩く 天野文雄 著 定価 本体2100円+税
- 018 太陽光が育くむ地球のエネルギー 光合成から光発電へ 濱川圭弘・太和田善久 編著 定価 本体1600円+税
- 019 能苑逍遥(下)　能の歴史を歩く 天野文雄 著 定価 本体2100円+税
- 020 懐徳堂 市民大学の誕生 大坂学問所懐徳堂の再興 竹田健二 著 定価 本体2000円+税
- 021 古代語の謎を解く 蜂矢真郷 著 定価 本体2300円+税
- 022 地球人として誇れる日本をめざして 日米関係からの洞察と提言 松田武 著 定価 本体1800円+税
- 023 フランス表象文化史 美のモニュメント 和田章男 著 定価 本体2000円+税
- 024 懐徳堂 漢学と洋学 伝統と新知識のはざまで 岸田知子 著 定価 本体1700円+税
- 025 ベルリン・歴史の旅 都市空間に刻まれた変容の歴史 平田達治 著 定価 本体2200円+税
- 026 下痢、ストレスは腸にくる 石蔵文信 著 定価 本体1300円+税
- 027 セルフメディケーションのためのくすりの話 那須正夫 著 定価 本体1100円+税
- 028 格差をこえる学校づくり 関西の挑戦 志水宏吉 編 定価 本体2000円+税
- 029 リン資源枯渇危機とはなにか リンはいのちの元素 大竹久夫 編著 定価 本体1700円+税
- 030 実況《ライブ》・料理生物学 小倉明彦 著 定価 本体1700円+税

031 **夫　源　病**
こんなアタシに誰がした
石蔵文信　著
定価 本体1300円+税

032 **ああ、誰がシャガールを理解したでしょうか？**
二つの世界間を生き延びたイディッシュ文化の末裔
圀府寺司　編著
CD付
定価 本体2000円+税

033 **懐徳堂ゆかりの絵画**
奥平俊六　編著
定価 本体2000円+税

034 **試練と成熟**
自己変容の哲学
中岡成文　著
定価 本体1900円+税

035 **ひとり親家庭を支援するために**
その現実から支援策を学ぶ
神原文子　編著
定価 本体1900円+税

036 **知財インテリジェンス**
知識経済社会を生き抜く基本教養
玉井誠一郎　著
定価 本体2000円+税

037 **幕末鼓笛隊**
土着化する西洋音楽
奥中康人　著
定価 本体1900円+税

038 **ヨーゼフ・ラスカと宝塚交響楽団**
（付録ＣＤ「ヨーゼフ・ラスカの音楽」）
根岸一美　著
定価 本体2000円+税

039 **上田秋成**
絆としての文芸
飯倉洋一　著
定価 本体2000円+税

040 **フランス児童文学のファンタジー**
石澤小枝子・高岡厚子・竹田順子　著
定価 本体2200円+税

041 **東アジア新世紀**
リゾーム型システムの生成
河森正人　著
定価 本体1900円+税

042 **芸術と脳**
絵画と文学、時間と空間の脳科学
近藤寿人　編
定価 本体2200円+税

043 **グローバル社会のコミュニティ防災**
多文化共生のさきに
吉富志津代　著
定価 本体1700円+税

044 **グローバルヒストリーと帝国**
秋田茂・桃木至朗　編
定価 本体2100円+税

045 **屏風をひらくとき**
どこからでも読める日本絵画史入門
奥平俊六　著
定価 本体2100円+税

046 **アメリカ文化のサプリメント**
多面国家のイメージと現実
森岡裕一　著
定価 本体2100円+税

047 **ヘラクレスは繰り返し現われる**
夢と不安のギリシア神話
内田次信　著
定価 本体1800円+税

048 **アーカイブ・ボランティア**
国内の被災地で、そして海外の難民資料を
大西　愛　編
定価 本体1700円+税

049 **サッカーボールひとつで社会を変える**
スポーツを通じた社会開発の現場から
岡田千あき　著
定価 本体2000円+税

（四六判並製カバー装。定価は本体価格＋税。以下続刊）